Peter Lahnstein

EDUARD MÖRIKE

Leben und Milieu
eines Dichters

List Verlag

Umschlagentwurf: Kaselow Design, München
Umschlagbild: Eduard Mörike nach einer Photographie von
Friedrich Brandseph 1864
(Schiller-Nationalmuseum, Deutsches Literaturarchiv Marbach am Neckar)

ISBN 3-471-78035-1

Satz: Dörlemann, Lemförde
Druck und Bindung: Ebner Ulm

INHALT

VORWORT

Dieses Buch schildert das Leben und die Lebensumstände eines Dichters; es ist eine Biographie mit kulturhistorischem Akzent; es ist keine literaturwissenschaftliche Untersuchung.

Von Eduard Mörikes Leben berichten heißt, die kleine Welt eines großen Dichters beschreiben. Kleine Welt bedeutet zunächst räumliche Enge. Der Raum ist, bis auf wenige Aus-Flüge, umhegt von den schwarzroten Grenzpfählen des Königreichs Württemberg. Und innerhalb dieser Pfähle herrscht meistens Windstille, stehende, stickige Luft; wie eine Beseligung hat der Dichter schwere Gewitter empfunden. Enge, Dichte auch in den menschlichen Beziehungen innerhalb des Kreises, der durch den altwürttembergischen Bildungsgang gezogen ist, Klosterschulen und Stift; ein Zirkel, aus dem freilich steile Flüge gewagt werden – Hölderlin, Hegel, Schelling, David Friedrich Strauß.

Erwägt man die ungezählten Stunden kleinmütiger Verzagtheit, mürrischer Verdrossenheit, und wieviel Tage und Nächte von Schmerzen und Angst erfüllt waren, denkt man an Familienkummer, Alltagsärger, Geldsorgen, so erscheint diese Existenz wie ein brüchiger irdener Topf, in den ein Gott pures Gold geworfen hat. Wollte man die strengste Auswahl deutscher Gedichte treffen – Mörike dürfte so wenig fehlen wie Goethe und Hölderlin.

Ein Buch, das Lauf, Atmosphäre, Kulissen und Horizont dieses Lebens zu schildern sucht, wäre, mit Luther zu sprechen »ein arm Ding«, käme nicht Mörike immer wieder zu Wort, in Gedichten und Prosa. Im Leser die Freude am Werk zu wecken, ist das vornehmste Ziel einer Dichterbiographie.

Peter Lahnstein.

HERKUNFT UND FAMILIE

Am Vormittag eines Spätsommertags, am 8. September 1804, wurde Eduard Mörike in Ludwigsburg geboren, in der Oberen Kirchgasse (heute Kirchstraße 2), nahe der Stadtkirche und dem Marktplatz. Sein Vater war der Oberamtsarzt Dr. Karl Friedrich Mörike, seine Mutter Charlotte Dorothea, eine geborene Beyer. Eduard war das siebente Kind, die Mutter mußte noch sechs weitere zur Welt bringen.

Mörike ist kein schwäbischer Name; er ist aus der Mark Brandenburg nach Süddeutschland gebracht worden, nicht ins Schwäbische zunächst, sondern in den Teil des württembergischen Unterlands, in dem ein fränkischer Dialekt gesprochen wird. Jener Ahnherr Bartholomäus Mörike kam aus Havelberg, einer kleinen Stadt an der Havel kurz vor der Einmündung in die Elbe gelegen, Bischofssitz bis zur Reformation. Bartholomäus Mörike ließ sich gegen Ende des 17. Jahrhunderts in Neuenstadt an der Linde nieder. Daß er in die Nähe arger Kriegsläufte geraten war (Ludwig XIV. ließ die Pfalz verheeren, 1693 wurde Heidelberg niedergebrannt), hat seine Niederlassung und Verwurzelung in der neuen Heimat offenbar nicht beeinträchtigt. Im Jahr 1694 heiratete er die verwitwete Hof- und Stadt-Apothekerin Maria Vischerin und wurde so der Stammvater der württembergischen Mörike; erheiratete sich auch die angesehene Apotheke. Von den fünf Kindern aus dieser Ehe erbte der jüngste Sohn Albrecht Ludwig die Apotheke und heiratete eine Tochter des Neuenstädter Stadt- und Amtspflegers Wolters, der sich der Abstammung von Martin Luther rühmte; fälschlicherweise, aber das wurde erst später richtiggestellt. Eduard Mörike hat noch daran geglaubt und ein auf ihn überkommenes Erbstück, einen silbernen Becher mit der Jahreszahl 1489, in Ehren gehalten.

Des Dichters Großvater Johann Gottlieb Mörike (1732–1785), ein Enkel des Erzvaters Bartholomäus, hatte sich bereits in der neu erblühten Residenz Ludwigsburg niedergelassen und es zum beamteten Arzt und Physikus gebracht; erfreute sich eines großen Patientenkreises und war besonders bei den Frauen beliebt. Er hatte in den Kreis der württembergischen Ehrbarkeit geheiratet; Charlotte Friederike Breyer war die Tochter eines herzoglichen Leibarztes. Noch bemerkenswerter ist die Ehe, die sein Sohn Karl Friedrich Mörike (1763–1817) geschlossen hat. Er war wie sein Vater Amtsarzt in Ludwigsburg; seine Frau Charlotte Dorothea war eine geborene Beyer, ihre Mutter die Schwester des genialischen »Journalisten und Heftianers« Friedrich Ludwig Wekhrlin – neben Schubart und Schlözer einer der großen deutschen Journalisten des Aufklärungszeitalters; Eduard Mörike hat allerlei Handschriftliches von diesem merkwürdigen Großonkel zusammengesucht und bewahrt. Von der Mutter und von beiden Großmüttern also ist reichlich schwäbisches Erbgut dem Dichter zugeströmt. Wie tief die Mörike in den altwürttembergischen Familienbrei eingetaucht waren, bekunden auf Eduards Taufpatenliste Namen wie Heuglin, Georgii, Plank, Neuffer, Kochhaf, Pfleiderer, Breitschwerd.

Des Dichters Vater war ein selbstbewußter Mann. Es gibt zwei Schattenrisse, die sein Profil in jüngeren Jahren und in vorgerücktem Alter zeigen, das Profil eines Handwerkers eher als das eines studierten Mannes; auffallend ist die herrische Haltung des in den Nacken geworfenen Kopfes. Wirklich war er ein umfassend gebildeter Mann. Er sollte Pfarrer werden, hatte die Klosterschulen Blaubeuren und Bebenhausen und das Stift durchlaufen und war bereits Vikar, als er die Theologie an den Nagel hängte und an der Hohen Carlsschule Medizin zu studieren begann. Nach bestandenem Examen vertiefte er seine Kenntnisse auf dem Gebiet der Geburtshilfe in Wien und war ein gestandener Mann und tüchtiger Arzt, als er sich 1790 in seiner Geburtsstadt niederließ. Seine Interessen gingen weit über die Medizin hinaus. Er war ein Kenner der Philosophie – Kant, Demokrit, Leibniz – und hat sich besonders mit seinen Zeitgenossen Kant und Schelling kritisch auseinandergesetzt. Jahre hindurch hat er an einem medizinisch-philosophischen Buch in lateinischer Sprache gearbeitet; ganze Stöße beschriebener Blätter wurden als Packpapier verbraucht, da sie ihm nicht genügten. »Medicina philosophicis exstructa« – die aus philosophischen Grundsätzen hergeleitete Heilkunde – so lautete der Titel des anspruchsvollen, nie gemeisterten Werks.

Von Eduard Mörike kennen wir zwei Äußerungen, die seinen Vater charakterisieren. In einem kurzgefaßten Lebenslauf aus Anlaß seiner Cleversulzbacher Investitur heißt es: »Wenn er auf uns wirkte, so geschah es zufällig durch einzelne Winke oder gewissermaßen stillschweigend durch den so liebevollen wie ernsten Eindruck seiner ganzen Persönlichkeit; ausdrücklich belehrend war seine Unterhaltung selten und gegen die Jüngern, zu denen ich zählte, fast niemals.« Man sollte eine andere, indirekte, Anmerkung nicht übersehen. Zwei Jahre nach des Vaters Tod hat Eduard sich selbst charakterisiert als »patri similis« (dem Vater ähnlich) mit den Worten: zornig, eigensinnig, trotzig, stolz – was auf den Vater eher zutreffen dürfte als auf den ihm angeblich ähnlichen Sohn. – Die zwei letzten Lebensjahre des einst kraftvollen Mannes waren durch einen Schlaganfall verdunkelt. In dem erwähnten Lebenslauf schreibt der Dichter:

»Mit diesem Tage begann das Glück unseres Hauses in mehr als Einem Betrachte zu sinken. Noch fürchteten wir nicht das Schlimmste; auf den Gebrauch des Wildbads zeigte mein Vater einige Besserung, er ließ sich nicht abhalten, seine gewöhnlichen Geschäfte wieder zu versehen. Wiederholte Bäder in folgenden Jahren thaten die erste Wirkung nicht mehr, er wurde hinfällig und mußte sein Amt übergeben. So war also der unermüdet fleißige Mann, welcher, wie seine unvollendet hinterlassenen Schriften bezeugen, der wissenschaftlichen Welt ebenso viel zu werden gedachte, als er in seinem engern Wirkungskreise der Stadt und dem Lande durch persönliche Hilfleistung gewesen war, nun auf Einmal aus seiner gesegneten Thätigkeit für immerdar herausgerissen und in die äußerste Ohnmacht versetzt. Außer der ganzen linken Seite seines Körpers waren auch die Sprachwerkzeuge beinahe völlig gelähmt, das Gedächtniß auffallend geschwächt, selbst die Denkkraft hatte gelitten. Wenn nun das Vertrauen so mancher, denen er sonst seine Dienste gewiedmet und im eigentlichen Sinne des Worts geschenkt hatte, sich auch jetzt nicht wollte abweisen lassen und ihn mit rührender Zudringlichkeit bis in sein Kranken-Zimmer verfolgte, wenn er, die Feder in der zitternden Hand, den rechten Ausdruck suchte und nicht fand und er zuletzt mit unterdrückter Wehmuth die Leute wieder entließ oder, höchst reizbar, wie er war, in einen Zustand ungemessener Heftigkeit gerieth, so daß ihm Niemand, meine Mutter kaum sich nähern durfte, wenn oft der jammervoll Dasitzende mich unter Thränen zwischen seinen Knieen hielt und mir ein schwer zu errathendes Wort mit Liebkosungen gleichsam abschmeicheln wollte, um den Andern zu sagen, was er verlange – so waren das Augenblicke des herzzerreissenden Elends, die unauslöschlich in meiner Erinnerung stehen. Hier mußte der Knabe den Ernst des Lebens, dem er entgegenwuchs und die Hinfälligkeit alles Menschlichen mit erschütternder Wahrheit empfinden. In diesen bangen Zeiten war es aber auch wo sich die unerschöpfliche Liebe meiner Mutter, ihre Umsicht, ihre Geistesstärke, ihre fromme Treue auf eine Weise geoffenbart hat, die nach Verdienst zu rühmen, wenn hier der Ort dazu wäre, mir ihre eigne Gegenwart verböte.

Die Leiden meines Vaters dauerten volle drei Jahre. In einer Nacht, wir Kinder schliefen schon, rief man uns unvermuthet an sein Bette, er lag bewußtlos da und man erwartete sein Ende; wir knieten um ihn auf dem Boden, die Mutter betete und noch höre ich den Ton womit das Lied von ihr gelesen wurde: Gott der Tage, Gott der Nächte, meine Seele harret dein. Hierauf entfernte man die Kinder, da sich die Auflösung noch länger zu verzögern schien. Am andern Morgen, bei unserm Erwachen sagte man uns das ganz unfaßliche Wort, daß wir jetzt keinen Vater mehr hätten. Dieß war der 22 September des J. 1817.«

Es berührt seltsam, daß im Dezember 1816 noch einmal ein Kind, das dreizehnte, geboren wurde: Klara (die steinalt werden sollte). Nebenbei bemerkt: 1816 und 1817 waren, durch die Aufeinanderfolge zweier schwerer Mißernten, in Württemberg entsetzliche Hungerjahre. In den zwei erhaltenen Briefen des jungen Eduard aus dieser Zeit findet sich keine Andeutung davon, obwohl sie von häuslichen Dingen handeln.

Über seine Mutter schreibt Eduard Mörike in dem Cleversulzbacher Lebenslauf: »Durch ihre Zärtlichkeit, ihr reines Beispiel und durch ein Wort zur rechten Zeit gesprochen, übte sie ohne studierte Grundsätze und ohne alles Geräusch eine unwiderstehliche sanfte Gewalt über die jungen Herzen aus.« Sie war zweiundzwanzig, als sie heiratete; dreiunddreißig, als sie dem Dichter das Leben schenkte; sie ist in ihrem siebzigsten Lebensjahr im Pfarrhaus zu Cleversulzbach gestorben. Spuren ihrer Schönheit sind ihr über dreizehn Schwangerschaften bis ins Alter geblieben. Die »Lust zu fabulieren« war ihr eigen, Freude am Märchenerzählen, Sinn für Poesie ohne große Belesenheit, ein Talent zum Malen; kleine Landschaftsbilder sind in der Art der Porzellanmalerei gehalten. Die letzten neun Lebensjahre hat sie in Hausgemeinschaft mit ihrem Sohn Eduard verlebt. In Cleversulzbach hat sie der Sohn neben Schillers Mutter beigesetzt – das hat sich wie von selbst ergeben; die »Frau Majorin« hatte ihren Lebensabend bei ihrem Schwiegersohn Frankh verbracht, der ein Amtsvorgänger Mörikes gewesen ist.

Von dreizehn Kindern sind sechs im zartesten Alter gestorben; 6 von 13, das entspricht ziemlich dem statistischen Durchschnitt in jener Zeit. Die herangewachsenen Geschwister des Dichters, zwei älter, vier jünger als er, seien in Kürze skizziert.

Karl (1797–1848) war musikalisch hoch begabt und ließ sich auch im Berufsleben tüchtig an; studierte Kameralwissenschaften und wurde Amtmann in Scheer. Das ging einige Jahre gut, bis er auf den Gedanken verfiel, falsifizierte aufrührerische Plakate anzukleben, sie dann zu »entdecken« und prahlerisch seiner vorgesetzten Behörde anzuzeigen. Zutreffend wurde er wegen »grober Täuschung der Staatsregierung« aus »sträflicher Ehrsucht« verurteilt und für ein Jahr auf den Asperg geschickt. Er hat sich nach diesem Straucheln nicht wieder gefangen, sondern ist durchs Leben getaumelt, als Klavierlehrer kümmerlich ernährt, dann wegen Urkundenfälschung verurteilt; er hatte, um am Vermögen der Neuenstadter Linie teilhaben zu können, ein Testament gefälscht. Er verließ das Gefängnis (das »Arbeitshaus« seiner Geburtsstadt Ludwigsburg) als kranker Mann und ist wenige Jahre danach an der Schwindsucht gestorben. Eduard hat seinen Nachlaß gesichtet und vernichtet.

Luise (1798–1827) war ein schönes, vielseitig begabtes Mädchen, und nach allem, was wir von ihr wissen, von der Gewißheit einer gottgewollten Ordnung in den menschlichen Beziehungen durchdrungen. Eduard hat in ihr etwas wie einen Schutzgeist gesehen. Auf ihrem Sterbebett – sie starb an der Schwindsucht – hat sie mit ihm Glaubensgespräche geführt.

August (1807–1824), der Lieblingsbruder Eduards, künstlerisch, besonders musikalisch hoch begabt, war Apothekergehilfe und wollte gegen den Widerstand der verarmten Familie Medizin studieren. Am 15. August 1824 hat er mit Luise und Eduard im Stuttgarter Hoftheater Mozarts *Don Juan* gesehen; wenige Tage später starb er, höchstwahrscheinlich von eigener Hand.

Ludwig, genannt Louis (1811–1886), war ein behaglicher Mann, eine »Sommerweste«, ein Bastler und Porzellanmaler, in verschiedenen Berufen nicht sehr ausdauernd tätig, auch er in mancher Hinsicht ein unsicherer Mann. Seine angesehenste Stellung war die eines Verwalters des »Pürkelguts« von Thurn und Taxis; aber auch hier hatte er auf die Dauer kein Glück.

Adolf (1813–1875) hat von allen Geschwistern das äußerlich bewegteste Leben geführt und war in besonderem Maße das Sorgenkind der Familie. Schreinerlehre, Instrumentenbauer, Klavierfabrikant – alles ohne Fortüne; von der Klavierfabrik ins »Arbeitshaus«. Er probierte es in der Schweiz, in Norddeutschland, in Frankreich, in Indien, in Amerika; dazwischen Versuche, sich in der Heimat zu etablieren. Am Ende suchte er den Tod im Gardasee.

Klara (1816–1905) besaß die Ausgeglichenheit des Gemüts, die ihren Brüdern fehlte. Sie hat ihr Leben in den Dienst des Dichter-Bruders gestellt, auch beim Zustandekommen seiner Ehe eine Rolle gespielt.

Die Schwestern, Eduard innig verbunden beide, scheinen von dunklen Belastungen frei. Aber die Lebensläufe der Brüder lassen frösteln. Dabei ist auffällig die musikalische Begabung, ein Hineingezogensein in die Musik, das sich bei August in die Aufeinanderfolge der *Don-Juan*-Aufführung und des Freitodes steigert; ein »Nervenschlag« sagte man, glaubte man vielleicht. Zu einer rechten Laufbahn im Beruf hat es keiner der Brüder gebracht – der Dichter-Pfarrer nicht ausgenommen.

»Wir drei Brüder Karl Eberhard, Eduard Friedrich und August Mörike versprechen uns gegenseitig, die Pflichten, die wir als Brüder auf uns haben, einander treu zu erfüllen, die Liebe in allen Lagen unseres Lebens zu erhalten, und, wenn der Tod uns trennen wird, einander auch noch im Grabe und in der Ewigkeit zu lieben.« So lautet Paragraph 1 eines »Monumentum amicitiae fraternae«, einer gegenseitigen Treueverpflichtung, die die drei ältesten Brüder zwei Jahre nach dem Tod ihres Vaters miteinander aufgesetzt haben; Karl war damals zweiundzwanzig, also kein Kindskopf mehr. Eduard jedenfalls hat diese Verpflichtung sein Leben hindurch ernstgenommen. Immer stand Eduards Wohnung den Brüdern offen, ob sie behaglich angereist kamen, wie zeitweilig wenigstens Louis, die »Sommerweste«, oder unstet und flüchtig. Das mehr oder weniger selbstverschuldete Unglück der Brüder hat das Leben des Dichters verdunkelt, am schlimmsten in der Zeit, als er endlich in leidlich gesicherten Verhältnissen lebte, als Pfarrer zu Cleversulzbach. Selbst in dauernder Geldverlegenheit, fühlte er sich verantwortlich für die Schulden seiner Brüder.

Schwerer noch hat wohl auf ihm gelastet, daß zwei seiner Brüder, Söhne aus einer achtbaren Familie, sich kriminelle Verfehlungen zuschulden kommen ließen. In der literarischen Überlieferung wird Karls erstes Straucheln meist verbrämt, der Anschein erweckt, als habe ihn revolutionäres Ungestüm auf den Asperg gebracht. Es war leider anders. An seiner zweiten Verfehlung gibt es überhaupt nichts zu beschönigen, so wenig wie bei den Delikten des glücklosen Geschäftsmanns Adolf. Ein boshafter Zufall hat es gefügt, daß für eine kurze Zeit, Februar 1840, diese beiden Brüder gleichzeitig im Ludwigsburger Arbeitshaus einsaßen.

Und das in dem selbstbewußten Kreis ehrbarer Familien im alten Württemberg! Doch erhob sich, soweit sich das merken oder doch vermuten läßt, in diesen Kreisen kein Gezeter, man wies nicht mit Fingern auf die mißratenen Söhne aus gutem

Hause, sondern man hat eher den Eindruck stillschweigender Solidarität, mag sie mitunter von Zähneknirschen begleitet gewesen sein. Man hat es der Mutter (die das Ärgste noch erlebt hat), dem Dichterbruder, der jungen Klara nicht schwerer gemacht, als es ohnedies war. Alle Freunde Eduards haben zu ihm gehalten.

Rätselhaft bleibt, daß die Söhne aus einer allem Anschein nach intakten Ehe, Söhne eines aufrechten, lebenstüchtigen Vaters und einer gesunden, guten Mutter, sich in ihrem Leben so schwer getan haben; alle. Den Geschwistern gemeinsam war die tiefe Musikalität. Die Brüder waren manuell geschickt, hatten das Zeug und die Neigung zum Handwerk. Weder das eine noch das andere erklärt die Entgleisungen, die das Leben Karls und Adolfs zerstört haben. Zwei der Brüder, der eine früh, der andere spät, haben ihrem Leben selbst ein Ende gesetzt. Auflösungserscheinungen, »Verfall einer Familie«? Eduards Genie Glück und Gnade im Niedergang?

LUDWIGSBURG

Ludwigsburg war für Eduard Mörike die Stadt der Väter, der Geburtsort, der Schauplatz seiner Kinderjahre. Er hatte das dreizehnte Lebensjahr vollendet, als der Vater starb, die Familie sich auflöste, das Haus verkauft wurde; als er auf der Schwelle zur Pubertät stand, ist ihm die Kinderheimat entschwunden. Er hat ihr ein liebendes, sehnsüchtiges Gedenken bewahrt.

Ludwigsburg war eine junge Stadt, gegründet in der Zeit, als die Fürstenhöfe hinausdrängten aus der Enge mittelalterlicher Stadtschlösser oder Burgen, hinaus ins Grüne, Unbegrenzte, wo sich die Repräsentationslust des Landesherrn, Ehrgeiz und Phantasie der Baumeister unbeengt verwirklichen konnten. Zudem lagen diese neue Residenzen geschickt für die Jagd, die damals vom Schnepfenstrich im März bis zum Halali in den herbstbunten Wäldern eine für uns kaum noch vorstellbare Bedeutung im Jahres- und Tageslauf der hohen Herren hatte.

Die Entstehung Ludwigsburgs ist ein typisches Beispiel: ein beliebtes Jagdrevier in mäßiger Entfernung von der Haupt- und Residenzstadt Stuttgart; das Terrain eigentlich wenig einladend für ein großes Bauvorhaben – uneben, waldig, sumpfig nennt es ein Baron Pölnitz. Anno 1704 begann man mit dem Bau des Corps de Logis, und im Lauf von dreißig Jahren entstand eine der größten Schloßanlagen Süddeutschlands; in den älteren Teilen behäbig auf österreichisch-böhmische Art, späteres italianisierend und endlich das neue Corps de Logis in französischer Manier, kühl und elegant; eingebettet in Gärten, deren ältester Teil noch nach toskanischem Muster angelegt war, dann nach französischen Vorbildern geformt, endlich der sich wandelnden Mode angepaßt nach englischem Geschmack.

Neben dem Schloßbezirk ist die Bürgerstadt entstanden, regulär angelegt, jedes Haus mit reichlichem Hofraum, weitem Marktplatz, einigen Adelshäusern. Verglichen mit den alten, in ihren Mauerring gepferchten, in ihrem Kern noch mittelalterlich anmutenden Nestern war Ludwigsburg eine weitläufige, gut durchlüftete Stadt, umgeben von schönen Linden- und Kastanienalleen; im alten Württemberg der weitaus angenehmste Wohnplatz. Das Leben dieser Stadt stieg und sank mit den Launen des regierenden Herrn, je nachdem er seine Gunst der neuen Residenz oder der alten zuwandte. Überschäumende Betriebsamkeit im Schloßbereich, die auch in der Bürgerstadt tausend Hände in Bewegung setzte und die Häuser mit Mietern füllte, wechselte mit Zeiten gähnender Leere.

Seinen Höhepunkt erlebte Ludwigsburg, als in den 1760er Jahren Carl Eugen hier noch einmal ein wahres Feuerwerk höfischer Prachtentfaltung sprühen ließ. Im Winter 1764/65 ließ er in aberwitziger Eile ein Opernhaus aus dem Boden stampfen, das zwar nicht mehr war als eine riesige, brillant ausgestattete Bretterbude, aber für eine kurze Zeit eine der ersten Bühnen der Welt – Jomelli als Musikdirektor, Noverre als Ballettmeister, die teuersten Solotänzer, Sängerinnen und Kastraten aus Italien und Paris. Auch verordnete der Herzog seinen nüchternen, stockprotestantischen Ludwigsburgern den italienischen Karneval, die sogenannten Markus-Messen, wozu der weite, von Arkaden umgebene Marktplatz reichlich Raum bot. – Die exorbitanten Kosten setzten dieser tollen Periode bald ein Ende, doch war bis in die 1770er Jahre hinein noch viel höfischer Betrieb – Schubart ist ein Zeuge –, bis es nach und nach still wurde. Als während der Französischen Revolution die adligen Emigranten über den Rhein kamen und sich scharenweise in den leeren Wohnungen niederließen, wurden sie als eine erwünschte Belebung freundlich aufgenommen. Justinus Kerner, auch ein Ludwigsburger, erzählt davon in seinem *Bilderbuch aus meiner Knabenzeit.*

Als das Kind Eduard Mörike heranwuchs, war der grelle Glanz erloschen, das hölzerne Opernhaus abgebrochen, und wenngleich der dicke Friedrich hier öfters Hof hielt (im Oktober 1805 hatte er in Ludwigsburg Napoleon empfangen und war bald darauf König geworden), war es meist öd und leer. Aber Schlösser, Gärten und Alleen, die zauberhaften Gewächshäuser, alles sprach dem Kind von jüngst vergangener Herrlichkeit. Frauen, die in den tollsten

Jahren junge Mädchen gewesen waren, konnten ihm erzählen, was sie gesehen, erlebt hatten, denn sie waren so alt noch nicht, um die sechzig herum. Erzählen konnten die Schloßdiener, die Gärtner, erzählen konnte jeder alte Ludwigsburger. – Sein Leben lang hing Eduard Mörike an dieser Stadt.

Im März 1825 schreibt er aus einer Bierwirtschaft an seinen Freund Mährlen von einem langweiligen Tübinger Sonntag, aber unversehens heißt es: »Ach! wie müssen jetzt die gelben Häuser, die breiten Straßen in Ludwigsburg im Sonnenschein so freundlich aussehen! Ich denke mir, Du seist jetzt in den Anlagen und beugtest Dich nachdenklich über das eiserne Geländer bei der Emichsburg [künstliche Ruine in den Schloßanlagen] – Mir geht das Herz auf . . . Es strömen wirklich alle italiänischen Frühlingsatmosphären – Jasmin – Orangeblüte – Veilchen – wie im Taumel durch meine Sinne . . .«

Gelbe Häuser, breite Straßen – In Justinus Kerners *Reiseschatten* liest man von Ludwigsburg, dort Grasburg genannt: »Durch die schönen Gänge von Linden- und Kastanienbäumen führte uns der Weg in die Stadt Grasburg ein. Totenstille herrschte, die nur von dem Gesumse der Bienen um die Blüten der Bäume unterbrochen wurde. Lange, weite Straßen eröffneten sich, sie wurden durch niedliche, gelbgefärbte Häuser gebildet . . .« Kerners *Reiseschatten* zählen zu der frühesten nachweisbaren Lektüre Mörikes; er hat noch in Ludwigsburg gewohnt, als er sie las.

Wenn er später den Schauplatz seiner Kindheit aufgesucht hat, ist das Wiedersehen getränkt von Traurigkeit. Aus einem Brief an Luise Rau vom 14. Mai 1831: »Gestern, Liebste! welch ein seliger Nachmittag! Mährlen, Louis und ich fuhren zusammen nach meinem väterlichen Ludwigsburg; es war beschlossen, daß die wenigen Stunden rein nur den heiligsten Erinnerungen, d.h. der Stadt selbst und ihren alten Plätzen, sollten gewidmet [sein] – nichts wollte man sehen, was an die neuere Zeitalter mahnte, und auf alle Besuche wurde verzichtet. Es war das heiterste Wetter. Wir durchzogen die Straßen, die Alleen, ich betrat – als ein Fremder – mit wunderlichem Schauder das Haus meiner Eltern – o! wieviel Schönes ist da in Hof und Garten umgestaltet! Als ich einen Stumpf der herrlichen Maulbeerbäume, die mit den Zweigen sonst das Dach erreichten, so kläglich aus der Erde blicken sah, brannte mein Inneres vor Schmerz ... Wir durchstrichen die melancholischen Gänge der königlichen Anlage; in der Emichsburg hört ich die Windharfen flüstern, wie sonst: die süßen Töne schmolzen alles Vergangene in mir auf ... ich sah vom Turm die Umgegend, die Wege all, die wir Kinder mit Vater und Mutter ausflogen!«

Die Novelle *Lucie Gelmeroth* – sie ist zwei Jahre nach dem eben zitierten Brief geschrieben – spielt in Ludwigsburg. Sie beginnt so:

»Ich wollte – so erzählt ein deutscher Gelehrter in seinen noch ungedruckten Denkwürdigkeiten – als Göttinger Student auf einer Ferienreise auch meine Geburtsstadt einmal wieder besuchen, die ich seit lange nicht gesehen hatte. Mein verstorbener Vater war Arzt daselbst gewesen. Tausend Erinnerungen, und immer gedrängter, je näher ich der Stadt nun kam, belebten sich vor meiner Seele. Die Postkutsche rollte endlich durchs Tor, mein Herz schlug heftiger, und mit taumligem Blick sah ich Häuser, Plätze und Alleen an mir vorübergleiten. Wir fuhren um die Mittagszeit beim Gasthofe an, ich speiste an der öffentlichen Tafel, wo mich, so wie zu hoffen war, kein Mensch erkannte.

Über dem Essen kamen nur Dinge zur Sprache, die mir ganz gleichgültig waren, und ich teilte daher in der Stille die Stunden des übrigen Tags für mich ein. Ich wollte nach Tische die nötigsten Besuche schnell abtun, dann aber möglichst unbeschrien und einsam die alten Pfade der Kindheit beschleichen.«

In diese seltsame Geschichte ist eine Kindheitserinnerung der erzählenden Person eingewoben, ein Fest bei Hofe, das eine Herzogin einer Kinderschar zu ihrem Geburtstag ausrichtet – die sich dafür mit einer Theateraufführung bedanken.

»In meinem väterlichen Hause lebte man auf gutem und reichlichem Fuße. Wir Kinder genossen einer vielleicht nur allzu liberalen Erziehung, und es gab keine Freude, kein fröhliches Fest, woran wir nicht teilnehmen durften. Besonders lebhaft tauchte jetzt wieder eine glänzende Festivität vor mir auf, welche zu Ehren der Herzogin von *** veranstaltet wurde. Sie hatte eine Vorliebe für unsere Stadt, und da sie eine große Kinderfreundin war, so war in diesem Sinne ihr jährlicher kurzer Aufenthalt immer durch neue Wohltaten und Stiftungen gesegnet. Diesmal feierte sie ihr Geburtsfest in unsern Mauern. Ein Aufzug schön geputzter Knaben und Mädchen bewegte sich des Morgens nach dem Schlosse, wo die Huldigung durch Gesänge und eingelernte Glückwünsche nichts Außerordentliches darbot. Am Abend aber sollte durch eine Anzahl von Kindern, worunter Lucie und ich, vor Ihrer Königlichen Hoheit ein Schauspiel aufgeführt werden, und zwar auf einem kleinen natürlichen Theater, das, zu den Hofgärten gehörig, in einer düsteren Allee, dem sogenannten Salon, gelegen, nach allen seinen Teilen, Kulissen, Seitengemächern und dergleichen, aus grünem Buschwerk und Rasen bestand und, obschon sorgfältig unterhalten, seit Jahren nicht mehr gebraucht worden war. Wir hatten unter der Leitung eines erfahrenen Mannes verschiedene Proben gehalten, und endlich schien zu einer anständigen Aufführung nichts mehr zu fehlen. Mein Vater hatte mir einen vollständigen türkischen Anzug machen lassen, meiner Rolle gemäß, welche überdies einen berittenen Mann verlangte, was durch die Gunst des königlichen Stallmeisters erreicht wurde, der eines der artigen gutgeschulten Zwergpferdchen abgab. Da sämtliche Mitspielende zur festgesetzten Abendstunde schon in vollem Kostüm und, nur etwa durch einen Überwurf gegen die Neugier und Zudringlichkeit der Gassenjugend geschützt, jedes einzeln von seinem Hause aus nach dem Salon gebracht wurden, so war es meiner Eitelkeit doch nicht zuwider, daß, als der Knecht den mir bestimmten kleinen Rappen in der Dämmerung vorführte, ein Haufe junger Pflastertreter mich aufsitzen und unter meinem langen Mantel den schönen krummen Säbel, den blauen Atlas der Pumphosen, die gelben Stiefelchen und silbernen Sporen hervorschimmern sah. Bald aber hatte ich sie hinter mir und wäre sehr gern auch den Reitknecht los gewesen, der seine Hand nicht von dem Zügel ließ und unter allerlei Späßen und Sprüngen durch die Stadt mit mir trabte.

Der Himmel war etwas bedeckt, die Luft sehr still und lau. Als aber nun der fürstliche Duft der Orangerie auf mich zugeweht kam und mir bereits die hundertfältigen Lichter aus den Kastanienschatten entgegenflimmerten, wie schwoll mir die Brust von bänglich stolzer Erwartung! Ich fand die grüne offene Szene, Orchester und Parterre aufs niedlichste beleuchtet, das junge Personal bereits beisammen; verwirrt und geblendet trat ich herzu. Indes die hohen Herrschaften noch in einem nahen Pavillon bei Tafel säumten, ließ auch die kleine Truppe sich es hier an seitwärts in der Garderobe angebrachten, lecker besetzten Tischen herrlich schmecken, sofern nicht etwa diesem oder jenem eine selige Ungeduld den Appetit benahm. Die lustigsten unter den Mädchen vertrieben sich die Zeit mit Tanzen auf dem glattgemähten, saubern Grasschauplatz. Lucie kam mir mit glänzenden Augen entgegen und rief: ›Ists einem hier nicht wie im Traum?‹«

Kindheitserinnerungen der erzählenden Person – Kindheitserinnerungen Mörikes – der kleine Eduard wurde bei besonderen Anlässen als Husar ausstaffiert, mit Sporenstiefelchen und einem zierlichen Säbel.

Die Mitte der Kinderheimat ist auch in der Erinnerung das Elternhaus geblieben, das Haus, die große, noch ungeteilte Familie. Das Vorzeichen des Zerfalls war der Schlaganfall des Vaters. Kurz danach hat der eben elfjährige Eduard ein Gedicht geschrieben, das mit der Zeile beginnt: »Dieses Morgens sanfte Stille.« Eine Strophe spricht den Vater an, eine die Mutter –

> Ach! der Leidenden so viele,
> Die der Krankheit Last gedrückt,
> Hat mit warmem Mitgefühle
> Ihre Hülfe schnell erquickt.
> Vater! der Sie durch Ihr Leben
> Mir des Fleißes Beispiel geben,
> Möcht ich immer mich bestreben.
> Menschenfreund! Wie Sie zu sein!
>
> Mutter! Ihrer zarten Liebe,
> Ihres Beispiels hoher Kraft
> Dank ich alle edlen Triebe,
> Jede gute Eigenschaft.

Sie, die Ernst mit Milde paaren,
Nicht die größte Mühe sparen,
Meine Sitten zu bewahren,
Seien durch mich selbst belohnt.

Es sei im Blick auf diese Familie die Anmerkung erlaubt, daß unter den damaligen gesellschaftlichen Verhältnissen, zumal in einem erzprotestantischen Milieu, die Frauen von Ärzten wahrscheinlich mehr an ehelichen Freuden gespürt haben als die Frauen vieler Pfarrer oder Magister: eine Beglückung, die freilich bald dahingeschwunden sein mag unter der kirchlich abgesegneten Rücksichtslosigkeit ihrer Männer, die sie oft Jahr um Jahr ins Wochenbett gezwungen haben. – Charlotte Mörike hat in einundzwanzig Ehejahren dreizehn Kinder zur Welt gebracht.

In der Schar der Geschwister fühlte sich Eduard besonders zu den beiden älteren, Karl und Luise, hingezogen. Was er von dieser Schwester empfangen, was er in ihr gesehen hat, kommt vielleicht am schönsten zum Ausdruck in einer Briefstelle vom 26. Januar 1824 – ihr Brief wurde ihm überbracht, »und nun zog eine überaus linde, kühlende Luft aus Deinem sanften Kreis in den meinigen herüber«. Luise hat sich dem Bruder in einer schweren Lebenskrise als ein Schutzgeist erwiesen.

Über seinen Bruder Karl schreibt Eduard in dem Investitur-Lebenslauf: »In tieferer gemütlicher Beziehung aber hatte die Eigentümlichkeit eines älteren Bruders den größten Einfluß bald auf mich gewonnen. Was nur ein jugendlicher Sinn irgend Bedeutungsvolles hinter der Oberfläche der äußern Welt, der Natur und menschlicher Verhältnisse zu ahnen vermag, das alles wurde durch die Gespräche dieses Bruders auf einsamen Spaziergängen, wenn ich ihn manchmal auch nur halb verstand, in meinem Innern angeregt, er wußte den gewöhnlichsten Erscheinungen einen höheren und oft geheimnisvollen Reiz zu geben; er war es auch, der meine kindischen Gefühle mit mehr Nachhaltigkeit auf übersinnliche und göttliche Dinge zu lenken verstand.« Vor diesem Hintergrund läßt sich ahnen, was für den Jüngeren das Straucheln und der Sturz dieses Bruders bedeutet haben; und es verdient festgehalten zu werden, daß Eduard so geschrieben hat, nachdem Karl schon das erstemal kräftig gestolpert war.

Fünf Jahre hindurch hat Eduard Mörike die Lateinschule in Ludwigsburg besucht. Das war die Schule, auf der Schiller das Lateinische so gründlich gelernt hat, daß er noch auf seinem Sterbebett lateinische Reden gehalten hat; die Schule von Justinus Kerner, und später von zwei so grundgelehrten Ludwigsburgern wie Fritz Theodor Vischer und David Friedrich Strauß, beide drei Jahre jünger als Eduard Mörike. – Kerner mokiert sich in seinem *Bilderbuch* über die pedantischen Lehrer mit schmutzigen baumwollenen Kappen und langen Haselstöcken – »dabei wurde natürlich wenig gelernt« –, eine vielleicht launig verfärbte Erinnerung. Als Mörike diese Schule besuchte, war ein angesehener Pädagoge namens Breitschwerdt Rektor.

Eduard, ein verträumtes, auffallend schönes Kind, ist kein Musterschüler gewesen. Ein wohlmeinender Lehrer, so hat es der Mitschüler Notter überliefert, blieb einmal vor dem Träumer stehen und weckte ihn mit den Worten: »Nun, von welchem Brückle hast jetzt eben wieder nunter guckt?« – Unter den älteren und jüngeren Mitschülern sind Friedrich Kauffmann und Rudolf Lohbauer später nahe Freunde geworden. Auch zu Vischer und Strauß haben sich erst im Lauf der Jahre engere Beziehungen herausgebildet – wobei die gemeinsame Schule immer ein Element der Vertrautheit ist. Enger war er mit Hermann Hardegg verbunden; eine Neigung, die zehn oder zwölf Jahre gedauert hat und dann erloschen ist.

Die stillen Straßen und weiten Plätze der Stadt, die schattigen Alleen, die Schloßgärten – ungestörte Spielgründe.

Dreißig Jahre später auf die Bubengefechte in den Kastanienalleen zurückblickend:

[MIT EINEM TELLER WILDER KASTANIEN]

Mir ein liebes Schaugerichte
Sind die unschmackhaften Früchte;
Zeigen mir die Prachtgehänge
Heimatlicher Schattengänge,

Da wir in den Knabenzeiten
Sie auf lange Schnüre reihten,
Um den ganzen Leib sie hingen
Und als wilde Menschen gingen,
Oder sie auch wohl im scharfen
Krieg uns an die Köpfe warfen. –
Trüg ich, ach, nur eine Weile
Noch am Schädel solche Beule,
Aber mit der ganzen Wonne
Jener Ludwigsburger Sonne!

Kinderlustbarkeit – es gab im Leben des Knaben Eduard auch eine frühe Verliebtheit. In Benningen am Neckar, nahe Ludwigsburg, war der Onkel Neuffer Pfarrer; der hatte eine Tochter Clara. Eduard wurde bisweilen nach Benningen mitgenommen, auf Verwandtenbesuch oder auch zu Patientengängen des Vaters. Und Neuffers kamen oft nach Ludwigsburg. So lernte Eduard das gleichaltrige Bäschen kennen und verliebte sich in das Kind. Als Neuffer nach Bernhausen versetzt wurde, bedeutete das für die beiden kein Ende; es hat noch einen kleinen, wie in blassen Wasserfarben getuschten Roman gegeben. Aber die Liebesahnung zweier Kinder ist in Versen aufgehoben. Der Dichter, siebzehnjährig! blickt zurück:

ERINNERUNG

An C. N.

Jenes war zum letztenmale,
Daß ich mit dir ging, o Clärchen!
Ja, das war das letztemal,
Daß wir uns wie Kinder freuten.

Als wir eines Tages eilig
Durch die breiten, sonnenhellen,
Regnerischen Straßen, unter
Einem Schirm geborgen, liefen;
Beide heimlich eingeschlossen

Wie in einem Feenstübchen,
Endlich einmal Arm in Arme!

Wenig wagten wir zu reden,
Denn das Herz schlug zu gewaltig,
Beide merkten wir es schweigend,
Und ein jedes schob im stillen
Des Gesichtes glühnde Röte
Auf den Widerschein des Schirmes.
Ach, ein Engel warst du da!
Wie du auf den Boden immer
Blicktest, und die blonden Locken
Um den hellen Nacken fielen.

»Jetzt ist wohl ein Regenbogen
Hinter uns am Himmel«, sagt ich,
»Und die Wachtel dort am Fenster,
Deucht mir, schlägt noch eins so froh!«

Und im Weitergehen dacht ich
Unsrer ersten Jugendspiele . . .

(Mit dem Regenbogen ist der scheinbare Widerspruch von sonnenhellen regnerischen Straßen erklärt. In der Naturbeobachtung
gibt es bei diesem Dichter nichts Ungenaues.)
    Am Ende:

Dieses war zum letzten Male,
Daß ich mit dir ging, o Clärchen!
Ja, das war das letztemal,
Daß wir uns wie Kinder freuten.

Sehnsüchtig steht der Siebzehnjährige rückwärts gewandt.

IM HAUSE GEORGII

Als Schlußstein des Ludwigsburger Familienlebens, Schlußstein zugleich von Eduard Mörikes Kindheit, kann die Todesanzeige gelten, die Charlotte Mörike in die *Schwäbische Chronik* setzen ließ (das war die Regionalbeilage des vortrefflichen *Schwäbischen Merkur*): »Heute abend um einhalb sechs endigte mein teurer Gatte Dr. Carl Mörike, k. Land- Vogtei- und OberAmts Arzt, an einer Folge wiederholter Schlagflüsse in einem Alter von bald 54 Jahren seine irdische Laufbahn. Wenn der Rückblick auf die schweren dritthalbjährigen Leiden, denen der Mann, der sein ganzes Leben selbst aufopfernder Hülfe der leidenden Menschheit gewidmet hatte, rettungslos unterlag, mein Gemüt mit dem tiefsten Kummer erfüllt: so wird doch mein innigster Dank gegen die Vorsehung für das Glück unserer vierundzwanzigjährigen Verbindung und gegen Ihnen, verehrteste Gönner, Freunde und Verwandte, da Sie so vieles zur Erhöhung jenes Glückes beitrugen, nie erlöschen; so wie auch die Gewährung meiner angelegenen Bitte um die Fortdauer Ihres schätzbaren Wohlwollens gegen mich und meine sieben verwaisten Kinder meinen gerechten Schmerz lindern wird. Den 22. September 1817 – die Witwe, Charlotte Mörike, geborne Beyer.«

Auffällig an dieser Anzeige ist die nachdrückliche Erwähnung des Beistands von »Gönnern, Freunden und Verwandten«. Sie hatte alle Ursache, hat aber nicht vergeblich gebeten. Zumal die Verwandtschaft zeigte sich hilfsbereit, einige der Kinder wurden in ihre Häuser übernommen; so die kleine Klara in das Bernhauser Pfarrhaus zum Onkel Neuffer, in die Obhut der nun dreizehnjährigen Base Klara.

Das beste Los in dieser Familienlotterie hatte Eduard gezogen. Er wurde in das Haus seines Onkels Georgii in Stuttgart aufgenommen. Eberhard Friedrich Georgii – er war mit einer Schwester von Eduards Vater verheiratet – war einer der höchsten Beamten und genoß hohes Ansehen im ganzen Land. »Er war ein

Mann, in dem sich das alte, ständische Württemberg ... verkörperte: ein Diener des als heilig empfundenen positiven Rechts, ein Vorkämpfer der vertraglich begründeten Landschaftsfreiheiten, ein eifriger württembergischer Patriot, erfüllt von strenger Moralität und gläubigem Christentum. In Prinzipienfragen war er unbeugsam bis zur Schroffheit ...« (Walter Grube). Mörike in seinem Investitur-Lebenslauf: »Beim Leichenbegängnis trat der Oheim ... der würdige ... Präsident Georgii, dessen Namen kein Vaterlandsfreund ohne Hochachtung nennt, mit der Erklärung hervor er wünsche mich zu sich nach Stuttgart zu nehmen und meine Bildung zu fördern, ein Anerbieten, das meine Mutter mit Dank, ich selbst mit Begierde ergriff.« Wie ein Sohn sei er im Hause Georgii gehalten worden, heißt es weiter.

Das Haus stand neben dem Büchsentor, einem klassizistischen, wappengeschmückten Durchlaß, der nicht lange zuvor an die Stelle eines bescheidenen mittelalterlichen Törleins gesetzt worden war (heute Ecke Schloß- und Büchsenstraße). Ein Jahr hat Eduards Aufenthalt in diesem Haus gedauert, vom Herbst 1817 bis zum Spätjahr 1818; dann wurde er in das Niedere theologische Seminar zu Urach »eingeliefert«. Er hat während dieses Jahres das »mittlere Gymnasium« besucht, also die mittlere Stufe des altehrwürdigen Gymnasium Illustre.

Stuttgart war seit zwölf Jahren, dank der Neuordnung der Landkarte durch Napoleons Hand, eine Königsresidenz. Das geistige Leben der Stadt war noch erhellt von der Hohen Karlsschule, die zwar den Tod ihres Gründers und Protektors nur um wenige Monate überlebt hatte; aber zahlreiche bedeutende Schüler dieses außergewöhnlichen Instituts standen nun im öffentlichen Leben. Die Zeit kleinstädtischer Beengtheit war vorbei. Cotta wirkte hier als der größte unter mehreren Verlegern. Seit 1785 erschien der *Schwäbische Merkur*, eine Zeitung von hohem Rang. – Friedrich, der erste württembergische König, ein überaus korpulenter, dabei sehr selbstbewußter und tatkräftiger Herr, ließ seine Residenz der neuen Königswürde anpassen, soweit es die Finanzen in den Kriegszeiten erlaubten. Die alten Stadtmauern wurden abgetragen, die Gräben aufgefüllt, die Tore abgebrochen oder durch Zierstücke in klassizistischem Geschmack ersetzt. Das Neue Schloß, das durch einen Brand im Jahr 1762 noch vor der Fertigstellung seinem Zweck entzogen worden war, wurde nun vollendet und bezogen. Die oberen, dann die unteren Anlagen wurden nicht nur für die Hofgesellschaft, sondern auch für die Bürger geschaffen. Auch merzte man eine Reihe kurioser alter Gassennamen aus, als mit der erhöhten Würde der Residenz nicht länger vereinbar: die Wassersuppengasse wurde in Bergstraße umbenannt, die Finstere Münz in Dreherstraße, das Kühgäßle sinnigerweise in Milchstraße, das Scharfrichtergäßle in Richtstraße – Verschönerungen, die wenigstens nichts kosteten.

In dieser Stadt spielte das Haus Georgii eine führende gesellschaftliche Rolle – ähnlich wie das Rappsche Haus neben der Stiftskirche (dort hatte 1797 Goethe im engsten Familienkreis *Hermann und Dorothea* vorgelesen) oder die »Danneckerei«, das gastfreie Haus des berühmten Bildhauers am Schloßplatz. Georgii pflegte in sein Haus eine Kegelgesellschaft einzuladen, zu der sich das gebildete Stuttgart einfand: Gymnasialprofessoren, Verleger, hohe Staatsbeamte, bildende Künstler. Rapp und Dannecker waren von der Partie, Elben, Gründer und Verleger des *Schwäbischen Merkur*, der Hof- und Leibmedikus Jäger. Im Jahr 1810 hatte Schelling im Gartensaal des Hauses Vorlesungen gehalten. In einem »Zirkular auf das Jahr 1818« lud Georgii wie folgt zum Kegeln ein: »Mit den Empfindungen der Freundschaft, die unter allen Veränderungen des Lebens für mich das allein Beharrliche sind, lad ich Sie, Verehrteste Freunde! heuer abermals auf meine Kegelbahn ein. Sie wird Samstag a.2.May erstmals, und dann jeden Samstag um 6 Uhr, aber wenn das Wetter schlimm ist, jeden Montag hernach geöffnet seyn.« Und der Dichter, insbesondere Epigrammatiker Haug, nun auch Hofrat und Bibliothekar, hatte die Einladung mit Versen begleitet, am Ende:

> Doch preis ich auch die Excellenz
> In Aller Namen, Brüder!
> Das Kegelspielen – Sie vergönnts
> Nach alter Sitte wieder.

Am Rande der Gesellschaft, zuschauend, zuhörend, dürfen wir uns den dreizehn-, vierzehnjährigen Eduard vorstellen. Mit einigen, jedenfalls mit Haug, hat er dabei Bekanntschaft geschlossen. Einige Jahre später, in einem Brief an Waiblinger: »Haug hingegen – der Dir ja auch lieb ist, sprach schon öfters mit mir im Garten meines Oheims – auch erinnere ich mich an einige Bonmots, die er mir gesagt. Du glaubst nicht, mit welcher Stimmung ich einen solchen Menschen betrachten würde.«

Das Theater jener Zeit – und das Stuttgarter Hoftheater machte durchaus keine Ausnahme – diente vornehmlich der Unterhaltung; es hatte die Funktion zu erfüllen, welche in späterer Zeit das Kino und der Fensehapparat übernommen haben. Einige Programme des kgl. Hoftheaters im Jahr 1818 – Am 25. Februar: Der deutsche Mann und die vornehmen Leute, Sittengemälde in 4 Akten, von Kotzebue. Am 3. März: Apollos Wettgesang, komische Oper in 3 Akten, Musik von Sutor. Am 1. April: Der Spiegel, Lustspiel in 1 Akt, von Kotzebue; Trau, schau, wem, Lustspiel in 1 Akt, von Schall; Der kleine Matrose, Oper in 1 Akt von Gavraux . . .

Von Kotzebue wurde noch mehreres in jener Saison gespielt. Es ist unglaublich, welche Bedeutung dieser Mann in den Jahrzehnten um 1800 für das europäische Theater gehabt hat. Schiller und Goethe haben ihn verachtet, dennoch mußte er auch in Weimars hochklassischer Zeit die Kassen des Theaters füllen. Übrigens hat auch Mörike einmal in einer Seminaristenaufführung eines Kotzebue-Stücks mitgewirkt, als Schneider Fips in *Die gefährliche Nachbarschaft*. Kotzebue hatte ein sicheres Gespür dafür, was die Leute sehen wollten. Nun wurden im Stuttgarter Hoftheater auch anspruchsvollere Stücke gegeben; von Schiller in jener Saison *Wilhelm Tell* und *Maria Stuart*. Es existiert ein Notizbüchlein Eduard Mörikes aus dem Jahr 1818, worin Theaterabende vermerkt sind.

Der Hauptzweck von Eduards Aufenthalt in Stuttgart war der Besuch des Gymnasiums. Wie die Lateinschulen rings im Land, die vor allem dem Pfarrernachwuchs dienten, war auch dieses berühmte Institut durchaus auf die alten Sprachen eingestellt:

Lateinisch, Griechisch, Hebräisch. Eduard, verträumt, in seine Phantasiebilder versunken, war kein guter Schüler, auch nicht im Lateinischen, für das er von seiner Ludwigsburger Schule etliches mitbrachte. Sein Lateinlehrer Roth, damals ein noch ziemlich junger Mann, in späteren Jahren Ephorus in Schöntal, hat ihm Nachhilfestunden gegeben. Daran erinnert sich Mörike in einem an Roth gerichteten Brief vom 22. September 1848:

»Ich hätte mir fürwahr nicht eingebildet, daß Sie vom Stuttgarter Gymnasium sich meiner noch im Geringsten erinnern könnten, während allerdings mir meinerseits jene liebliche Zeit mit tausend Einzelheiten, vor allem der Persönlichkeit meines geliebtesten Lehrers, in dankbarem Andenken lebendig gegenwärtig bleiben mußte. Um desto inniger hat mich Ihr unerwarteter gütiger Gruß mit köstlichem Tabak erfreut und gerührt. Augenblicklich stand das blaue Zimmer Ihres väterlichen Hauses, worin Sie Ihrem schwachen Schüler einigemale im Lateinischen Privatlektionen erteilten, mir wieder vor der Seele; ein langer Arbeitstisch mit Büchern und Papieren, der aufgeschlagene Thucydides, Ihr damaliges Lieblingsstudium, verschiedene Pfeifen in der Fensterecke, ja eine hochrote Tabaksbüchse – denn was ist einem Knaben nicht alles bedeutend und einzig in der Privatumgebung seines Lehrers? – war mir unvergessen geblieben. Dazwischen hörte ich von der benachbarten Reiterkaserne herüber die wechselnden Trompetensignale, deren Getön sich in den stillen Nachmittagsfrieden der dortigen Gärten immer so reizend mischte und die gewiß auch Ihnen noch in dem Ohre liegen.«

Immer glänzt bei Mörike das Vergangene in einem warmen Licht ... »Jene liebliche Zeit«; sie ist wohl nicht immer lieblich gewesen.

Gründlich war der Lateinunterricht. Das besagte Notizbüchlein nennt als Lektüre Caesar, Claudian, Terenz, Sallust, Plautus, Sueton, Tacitus. Ohne nachhaltige Folgen hat auch der schwache Schüler Mörike nicht die Alten studiert. Der Dichter hat sich im Lauf seines Lebens wiederholt mit der Übersetzung griechischer und römischer Dichter befaßt. Wohl handelt es sich dabei meistens um die Überarbeitung vorliegender Übertragungen, unter anderen von Voss, von Ramler, auch von seinem Freunde Ludwig Bauer. Ohne einen vertrauten Zugang zum griechischen oder lateinischen Urtext würde er sich aber nie an ein solches Vorhaben gewagt haben. Eine innere Gleichgestimmtheit mit manchen antiken Dichtern wird schon dem Gymnasiasten den Umgang mit der schwierigen Lektüre erwärmt und erhellt haben.

Er war bei seinen Kameraden beliebt, nicht zuletzt wegen seines mimisch-komödiantischen Talents. Er hat Freundschaften geschlossen, von denen allerdings keine ihn durch sein ganzes Leben begleitet hat. An einen, Rudolf Flad, ist sein Brief gleich nach dem Tod des geliebten Bruders August gerichtet.

Im Jahr 1816, also zu Mörikes Gymnasiastenzeit, ist in Stuttgart, bei Steinkopf, unter dem Titel *Beicht- und Communionbuch* die Jeremiade eines gewissen C.A.D. erschienen, der den Sittenverfall der Jugend von heute beklagt. Eine Probe daraus:

»Es ist eine unläugbare, traurige Erscheinung unsers gegenwärtigen Zeitalters, daß sich unter dem nachwachsenden Geschlechte eine Geringschätzung der Religion und eine Rohheit der Sitten offenbart, die für die Zukunft tiefe Besorgnisse erweckt. Sogar bey mehreren von denen, die bestimmt sind, Lehrer des Evangeliums und Vorbilder für Andere zu werden, zeigt sich dieß Verderben. Die unreinen Quellen desselben sind Stolz und Sinnlichkeit; falsche Weisheit und falsche Lust.

Ungeordnet und unbändig in ihren Gedanken, Einfällen, Phantasien und Begierden, widersetzen sich solche Menschen aller göttlichen und menschlichen Ordnung, verwerfen höhnisch, was die nachdenksamsten, weisesten, edelsten unsers Geschlechts unter höherer Leitung zur Begründung der Wahrheit festgesetzt haben. Seicht in ihrem Wissen, träumen sie von tiefer Erkenntniß. Aufgeblasen von diesem Eigendünkel, sind sie lehrsüchtig, da sie doch erst noch lernen sollten. Geblendet von ihrer Eigenliebe, bemerken sie nicht die beständigen, lästigen Widersprecher! daß sie selbst voll Verwirrung in ihren Begriffen und unfähig sind, etwas klar und verständlich auszusprechen. Mit keiner noch so bewährten Einrichtung zufrieden, wollen sie Alles anders, das heißt, nach ihrem Kopf haben. In hochtönenden Worten, von nothwendiger Verbesserung des Menschengeschlechts träumend und schwätzend, ja vor allen Andern (wie sie wähnen) dazu berufen, zu einer solchen Veredlung und Aufklärung kräftig mitzuwirken, unterliegen sie doch schimpflich und täglich ihren Lüsten und Leidenschaften ...«

Das klingt und ist gallig und stark übertrieben. Es ist aber nützlich zu lesen zur Korrektur eines Bildes von friedvoller Beschaulichkeit, das sich leicht einstellt, wenn man an das frühe Biedermeier denkt. Drei Jahre später hat ein aufgeregter junger Wirrkopf namens Sand den alten Kotzebue, der als Erzreaktionär galt, erdolcht, und der Beifall, laut oder leise, unter den Jungen war allgemein.

Im September 1818 war das dritte Landexamen, von dem der Zugang zum Niederen theologischen Seminar abhing. »Nach bestandener letzter Schulprüfung« liest man im Investitur-Lebensbericht. Das ist ein klein wenig korrigiert. Tatsächlich hatte Mörike die geforderte Gesamtnote nicht erreicht, ist aber doch wegen der bedrängten Lage seiner Mutter und als »sehr gutartiger Knabe« im Gnadenweg der Promotion zugeteilt worden; im November mit einigen dreißig Jünglingen im damals neu eröffneten Seminar zu Urach »eingeliefert«.

KLOSTERSCHULJAHRE

Die Klosterschulen, seit Beginn des 19. Jahrhunderts Niedere theologische Seminare genannt, dienten der wissenschaftlichen Heranbildung des württembergischen Pfarrernachwuchses. Sie entsprachen der Oberstufe der Gymnasien und waren Internatsschulen, in denen manches von der alten klösterlichen Zucht fortlebte, was bis zum Ende des 18. Jahrhunderts überdeutlich sichtbar war, da die Schüler in Kutten gekleidet gingen. Nachdem zu Beginn der Reformation unter Herzog Ulrich alle Klöster in Württemberg wie anderswo aufgehoben und ausgenommen wurden, hat Herzog Christoph, der Stifter der Großen Kirchenordnung, sie wieder in sinnvoller Weise einem kirchlichen Zweck zugeführt; beileibe nicht alle Klöster, man brauchte nur einige – darunter Maulbronn und Blaubeuren, um die berühmtesten zu nennen. Die Leitung dieser Institute hatte der Ephorus; zwei oder drei Professoren erteilten den Unterricht; Repetenten, meistens zwei, nahmen Aufgaben wahr, die im angloamerikanischen Hochschulwesen die Tutoren ausüben. Die Schüler, meist dreißig bis vierzig an der Zahl, alle ziemlich gleichaltrig, bildeten die »Promotion« und blieben drei Jahre beisammen bis zur Aufnahmeprüfung für das Tübinger Stift.

Der Tageslauf hatte strengen, klösterlich gefärbten Internatscharakter. Aufstehen im Sommer um fünf, im Winter um sechs Uhr, eine Viertelstunde später das gemeinsame Morgengebet. Danach abwechselnd Unterrichtsstunden (etwa 35 wöchentlich) und horae studiorum, also Selbststudium. Um zwölf Mittagessen, das in zwanzig Minuten abzumachen war; anschließend bis zwei Uhr »Rekreation«, die zum Spazierengehen, zum Kegelschieben oder auch zu Gesprächen mit den Lehrern genutzt werden konnte. Danach bis zum Abend mit kurzen Pausen Unterricht und Privatstudien. Vor und nach dem Nachtessen freie Zeit, in der auch Gelegenheit zum Turnen war. Um dreiviertel neun Uhr das gemeinsame Abendgebet, spätestens um zehn Uhr Bettruhe.

Gelehrt und gelernt wurden auch hier vor allem die alten Sprachen. In den Instruktionen für das Seminar Urach vom Jahr 1818 heißt es: »Das Princip des Humanismus ... soll es auch ferner werden. Studium der Meisterwerke der alten Klassiker sey daher die Hauptbeschäftigung. Nur die vorzüglichsten ... werden so behandelt, daß Sprach- und Sachkunde in möglichster Vereinigung getrieben, die Lehrlinge zu gründlichen Philologen gebildet, aber auch zugleich an diesen Meisterwerken der Geschichte, der Poesie, der Redekunst und der Philosophie ihre Geisteskräfte allseitig geübt, geschärft, und die als praktische Belehrungsmittel ... und als Hauptmittel einer umfassenden Bildung des Geistes und des Gemüts benützt werden. Nicht trockenes Buchstabenwesen und todte Grammatik werden auf Kosten der ächten Geistesbildung getrieben ...« Am Ende ist die Rede vom »Zweck einer gründlichen Bildung künftiger Lehrer einer positiven, auf Urkunden in alten Sprachen beruhenden Religion«. – Weiter wird eine strenge Auswahl der Lektüre befohlen – das Beste gerade gut genug. Unter den Griechen Homer und Herodot und »hauptsächlich auch um des Attischen Dialekts willen«: Xenophons *Anabasis.*

Neben den alten Sprachen wurde deutsche Poesie und Literatur gelehrt; Philosophie; einiges an Mathematik, Geometrie und Physik; etwas Französisch, zwei Wochenstunden.

»Belohnungen und Strafen werden sparsam und weise verordnet, sonst verfehlen sie ihren Zweck.« Die leichteste Bestrafung bestand im Entzug des Tischweins; es gab den Karzer »mit schmaler Kost«; die schwerste Strafe: »schimpfliche Ausstoßung«.

Die Seminaristen waren Stipendiaten, Kostgänger ihres württembergischen Vaterlandes; sie brauchten allerdings kleine Zuschüsse für Nebenausgaben. In den nicht knapp bemessenen Vakanzen waren die Buben daheim bei ihren Familien – eine starke Abweichung von dem sonst strengen Internatscharakter. – So war das Milieu Eduard Mörikes von seinem fünfzehnten bis ins achtzehnte Lebensjahr. Der Anfang war nicht gut.

Am 27. November kam er in die Klosterschule. Zwölf Tage später erkrankte er, als erster in seiner Promotion; Scharlach. Als das Ärgste überstanden, war an seinem Bett ein reges Kommen und Gehen. Wilhelm Hartlaub, von der Klosterschule durchs ganze Leben Eduard Mörikes Freund, erinnert sich: »Als er besucht werden durfte, strömten die Mitschüler in den Freistunden zu ihm. Wundershalber ging ich auch einmal mit. Aber wie ward mir! Mit hundert Scherzen erfreute und unterhielt er den Haufen um sich her; jedoch nichts Gewöhnliches kam aus seinem Munde; den heitersten Sonnenschein verbreitete sein Wesen, in dem es jedem sogleich wohl wurde.« Die Schönheit des Vierzehnjährigen, seine blühende Phantasie vom Fieber durchglüht – man kann sich vorstellen, wie er auf die Kameraden gewirkt hat.

In einem Brief an die Mutter vom 16. Dezember äußert sich Eduard zufrieden über die Behandlung. »Sey überzeugt daß mir gar nichts abgeht, und ich muß gestehen es könnte mir bey Dir nicht besser gehen. Mit der Krankenkost, der Medicin u.s.w. geht es sehr gut.« Es folgt die Bitte um ein wenig Geld. »Da wir die Lichter [Kerzen] nun selbst anschaffen müssen auch hatte ich den Schneider u.s.w. nöthig es thut mir leid daß ich gleich anfangs mit solchen Bitten kommen muß.« Der Bruder Karl hatte ihm ein Pult besorgt, das »sehr geschickt ausgefallen«; zudem waren die Schubladen mit guten Sachen vollgestopft, Äpfeln, Anisbrot und dergleichen.

Der besagte Brief enthält den Satz: »Meine schlechten Augen erfordern bey Nacht einen Augenschirm vileicht hast Du noch so einen alten grünen« – bei Nacht will sagen: nach Einbruch der Dunkelheit, bei Kerzen- oder Lampenlicht. Schon im Knabenalter hat sich ein Augenleiden gezeigt, das ihn durch sein Leben begleiten wird. In einem Brief vom 25. Mai 1825 an Justinus Kerner, den er damals noch nicht persönlich kannte, dessen Heilkunst aber berühmt war, hat Mörike dieses Leiden beschrieben:

».. . Schon vor etwa 4 Jahren konnte ich bemerken, daß meine Augen, welche nach einem in der Familie gelegenen Zug, von jeher kurzsichtig, übrigens gesund und lebhaft und von blauer dunkler Farbe sind, zuweilen doppelt zu sehen anfingen ... Vielleicht hatten damals (ich war 17 Jahre alt) andere Umstände mir mein Leiden minder auffallend gemacht: die Wahrscheinlichkeit eines nur vorübergehenden Übels, ja sogar die Beschränkung durch engere Verhältnisse, das schmale frischgrüne Tal von Urach, und daß ich selten in Verlegenheit kam, im Gespräch mit Menschen eine größere Gesellschaft zu überschauen, sondern nur einen oder ein paar nah gerückte Gegenstände zu fixieren hatte, – ein wesentlicher Umstand, da mein Blick auf 3 oder 4 und in einer wohltuenden Beleuchtung wohl auf 5 Spannen gleichmäßig geht, weiterhin aber sogleich zu irren, schiefe und doppelte Umrisse zu zeigen anfängt. Immer wußt ich meine Stellung, in der Unterhaltung, zu meinem Vorteil zu nehmen, so daß ich niemals beschämt werden durfte; auch jetzt verstecke ich meine Unfähigkeit hinter eine Gewohnheit, eine unschuldige Manier, aber es geschieht mir saurer, es hat sich sicherlich verschlimmert, denn ich glaube schon einer bedeutenderen Nähe zu bedürfen. Eine helle Wand besonders drückt und schmerzt mich endlich physisch. Ein unbehagliches matt und schwindlichtes Gefühl besonders des Morgens wird mir durch diese Schwäche der Augen noch unerträglicher. Die Dunkelheit aber ist mir, kann ich sagen, zum Fest geworden. Ich empfinde mich dann wahrhaft glücklicher, freier, und die lustige Laune, die meinem sonst wohl hypochondrischen Temperament beigemischt ist, äußert sich dann aufs unbefangenste. Allein am Tage, wie mancher, beinahe aller Genuß wird mir genommen oder verkümmert! ... ich mag nicht eine Minute lang darüber denken, am wenigsten, daß ich am Ende völlig schielend werden könnte. Wie verlassen und ausgestoßen, wie ein fremder Mensch, komme ich mir dann vor, um so mehr, weil ich ein Geheimnis daraus mache. Ueberdies ist es ausgemacht, daß das Bewußtsein dieser Unregelmäßigkeit auch den Gang meiner Gedanken, so wie meiner Einbildungskraft stört, unterbricht, meinen innern Gesichtskreis einengt ... Als Knabe schon half ich meinem schwachen Gesicht durch Gläser nach. Ich leite alles hauptsächlich daher. Das rechte Auge, einzig dieser Anstrengung ausgesetzt, ist ganz unstreitig um vieles schwächer. Der Gebrauch einer Brille wäre noch Glück gewesen. Und wirklich, wenn ich diese nun so aufsetze, daß das stärkere linke unbewaffnet und also das Gleichgewicht einigermaßen ersetzt ist, spür ich obwohl mit Unbequemlichkeit deutliche Linderung und kann auf einige Zeit mich freuen und stolz sein . . . Ich rauche stark Tabak. Endlich wird es Ihnen lächerlich sein, daß ich wahrnehmen konnte, mein schwächeres Auge sei beim Weinen trockener. Zuweilen geb ich gerne der Hoffnung nach, das kräftigere Auge durch absichtliche Schwächung dem andern gleich zu machen, und meinte schon, dies müßte am Ende mein letztes Mittel sein . . .«

Manfred Koschlig hat überzeugend auf diese Lebensbeeinträchtigung hingewiesen und macht die Andeutung, aus der Doppelsichtigkeit resultiere die »Neigung, sich zu verstecken, zu verstellen, sich anders zu geben, wie ihm zu Mute ist«. Die strahlende, ansteckende Fröhlichkeit des jungen Dichters ebenso wie seine intuitive Naturbetrachtung sollten vor diesem Hintergrund gesehen werden. Vom Augenleiden kommt wahrscheinlich seine Vorliebe für schattige Höhlen; und wenn er sich im Ludwigsburger Elternhaus mit Vorliebe in einer dunklen Speicherecke verkroch und dort beim Schein einer Kerze träumte, so ist dies vielleicht als frühes Anzeichen seines Augenleidens zu verstehen. Vom Jahr 1825 an hat Mörike meistens eine Brille getragen; es scheint, daß sich seine Augenkrankheit mit zunehmendem Alter nicht verschlimmert, vielleicht sogar gebessert hat.

Der an seinen Augen leidende junge Mensch hat sich mit einigen Kameraden ein Refugium geschaffen, ein Hüttchen Sorgenfrei; das war eine halb in den Abhang unter dem Eppenzillfelsen hineingebaute Bretterhütte.

>   »Was ich lieb und was ich bitte,
>   Gönnen mir die Menschen nicht,
>   Darum, kleine, moosge Hütte,
>   Meid ich so des Tages Licht.
>
>   Bin herauf zu dir gekommen,
>   Wo ich oft der Welt vergaß,
>   Gerne sinnend bei dem frommen
>   Roten Kerzenschimmer saß.

Weil ich drunten mich verliere
In dem Treiben bang und hohl,
Schließe dich, du kleine Türe,
Und mir werde wieder wohl!« –

So der Einsamkeit ergeben,
Hing ich alten Träumen nach,
Doch der Flamme ruhig Weben
Trost in meine Trauer sprach ...

Dieses Gedicht – es sind die ersten Strophen zitiert – ist eines
seiner frühesten poetischen Zeugnisse ganz persönlichen Empfin-
dens. Er mag sich am wohlsten gefühlt haben, wenn er in der
Höhle ganz für sich, ganz bei sich gewesen ist – doch war es keine
Einsiedlerklause. Freunde durften hinein. Wilhelm Hartlaub, der
»Erzfreund«; Ernst Bruckmann aus Heilbronn; Rudolf Flad, befreundet vom Stuttgarter Gymnasium her. Auch die Freundschaften mit Johannes Mährlen und Ludwig Bauer haben ihre Wurzeln
in der Klosterschulzeit. Hartlaub, Bauer, Mährlen – Freunde, die
ihr Leben hindurch dem Dichter nahegestanden sind. Die mäch-
tigste Begegnung in Urach aber war die mit Wilhelm Waiblinger,
dem hochbegabten, genialischen Kerl.

Waiblinger war nicht älter als Mörike, aber in seiner Entwick-
lung weit vorangestürmt. Die beiden hatten sich zuerst oberfläch-
lich kennengelernt, als zu Beginn des Jahres 1820 Waiblinger als
Hospes (Gasthörer) im Seminar am Unterricht teilgenommen
hatte. Erst im folgenden Jahr kam es bei einem neuerlichen Besuch
Waiblingers zu einem Kennenlernen, in dem jeder im andern das
Ungewöhnliche spürte. Sie schreiben sich in der Folgezeit Briefe.
Waiblinger gibt Lese-Empfehlungen, Jean Paul und vor allem
Goethe. Mörike zeigt sich von Brief zu Brief vertrauensvoller.
Zwei Wochen nach einem weiteren Besuch Waiblingers, schreibt
ihm Mörike, Ende Februar 1822, einen Brief, in dem er – sieb-
zehnjährig – eine Selbstbeobachtung offenherzig ausspricht –

»Das ist ein wunderlicher, aber schon tausenmal v. mir ver-
fluchter Zug, *daß ich*, aus einer *dunkeln* Besorgniß, ich möchte
dem Freund oder Bekannten, den ich zum erstenmal oder auch

nach langer Zeit wieder sehe, (der aber im ersten Fall schon v. mir gehört haben muß) in einem ungünstigen Licht erscheinen, *blitzschnell aus meinem eigentlichen Wesen heraustrete*. Das ist schon so eingewurzelt bey mir, daß ich diese Maske fast bewußtlos annehme u. so den Freund abhalte, mir frey, mit warmen Zutrauen entgegenzukommen, mithin keinem v. beyden, am wenigsten mir selbst damit diene. Dabey ist mir aber nicht wohl zu Muthe, es drückt mich immer, es ist als wär ich in einen neblichten Duft halb eingeschleyert, als stünde der Freund klar u. wahrhaft mir vor Augen, wo ich mich ihm dann so gerne ganz offen u. unbefangen zeigen möchte, je mehr ich ihn liebgewinne u. bemerke, daß er *so* mich nicht lieben kann, da möcht ich ihm gerne mit Thränen mein Inneres aufschließen, das von Wunden blutet – aber ich kann nicht mehr aus dem Schleyer herausspringen ich scheue mich vor ihm u. zürne wüthend über mich selber; u. dieser Zwiespalt diese Unzufriedenheit mit mir steigt dann aufs Höchste, wenn der Geliebte fort ist – ich brenne, ihn noch einmal zurückrufen zu können, um ihm das unächte Bild aus dem Herzen zu reissen – Aber genug! Laß Dich jedoch nicht reuen diesen psychologischen Exkurs geleßen zu haben, aber schließe nichts weiteres aus ihm Du könntest – auf meine Gefahr – leicht fehlgehen!«

Diese Briefstelle ist geradezu ein Beleg für die eigentümliche Auswirkung seines Augenleidens auf den Umgang mit seinen Mitmenschen. In demselben Brief findet sich ein Wort über Mörikes tiefgründiges Verhältnis zur Musik:

»Wirklich thut die Musik eine unbeschreibliche Wirkung auf mich – oft ists wie eine Krankheit, aber nur periodisch. Ich sage Dir, eine bewegliche, nicht gerade traurige Musik – oft eine fröhliche, kann mir manchmal mein Innerstes lößen, da versink ich in die wehmüthigsten Phantasieen, wo ich die ganze Welt küssend voll Liebe umfassen möchte, wo mir das Kleinliche u. Schlimme in seiner ganzen Nichtigkeit u. wo mir *Alles* in einem andern verklärten Lichte erscheint. Wenn die Musik dann abbricht, möcht ich in meiner Empfindung v. einer hohen Mauer herabstürzen, möcht ich sterben so giengs mir damals bey dem herumziehenden Harfner. – –«

Im Tübinger Stift sollte die Freundschaft zwischen den beiden Ungleichen ihren Höhepunkt und ihr Ende finden.

Es ist bemerkenswert, daß Mörike über das reichhaltige Pensum an griechischer und lateinischer Schullektüre hinaus sich weitere antike Klassiker besorgt, zum Beispiel den Plutarch. Der verträumte junge Mensch war kein Musterschüler, aber begabt und wohl auch fleißig genug, um mitzuhalten. Ein Brief des Onkels Georgii vom 12. März 1822 enthält Mahnung und auch ein wenig Anerkennung: »Ich freue mich, daß du die Fortdauer meiner Liebe zu dir anerkennst und überzeugt bist, daß dein Wohl mir stets am Herzen gelegen ist, und gewiß noch liegt. Nur hab ich in einer Periode wegen dir Besorgnisse gehabt, weil ich zu glauben Ursache hatte, daß du den Wissenschaften, welche dich zu deinem erhabenen Beruf vorbereiten sollen, nicht mit dem Eifer obliegest, welcher nötig wäre, um seinen Zweck ganz zu erfüllen. Indessen sind diese Besorgnisse jetzt verschwunden, nachdem ich von deinem Vorgesetzten dem HE Ephorus Hutten, mit Vergnügen vernommen, daß du dir es mit deinem Studieren Ernst lässest. Ich habe dich daher nur zu bitten, daß du auf diese Weise fortfahren mögest . . .« Nur im Hebräischen, heißt es, sei Eduard nach wie vor schwach; und der Onkel weist auf die Schönheit der »orientalischen Bilder-Sprache« hin und auf die Bedeutung des Alten Testaments für Verstand und Gemüt.

Die Jahre 1818 bis 1822 waren für Württemberg und für Deutschland eine politisch bewegte Zeit. Kein politisches Ereignis zwar war es, daß Katharina starb, die junge Gemahlin und Cousine des Königs. Sie hatte einen hellen Verstand gehabt und ein für ihre Zeit ungewöhnliches soziales Verständnis, das sich besonders in den bösen Hungerjahren 1816, 1817 als wirksam erwies. Ihr früher Tod wurde von den Württembergern ehrlich betrauert. Ein Gedicht aus diesem Anlaß, in einem Blättchen *Der Armenfreund* abgedruckt, ist Mörikes erste Veröffentlichung. Ein folgenschwereres Ereignis war die Ermordung Kotzebues. Das war am 23. März 1819. Ein junger Berliner Professor namens Solger hat dazu bemerkt: »Welch ein blödsinniger Gedanke, durch den Tod des alten Waschlappens Deutschland befreien zu wollen! Und wovon

befreien?« Kaltschnäuzig und treffend – aber die Folgen dieser
Tat waren weitreichend. Metternich nutzte diesen Vorfall, um
mit den »Karlsbader Beschlüssen« die mehr oder minder willi-
gen deutschen Bundesstaaten zu einer Überwachung der Hoch-
schulen und einer verschärften Zensur zu nötigen. In Württemberg wurde das halbherzig befolgt. Eben war eine ziemlich mo-
derne Verfassung zwischen Krone und Ständen ausgehandelt
worden, die im Ludwigsburger Schloß feierlich in Kraft gesetzt
wurde. Das war im September. Im November feierten die Uracher und die Blaubeurer Seminaristen gemeinsam ein Verfas-
sungsfest, wobei für die Blaubeurer Ludwig Bauer die Ansprache
hielt. Am Ende dieses patriotisch bewegten Jahres hat Mörike ein
Gedicht verfaßt und vorgetragen »Die Liebe zum Vaterlande«. Es
heißt darin:

> In diesem Jahr ward uns ein Glück beschieden
> Durch *einer* Liebe segensvolle Macht,
> Durch sie ward unserm Volke neuer Frieden
> Und manches alte Recht zurückgebracht ...

Die zurückhaltende Formulierung »manches Recht« überrascht;
sie dürfte vom Geist des Onkels Georgii, dieses unnachgiebigen
Kämpfers fürs alte gute Recht beeinflußt sein. Weiterhin klingt aus
den vielen Strophen Schwertgeklirr in der Art Theodor Körners.
Im Mai 1820 wurde Sand im Beisein hysterisch erregter Zu-
schauer vor den Toren Mannheims geköpft. Seine Mordtat und
noch mehr seine Hinrichtung haben die Phantasie der jungen
Menschen unheimlich bewegt. Im März 1822 hat Mörike in einem
Brief an Waiblinger eine Bemerkung gemacht, die des Aufhebens
wert ist. Er spricht zunächst von seinem Freund Bruckmann,
seinem gesunden Verstand, seinem kräftigen und selbständigen
Wesen. Dann liest man:
»Ebenso äußert sich oft u. ohne alle Affektation eine nicht
gemeine Begeisterung für Vaterland u. f. seinen Dienst. Jahn verehrt u. liebt er mit Recht. Für Sand hat sein Enthusiasmus in etwas
abgenommen. Als er mir früher dessen Leben vorlas u. an seine
Abschiedsbriefe kam, weinte er heiße Thränen. (Ich mußte den

Sand von jeher wegen seiner ächten guten Gesinnung lieben, ich gesteh aber, daß so manch eisenfresserischer STUDIOSUS mit seinem kindischen Geschrey oder vermeintlichen Enthusiasmus, wie er sich besonders in Stunden des Weins bey manchem Lümmel, der nicht weiß was er will, in Lobeserhebungen Sands zu äußern pflegt – mir das Gute u. Wahre, das ich an dergleichen Dingen fand, verkümmerte, so daß mir nicht selten ein eigener Widerwille aufsteigt wenn ich v. Sand rühmlich sprechen höre.)«

In diesem Träumer ist eine unbeirrbar vornehme Gesinnung wach.

Unter allen Städten, die sich an den Steilhang der Schwäbischen Alb schmiegen, ist Urach vielleicht die reizvollste. Das pittoreske Bild des enggebauten alten Nestes hat Eduard Mörike wohl nicht beeindruckt, solche Bilder war man damals gewohnt, auch in Stuttgart gab es noch solche Gassen, und kein Mensch kam auf die Idee, sie schön zu finden. Aber die Landschaft, in die Urach eingebettet ist, reizvoll noch heute und damals »heil« ganz und gar – diese Landschaft hat der Dichter geliebt. Und, wie immer, gibt die rückwärts gewandte Sehnsucht solchen Bildern die Vollendung.

Kurze spätere Besuche quellen über von Wehmut. Aus Tübingen 1825 in einem Brief an die Schwester Luise: »In Urach gewesen mit Hartlaub. In einer seltsamen Gefühlsverschränkung von Erinnerungen an meinen hiesigen Aufenthalt und an – (gemeint ist wahrscheinlich der Bruder August) unaufhörliche Tränen vergossen. Die alten lieben Plätze liefen im Taumel vor meinen Augen vorbei . . .« Und zwei Jahre später an Mährlen: »Die Vergangenheit brannte mir heute in einem nie gesehenen Abend-Verklärungsschein« – Erinnerungen an »matt-seliges« Hereintrollen nach Waldspaziergängen, Eintauchen in die Finsternis des Dorment. Er fragt den Freund: »Stehen die Berge dort auch so still, wie Du jetzt ansiehst? Laufen die hellen Quellen auch noch so kühl und geschwätzig zwischen den fetten saftigen Kräutern und Stauden hin?«

44

Das bekannteste und schönste Zeugnis ist aber das Gedicht
»Besuch in Urach«. Die ersten Strophen:

Nur fast so wie im Traum ist mirs geschehen,
Daß ich in dies geliebte Tal verirrt.
Kein Wunder ist, was meine Augen sehen,
Doch schwankt der Boden, Luft und Staude schwirrt,
Aus tausend grünen Spiegeln scheint zu gehen
Vergangne Zeit, die lächelnd mich verwirrt;
Die Wahrheit selber wird hier zum Gedichte,
Mein eigen Bild ein fremd und hold Gesichte!

Da seid ihr alle wieder aufgerichtet,
Besonnte Felsen, alte Wolkenstühle!
Auf Wäldern schwer, wo kaum der Mittag lichtet
Und Schatten mischt mit balsamreicher Schwüle.
Kennt ihr mich noch, der sonst hierher geflüchtet,
Im Moose, bei süßschläferndem Gefühle,
Der Mücke Sumsen hier ein Ohr geliehen,
Ach, kennt ihr mich, und wollt nicht vor mir fliehen?

Hier wird ein Strauch, ein jeder Halm zur Schlinge,
Die mich in liebliche Betrachtung fängt;
Kein Mäuerchen, kein Holz ist so geringe,
Daß nicht mein Blick voll Wehmut an ihm hängt:
Ein jedes spricht mir halbvergeßne Dinge;
Ich fühle, wie von Schmerz und Lust gedrängt
Die Träne stockt, indes ich ohne Weile,
Unschlüssig, satt und durstig, weiter eile.

Hinweg! und leite mich, du Schar von Quellen,
Die ihr durchspielt der Matten grünes Gold!
Zeigt mir die urbemoosten Wasserzellen,
Aus denen euer ewigs Leben rollt,
Im kühnsten Walde die verwachsnen Schwellen,
Wo eurer Mutter Kraft im Berge grollt,
Bis sie im breiten Schwung an Felsenwänden
Herabstürzt, euch im Tale zu versenden . . .

45

Wann wurden diese Verse geschrieben? Vom 22. bis 25. Mai 1827 hat Mörike den Freund Mährlen in Zell besucht. Sie wandern in der Umgebung. Sie wollen auch nach Urach pilgern, aber das Vorhaben mißlingt. Damals ist das Gedicht entstanden.

IM STIFT

Das Tübinger Stift, eine protestantisch-theologische Stipendiaten-
gemeinschaft, ist lange Zeit eines der eigenartigsten Bildungsinsti-
tute der Welt gewesen. Der Welt? Das ist nicht zu viel gesagt; hier
sind Kepler, Hegel, Schelling gebildet worden, die mächtig in der
Welt und in die Welt hinaus gewirkt haben – und Hölderlin und
Mörike. Das geistige Leben im kleinen Württemberg wurde durch
viele Generationen vom Stift geprägt und ausgerichtet; nur im
späten 18. Jahrhundert hat ihm das so großartige wie kurzlebige
pädagogische Experiment der Hohen Karlsschule den Vorrang
streitig gemacht. Nimmt man als Beginn des Stifts das Jahr 1536,
so kann man von reichlich dreihundert Jahren sprechen, in denen
das Stift für die württembergische Bildungsschicht bestimmend
war. Seit der Mitte des 19. Jahrhunderts hat die Wirkung nachge-
lassen; der sich wandelnde Zeitgeist, das Dahinschmelzen des
kirchlichen Einflusses, auch das Ende der Selbständigkeit des
Landes haben die stiftlerische Eigentümlichkeit schwinden lassen
bis auf einen kleinen Rest.

Lange Zeit hat das Stift allein der Ausbildung des Pfarrernachwuchses gedient, was nicht gehindert hat (und auch nicht unbe-
dingt hindern sollte), daß Stiftler in andere Berufe abschwenkten.
Lehrfächer waren die alten Sprachen, Theologie und Philosophie.
Im 19. Jahrhundert wurden dann auch Studienfächer eingerichtet,
die das Lehramt an Gymnasien forderte. Nicht ganz wenige
Stiftler sind zu Jus oder Kameralistik (Nationalökonomie) überge-
gangen und haben ihrem Land in Justiz und Verwaltung gedient.
Von da rührt »eine merkwürdige Homogenität, wohl auch Uni-
formität des Geistes innerhalb der Honoratiorenwelt Altwürttembergs« (Gerhard Storz).

Das Stift, an der Neckarhalde gelegen, war ursprünglich in
einem aufgelassenen Augustinerkloster untergebracht, wurde 1560
in dessen Mauern umgebaut und im 17. und 18. Jahrhundert
erweitert. Seitdem hat es sein äußeres Gesicht nicht sehr verän-

dert. Es bot hinlänglich Raum für die Studien- und Lebensgemeinschaft von nicht viel mehr als hundert jungen Männern (das altmodische Wort Jünglinge wäre besser am Platz). Je fünf oder sechs hausten miteinander in einem Schlafraum, für je acht stand ein Studierzimmer zur Verfügung. Die Hausordnung war streng, besonders bezüglich des abendlichen Torschlusses (bei Sonnenuntergang); bis zum Nachmittag war der Ausgang in die Stadt frei; zum Verlassen der Stadt mußte die Erlaubnis schriftlich beantragt werden. Doch war die Verbindung zum Elternhaus kaum behindert, was sich in Alltäglichem zeigte – so wurde »die Wasch«, wie es auch in den Klosterschulen gewesen war, zur Reinigung der Mutter heimgeschickt, die so wenigstens mit dem Geruchssinn dem studierenden Sohn verbunden blieb. Und die Vakanzen wurden im Elternhaus oder bei der Verwandtschaft zugebracht.

Eduard Mörikes Stiftsjahre, vom Herbst 1822 bis zum Herbst 1826, lassen keine übertriebene Zucht erkennen, nimmt man die Ordnung des Instituts als vorgegeben an. Die nicht knapp bemessenen Vakanzen sind bisweilen durch ärztliche Atteste verlängert worden. In der zweiten Hälfte seiner Stiftszeit hat Mörike die Erlaubnis erhalten, in der Stadt zu wohnen; so etwas gab es. Die Wohnungen, er hat sie mit dem Freund Mährlen und anderen geteilt, wechselten. Als er im April 1825 seine zweite Wohnung bezogen hat, schreibt er zufrieden nach Hause:

»Ich will Euch unsere Wohnung beschreiben. Es ist ein blaues, ziemlich großes Zimmer, hat hübsche Vorhänge, Sopha und einige Pfeilerkomödchen. Die längere Seite, woran ein eckiger Erker stößt und ins Wasser hinunter reicht, hat gerade den Neckar unter sich und über die grünen Wasen hin die köstlichste Aussicht. Links, ziemlich nahe, ist die Brücke und das Tor zu sehen. Dabei dicht an unserer Wand in der Tiefe ein Mühlrad und sein Wasser stürzt sich, in einer breiten Rinne gefaßt, mit unaufhörlichem lauten Geräusch in den vorbeifließenden Strom. Du solltest sehen, wie das in einem schneeweißen Strudel sich mit dem schönsten Apfelgrün an dieser Stelle mischt. Übrigens sind die Hausleute hier weit besser in Bereitschaft mit Bedienen, weil sonst immer Studenten dort wohnten ... es hat Alles die reinlichste und häuslichste Gestalt und unsere Besuche wundern sich nicht wenig...«

Ein Grund für diese erstaunliche Lockerung des Stiftslebens war die Raumnot. Das Wohnen im Stift war beengt, entbehrte aber nicht burschikos-behaglicher Züge. Schon Ende des 18. Jahrhunderts wurde tadelnd vermerkt, daß sich »jeder Stipendiat eine eigene Boutique baue und die seltsamsten Einrichtungen treffe«. In den gemeinsamen Studierzimmern suchten sich die Jünglinge durch Wände von Pappendeckeln den Anschein einer eigenen Klause zu geben. Von manchen wurden Hunde oder Vögel gehalten. Die Bedienten, die die Räume in Ordnung zu halten hatten, auch den Seminaristen Kleider und Stiefel putzten, kamen ihren Pflichten nur mangelhaft nach, waren durch die studentische Unordnung und die Überfüllung der Stuben entschuldigt. In einigen Punkten war der Tageslauf noch genau geregelt – Wecken um fünf Uhr, im Winter um halb sieben, um zwölf Uhr gemeinsames Essen in anständiger (im Prinzip noch immer schwarzer) Kleidung, der streng einzuhaltende Torschluß. Andere Regelungen, wie das gemeinsam gesprochene Morgen- und Abendgebet, standen nur noch auf dem Papier – sie waren »dem Zeitgeist und dem Alkohol zum Opfer gefallen«; so ein gründlicher Kenner (Martin Leube). Die Mauern des Stifts schirmten also nicht gegen das burschikose Gehabe der übrigen Studentenschaft, wie auch das Verbindungswesen gegen alle Widerstände im Stift eingezogen war.

Freundschaft

Freundschaft ist ein mächtiges Element in Mörikes Leben, von der Kindheit bis zum Ende. In den Stiftsjahren, bei dieser Konzentration geistverwandter Altersgenossen auf einem Punkt, tritt das in verwirrender Vielfalt in Erscheinung. Der Besondere hat die Besonderen mächtig angezogen. Ich nenne zehn Namen: Wilhelm Waiblinger; Johannes Mährlen; Hermann Hardegg; Ludwig Bauer; Rudolf Flad; Rudolf Lohbauer; Wilhelm Hartlaub; Johann Christoph Blumhardt; Friedrich Kauffmann; Ludwig Buttersack. Altersgenossen sämtlich. Eine Fülle menschlicher Beziehungen, Kreuz- und Querverbindungen, steigende und sinkende Linien. Einige sollten zu Lebensbegleitern werden – Mährlen, Hartlaub. Andere sollten bald aus seiner Sicht verschwinden: Buttersack, studentisch Buschack genannt; Hardegg, Freund aus Ludwigsburger Kinderjahren; auch Flad, dem Mörike noch im Schmerz über den jähen Tod seines Bruders August verbunden war; eher flüchtig auch die Begegnung mit dem seltsamen Blumhardt.

Auch für die Stiftsjahre ist unter den Freunden wo nicht zu oberst, so doch zuerst Wilhelm Waiblinger zu nennen. Diese Verbindung verdient auch deswegen Aufmerksamkeit, weil Mörike durch Waiblinger zu dem kranken Hölderlin geführt wurde. Waiblinger, der sich im Umgang mit seinen Mitmenschen so selbstherrlich, prahlerisch, hochmütig oder auch derb zupackend geben konnte, hat gegenüber dem großen kranken Dichter Zartgefühl und tiefes Verständnis bewiesen. Übrigens ist es Ludwig Uhland gewesen, der Waiblinger nahegelegt hat, sich um Hölderlin zu kümmern. Ein guter Rat, hilfreich, soweit irgend etwas in dem verstörten Leben des Mannes noch wirken konnte.

Waiblingers Verdienst um Hölderlin ist nicht unbemerkt geblieben. Über einen in seinem Nachlaß gefundenen Aufsatz über Hölderlins Leben und Wahnsinn liest man im Brockhaus, *Conversationslexikon der neuesten Zeit und Literatur*, Leipzig 1833 (also drei Jahre nach Waiblingers Tod, noch zu Lebzeiten Hölderlins): »In jeder Hinsicht lesenswerte . . . tief gehende Erörterungen, die Waiblinger um so eher zu geben berufen war, da er zuletzt unter allen Freunden Hölderlins mit ihm gelebt und sich im täglichen Umgang mit dem Kranken in den inneren Zusammenhang seines Zustands hineinzuversetzen gesucht hatte.« Täglicher Umgang ist freilich zu viel gesagt.

Waiblinger hatte das am Österberg gelegene Gartenhaus des Archidiakon Pressel gemietet, von dem man die schönste Aussicht über die Stadt auf das Neckartal und die Alb genoß. Dieses Refugium wurde ein Treffpunkt seiner Freunde. Und des öfteren hat Waiblinger den kranken Hölderlin zu Spaziergängen bewogen, deren Ziel dieses Gartenhaus war. Hermann Hesse hat davon in seiner an Waiblingers Tagebücher angelehnten Erzählung *Im Presselschen Gartenhaus* berichtet. Bei solchen Gelegenheiten ist Mörike dem verehrten Entrückten begegnet. Ein Zitat aus Waiblingers Tagebuch vom Juni 1823: »Hölderlin war in meinem Gartenhaus, las mir vor aus seinem Hyperion. O auch ich bin noch ein Kind in der Fremde. Hölderlin ist mein liebster Freund! Er ist ja nur wahnsinnig.«

Mit seinen gesunden Mitmenschen ist Waiblinger weniger zart umgegangen. An einem Spätsommertag, bei einem Leseabend im Gartenhaus, kommt es zu einem Streit mit Bauer, den Waiblinger tätlich angreift. Mörike hat sich dazwischen geworfen. Von diesem Moment datiert das Ende von Bauers Freundschaft mit Waiblinger und der Beginn seiner tiefen Neigung zu Mörike.

Waiblinger spielte im Stift mehr und mehr den Außenseiter. Allein die Rücksicht auf die finanzielle Lage seiner Familie – er hätte ohne Stipendium nicht studieren können – legte ihm ein wenig Mäßigung auf; auch genoß er wegen seiner literarischen Arbeiten (eilig hingeworfene, aber nicht ganz unbeachtliche Roman- und Dramenentwürfe) und seiner Verbindung zu Stuttgarter literarischen Größen wie Schwab und Matthisson einen gewissen Respekt bei der Stiftsleitung.

Einen Schritt ins Abseits tat Waiblinger, als er sich in ein jüdisches Mädchen verliebte: Julie Michaelis, die bei ihrem verwitweten Vater und ihrem Bruder lebte; Professor der Romanistik der eine, der andere Professor der Rechte; beide konvertiert, sie hätten sonst keine Lehrstühle innegehabt damals. Julie entsprach dem Typ der geistvollen Jüdin, der zur deutschen Romantik gehört – Rahel, Henriette Hertz, Dorothea Schlegel –, nur hatte Julie eben kleinstädtisches Format. Eine Liebschaft war für einen Stiftler ein riskantes Unterfangen, vollends in einem Hause, das trotz Taufe, Ämtern und Würden eben doch exponiert war. Zu allem Unglück legte ein schwachsinniger Mensch namens Domeier, der bei den Michaelis halb Hausgenosse, halb Bedienter gewesen war und zwischen dem Fräulein und dem Studenten den Briefträger gemacht hatte, in den Wohnungen der Michaelis Feuer, und zwar wiederholt; das zweitemal im Klinikum, das als Notwohnung diente; er hatte sich für seinen Hinauswurf rächen wollen. Durch diese Brandanschläge wuchs sich die Affäre mit Julie zu einem Skandal aus, der vom Tübinger Publikum begierig genossen wurde.

Doch hat das keineswegs zu einer prompten Relegation Waiblingers geführt. Die Verweisung vom Stift erfolgte nach Jahr und Tag »in Betracht seiner beharrlichen Unordnungen und seiner gänzlichen Vernachlässigung der bestimmungsgemäßen Studien«. Früher hatten sich die meisten Freunde losgesagt, wobei der Skandal, wenn überhaupt, nur eine unter anderen Ursachen war. Man tat sich leicht, mit Waiblinger Krach zu bekommen und im Unfrieden von ihm zu scheiden. Die Ausnahme ist Mörike.

»Was ich Dir jetzt sagen muß, wird Dir so unerwartet sein! Ich will nur wenig und einfache Worte dazu brauchen. Ach! es ist mir keine Sprache ruhig und freundlich genug, Dir meinen Entschluß gelinde ins Ohr zu sagen. Ich möchte gern meinen eigenen Schmerz dabei, ich möchte meine Liebe, die immer wieder zu Dir hinlaufen will, und zugleich die Notwendigkeit jenes Entschlusses Dir Alles auf Einmal ins Herz prägen. Ich glaube, lieber Waiblinger, und habe es bald nach jenen ersten Abenden geahndet und immer wieder zurückgedrängt, daß wir uns begnügen müssen, uns Einmal erkannt zu haben . . .« So liest man in einem Brief, den Mörike am 8. April 1825 an Waiblinger geschrieben hat. Im Weiteren: »Sieh! ich wäre Dir, Du wärest mir ein Hindernis, ein Aufenthalt unseres Laufes, den jeder für sich nehmen muß.« Und gegen Ende: »Was hab ich Dir noch zu sagen, das Du nicht Alles selber wüßtest! Eines kann ich doch nicht, es kanns kein Mensch – Dich über Deine Zukunft beruhigen! Du kannst es! Ich aber weiß, daß Du mich entbehren kannst und glücklicher bist ohne mich. Und daß eine Zeit kommt, wo wir neu zusammentreten . . .« Kann man einen Abschiedsbrief schonender fassen? Und doch hat ihn Mörike nicht abgesandt. Er ist ein Freund von vornehmster Gesinnung und Gesittung; zaghaft freilich auch.

Waiblinger ist nach Rom gezogen und dort drei Jahre später im Alter von fünfundzwanzig Jahren gestorben. In Tübingen, in Stuttgart galt er nun vollends als Verlorener, poète maudit. In

Wirklichkeit hat er sich in Italien aus elendester Armut durch Fleiß und Umsicht, in Verbindung mit norddeutschen Verlegern, langsam emporgearbeitet. Aber der Schwindsucht hatte er nichts entgegenzusetzen. Eine Römerin, Dirne oder nicht, hat ihn treu bis zu seinem Tode gepflegt. Sein Grab ist bei der Cestius-Pyramide, in der Nachbarschaft des unglücklichen August Goethe. – Mörike (am 11. Februar 1830 an Mährlen): »Man fällt im Vaterlande [damit ist Württemberg gemeint] so grausam und mit so gemeinem Haß über seine Leiche her, daß es mich erquickt hätte, von solchen, die ihn besser kannten, eine versöhnliche Stimme zu vernehmen . . .« Mörike hat sich in der Folgezeit um eine wirksame Edition von Waiblingers hinterlassenen Schriften ernsthaft und nicht ohne Erfolg bemüht.

Gerhard Storz: »Was ein Dichter einem befreundeten Dichter an Pietät zu erweisen im Stande sein kann, das hat Mörike im Fall Waiblingers getan.«

Eine Freundschaft ganz anderer Art hat Eduard Mörike seit den Stiftsjahren mit Ludwig Bauer verbunden; sie hat ihn begleitet bis zu Bauers frühem Tod (1846). In ihm hat Mörike einen Geist- und Gemütsverwandten gefunden. Nachdem das eigentümliche, spannungsreiche Trio Waiblinger–Bauer–Mörike zerfallen war, schlossen sich Mörike und Bauer noch enger zusammen. »Ich hatte . . . einen Freund, dessen Denkart und ästhetisches Bestreben mit dem meinigen Hand in Hand ging; wir trieben in den Freistunden unser Wesen miteinander, wir bildeten uns bald eine eigene Sphäre von Poesie, und noch jetzt kann ich nur mit Rührung daran zurückdenken . . .« Diese Worte des Schauspielers Larken in Mörikes Roman (»Novelle«) *Maler Nolten* sind autobiographisch zu verstehen und meinen Ludwig Bauer.

Spielerisch, tagträumend haben sich die beiden ein fernes Reich gebaut – Orplid, eine Insel in der Südsee gedacht:

> Du bist Orplid, mein Land!
> Das ferne leuchtet;
> Vom Meere dampfet dein besonnter Strand
> Den Nebel, so der Götter Wange feuchtet.

Uralte Wasser steigen
Verjüngt um deine Hüften, Kind!
Vor deiner Gottheit beugen
Sich Könige, die deine Wärter sind.

Ein Gedicht, das selbst solche kennen, die von Mörikes Poesie nur einen vagen Begriff haben. (Wie Gedichte zu trösten vermögen: Für Leopold Marx, einen Dichter aus Schwaben, wegen seines Judentums verjagt, leuchtete der besonnte Strand seines Zufluchtsorts Shavej Zion wie ein leibhaftiges Orplid.) »Der letzte König von Orplid« heißt auch das »phantasmagorische Zwischenspiel«, das den Prosatext des *Maler Nolten* unterbricht – deutsche Romantik aus Shakespearescher Urverwandtschaft, Elemente aus dem *Sturm* und *König Lear* von phantastischer Schönheit. Ein mythologischer, quasi-historischer Zug unterscheidet Orplid von ähnlichen älteren Phantasiegebilden, wie Schnabels *Insel Felsenburg* (von Tieck noch einmal gestaltet) und den Robinsonaden. Auch Bauer hat ein Drama geschrieben, das er auf Orplid spielen läßt, voller Handlung, mit kriegerischen Szenen. (Sein Geburtsort hieß Orendelsall – ein Name wie aus einem Märchenland.) Homer und Shakespeare wirken in den Träumen der beiden Freunde.

Bauer war vertraut mit den Liebschaften seiner Freunde. Vor dem Zerwürfnis mit Waiblinger hat er, gut bekannt mit den Professoren Michaelis und dem Fräulein Julie, Waiblingers kurzen leidenschaftlichen Roman miterlebt; er kannte auch den unseligen Domeier. Zur gleichen Zeit war er der nächste Vertraute Mörikes, als den die Liebe zu »Peregrina« an den Rand des Abgrunds brachte – wovon zu berichten sein wird.

Bauers Bruch mit Waiblinger hat zu einer vorübergehenden Trübung der Freundschaft Mörikes zu Bauer geführt. Am 16. Februar hat Bauer einen Brief geschrieben, in dem ein Gedanke anklingt, den zwei Monate später Mörike in seinem nicht abgesandten Scheidebrief an Waiblinger aufgegriffen hat. Bauer: »O lieber Eduard! ich glaube, Du hast Recht, wir müssen aus einander, wenn Du Mörike und ich Bauer werden will. Die große Verwandtschaft unsrer Seelen könte uns verführen, die feinern Verschiedenheiten unsers Wesens zu übersehen, und sie könnten uns vielleicht gerade heilen. Aber ich bitte Dich um Alles, nicht deswegen, weil es uns oft im Wechselgespräche mit einander nicht wohl war! O dies eben ist die Krankheit, an der wir leiden: daß uns das Innere so wohl gefällt, und wir, wenn es von außen auf uns zukommt, seine neue Gestalt, seinen Körper nicht in seiner eigentümlichen Schönheit erkennen ...« Weiter heißt es: »Aber Eduard! wenn alles dies ein Betrug wäre? wenn der Dämon, der Waiblingers Geschick beherrscht, aus Rache uns dermaßen verwirrte? Wenn er Dich eben von mir zerren wollte, der Du mich gerettet hast, weißt Du, in jener Nacht, als wir vom Gartenhause gingen?« Die Trübung war nur von kurzer Dauer. In Tübingen ist Bauer einer der engsten Freunde des Dichters geblieben.

Bauer hat das Stift ein Jahr früher als Mörike verlassen. Als Pfarrer in Ernsbach in seiner hohenloheschen Heimat hat er dem Freund die schönsten Briefe geschrieben –

»Du glaubst nicht, wie hell heute Orplid vor mir liegt. Dort drüben über ein Dach herein sieht ein Pappelbaum, seine Blätter biegen sich im Winde zurück, und ich weiß, der Fuß des Baumes ist naß vom Kocher, denn er steht auf der Insel, wo ich neulich mit meiner Schwester im Sparchel las, und wo ich bald auch mit dir sitzen werde. Ja, wenn ich dich wieder sehe – die hellen Thränen habe ich eben vergossen, als ich alle die Tage durchdachte, wo wir mit Pfeilen schoßen in deinem Garten, wo die Myrmidonen starben, wo uns die Sonne Homers leuchtete in der heiligen Frühe, auf dem Berge hinter der Ammer, wo Orplid geboren ward, wo wir die Namen erfanden, und uns freudig wieder fanden in einer neuen Heimath. Aber die Schatten des Abschieds fielen weit herein: unsre Gesichter wurden dunkel davon – ich glaube, es war eine Wohlthat der Götter, denn so im vollen Anblicke Orplids und unsrer Liebe hätte ich es nicht vermocht, von dir zu scheiden. Es ist sonderbar, eines Morgens kam ich zu dir, du sagtest: »Bauer, mir hat geträumt, wir hätten Händel gehabt.« Bald kam die Zeit, wo wir uns nicht recht kannten. Der Bogen verlor sich, Orplids Pfade wurden ungangbar; mich schraubte und plagte das Alles, was sich jezt mit mir verändern sollte, ich that mir Zwang an, der lezte Tag war gekommen, wir giengen aus einander, ohne zu wissen, wie? wir trennten uns, wie oft in den Wolken eine Zeitlang eine Gestalt sichtbar ist, nachher verlischen die Züge: Eine Wolke fliegt dahin, die andre dorthin . . .«

So am 16. August 1826.

Mörike hat darauf lange Zeit geschwiegen. Endlich (aus Köngen, am 9. Dezember 1827): »Mein geliebter Bauer! Nicht wahr, diese Stimme klingt Dir wie aus einer Geschichte vergangener Zeiten heraus? Es muß Dir sonderbar bei diesen Buchstaben zu Mut sein, denn es sind die ersten, die Du in dreiviertel Jahren von mir bekommst. Dies empfinde ich jedoch erst jetzt in seinem vollen Gewicht, denn ich hatte indessen nicht weniger als drei Briefe an Dich geschrieben, und wiewohl ich wußte, daß keiner davon abgeschickt wurde, so gab es mir doch immer das Gefühl einer inneren Satisfaktion, als wenn so ziemlich res integra zwischen Dir und mir wäre. Daß ich aber keinen von den dreien an Mann kommen ließ, das machte, weil ihr Inhalt lauter Jammer und Klage war und mich deswegen selber anekelte, sobald ich mir dabei Dich recht lebhaft vorstellte . . .«

Einen Brief schreiben, Empfindungen, Gedanken in Worte fassen und dem Papier anvertrauen, ist eines; aber das andere, den Brief absenden, scheinbar eine einfache, selbstverständliche Sache, war ihm des öfteren zu viel; keine Scheu vor dem Papier, aber Scheu vor dem Anderen. Das Bedürfnis, sich mitzuteilen, ist im Streit mit der Sehnsucht, für sich und allein zu sein:

> Laß, o Welt, o laß mich sein!
> Locket nicht mit Liebesgaben,
> Laßt dies Herz alleine haben
> Seine Wonne, seine Pein!

Das gilt, bisweilen, auch für die nächsten Freunde. »B. (= Bauer) mein Rohr und mein Stab« liest man in einem Brief Mörikes an Mutter und Schwester. Er war einer der Nächsten.

»... es tut mir wohl, obgleich mit einer Anwandlung eines ängstlichen süßen Gefühls, Dich meinen Schutzgeist zu nennen, der, ohn es selbst recht zu wissen, den verborgenen Knoten meines Lebens hält und mir leise Worte zuflüstert.« So Mörike aus der Vakanz an Wilhelm Hartlaub, am 20. März 1826. Ein Vierteljahr später Hartlaub: »Herziger Edward! Damit Du wissest, daß ich, wenn ich gleich von Dir bin, doch nicht ohne Dich lebe, und daß ich gerade dann recht in dem seligen Glauben lebe, auch Du seyest in mir, und daß ich bei allem Wechsel zwischen Freud und Leid, zwischen Lust und Schmerz, den nun einmal das Schicksal über mich unabänderlich verhängt hat, nur in Dir lebe ...« Und ein andermal: »Du bist mein Heiligstes, Mörike, und wirst es bleiben«. – Briefe, wie sie sich in der Zeit der Romantik Freunde schrieben, empfinden wir oft als exaltiert. Aber dieses »und wirst es bleiben« hat durch ein halbes Jahrhundert Bestand gehabt.

Hartlaub hat den Freund durchs Leben begleitet; das Stift war nur eine Station. Ähnliches läßt sich von Mährlen sagen; auch ihm hat Mörike vollkommen vertraut. Ein langer Brief Mörikes an Mährlen vom März 1825 berichtet im Plauderton, bald behaglich, bald derb-burschikos; unversehens springt eine Tür auf, die in sein Innerstes blicken läßt – sie schlägt wieder zu, und der Brief setzt sich im Plauderton fort. Hier ein Ausschnitt. Mörike erzählt von einem Abend mit Kameraden. Buttersack liest aus E. T. A. Hoffmans *Serapionsbrüdern* vor, und im Halbschlaf wird Mörike von der Erinnerung an den im Jahr zuvor jäh verstorbenen Bruder August überfallen:

»Jener sonst so liebe Serapionsbruder war heut eigentl. zum Ärgern, aber einmal da Butters. in seinem Schlafrock – Du kennst dieses aus einer breit- u. langweilig gestreiften Bettzieche requirirte Gewand – ein ermüdendes Kindermährlein verlas, zerbiß ich, auf das Sopha gestreckt, hinter Hartl-s Rücken meine Pfeife wie ein Haberrohr vor entsezlichem Lachen bis zum Ersticken – kurz der ganze Abend ein Gemisch von matter und zerstreuter Launenhaftigkeit, verdroß mich hauptsächlich wegen der getäuschten Erwartung des guten H. Er gieng indessen um 10 Uhr, u. Hardegg kam, um versprochenerweiße heut noch eine andere Erzählung aus demselben Buch preißzugeben. Ihre ernsthafte Art konnte mich demungeachtet nicht aus meinen fremden Gedanken herausbringen, ich versank während des eintönigen unmäßigen Vorlesens in hypochondrische Quälereyen, ja ich verzweifelte endlich an Gesundheit und Allem, wurde traurig, und erhizte meine Pfeife in einem heftigen mechanischen Takt. Du wirst nicht lachen und es ist der Mühe werth, daß Du folgendes hörst: Während ich so alle Möglichkeiten von verstekten Übeln in meinem Körper recht anatomisch aufsuchte und sie eben so schnell wider bekämpfte, fiel in dieß sträubende verworrene Chaos, da meine Reflexion auf einmal stockte wie wenn man nach langem Umhertappen unvermuthet an eine Thür stößt, die man nur auf e. Augenblick f. *schwärzer* als die übrige Finsterniß hält u. die sich sogleich öffnet – fiel ein helles Licht wie durch e. Wunder herein, denn ich fühlte mich plözlich an Augusts Seite – beinah das erstemal ohne Schmerz, beinah das erstemal mit der Gewißheit des Wiedersehens – O Wiedersehen! Hier muß ich inne halten – denn dießes Wort läßt sich durch keine Beschreibung nachfühlen – mir selber hat es sich in diesem Augenblick schon wieder verdunkelt. – Es war eine sanfte Heiterkeit auf mich gekommen u. ich bemerkte erst nachher, daß ich bei diesem lebhaften Gedanken an Tod und anderes Leben – ganz leise vom Sopha aufgestanden war. So blieb ich denn ruhig u. gerieth wieder Willen aufs neue in den Zußammenhang der Vorlesung hinein . . .«

Friedrich Kauffmann ist schon in der Ludwigsburger Kinderzeit – sein früh verstorbener Vater war dort Irrenmeister – Mörikes Freund oder jedenfalls Spielgefährte gewesen. Er war für ihn ein Stück Kinderheimat, auch mit der Familie vertraut, besonders mit Eduards älterer Schwester Luise. Außer der gemeinsamen Herkunft hat die Musik diese beiden verbunden. Kauffmann war musikalisch, übrigens auch mathematisch, hoch begabt; und die Musik war für Mörike ein Lebenselement. Er hat Gedichte des Freundes vertont. In Kauffmanns Atmosphäre, so schreibt Mörike einmal, »ist etwas, das eine natürliche und unzerstörbare Verwandtschaft mit meinem Wesen hat«.

Im Juli 1825 setzt Mörike einen an Luise gerichteten Brief, der

sich durch deren Kommen erledigt hatte, ohne weiteres an Kauffmann gerichtet fort. Einige Sätze daraus: »Deine paar Worte
haben tausendfältige Sachen wieder in mir aufgeregt. Das Ganze
ist, daß mich eine sogleich erwachte und alsbald wieder niederge-
schlagene Sehnsucht nach Ludwigsburg höchst unruhig machte,
und daß mich deine Herzlichkeit zu mir, die ich nie so unmittelbar
gespürt habe, ungestüm bewegt und beinahe überrascht hat.«
Und: »Die Zeit her hatt ich morgens in aller Früh die schönsten
Stunden mit Bauer, wo wir die Odyssee lasen. Er ist heut nach
Leonberg, und ich habe das Heimweh nach ihm. Lies die Odyssee, solang noch der Sommer dauert! aber in der Frühe und in
einer freien Aussicht.«

Rudolf Lohbauer, auch ein Ludwigsburger, Sohn eines 1809 im
Kampf gegen die aufsässigen Vorarlberger gefallenen Offiziers,
selbst für die Offizierslaufbahn bestimmt, aber schlechter Augen
wegen darin behindert, kam als Student der Philosophie nach
Tübingen. Lohbauer und Mörike hatten bereits als Kinder Bekanntschaft geschlossen. In Tübingen sind sie sich vollends nahe
gekommen. Lohbauer muß sich ins Herz getroffen gefühlt haben:
»Willst Du mein Freund seyn? sagst du trotziger Knabe halb
gewendet und reichst mir die Hand zum Abschied; und ich – lasse
Alles fahren, daß es hinunter stürzt und donnert in den Abgrund
und halte deine Hand und halte sie ewig! Aber du liebst mich
nicht, du Stolzer in deiner Unschuld, in Deiner einzigen Liebe zu
Ihm – Doch, sieh, bist du es nur an den ich mich hielt, als ich
glaubte mich an Nichts zu halten, als ich glaubte ganz allein zu
seyn, nichts mehr zu lieben, liebte ich dich ungeheuer und nun du
gehst ist all das Nichts und ich folge dir – und du solltest mich nicht
lieben? Knabe, was machst du aus mir? Oder bist du der Bote den
mir ein Höherer schickt, dem ich folge ich weiß nicht wie noch
wohin, und du hättest gar nichts damit zu schaffen? denn ich sage
dir, wenn ich deinen Brief da ansehe, so ärgere ich mich über
deinen Trotz, über deine Bestimmtheit und Härte und daß du so
ein junger Kerl bist und mich Alten meisterst . . . und liebe dich
mehr als je und möchte dich auf den Händen tragen durchs

Wasser und überall durch wie der große Christoffel den kleinen Heiland.« So schreibt er ihm am 7. Juni 1824. Und stürmisch geht es in dem Brief weiter, es zieht ihn in den Freiheitskampf der Griechen, er will mit ihnen kämpfen, kurzsichtig, wie er ist. Ja, er fordert einmal Mörike auf, mit ihm in diesen Krieg zu ziehen.

»Du ein so junger Kerl und mich Alten meisterst« – Lohbauer war kaum zwei Jahre älter als Mörike. Aber unter den Jünglingen in jenem Freundeskreis war Lohbauer ein Mann. Insofern war er dem Waiblinger gleich. Die Männlichkeit dieser beiden ging so weit, daß sie sich einmal eines Mädchens wegen auf Pistolen gefordert haben ... Lohbauer hat ein unruhiges, sorgenbeschattetes Leben geführt, bis er als Militärwissenschaftler in der Schweiz Boden unter die Füße bekam. Er hat den Rang seines so andersgearteten Freundes erkannt. In einem Brief an seine Braut steht der Satz: »Mörike ist, als wäre er ein Sohn Goethes, geistig, aus geheimnisvoller wilder Ehe.«

Der innige, oft überschwengliche Ton vieler Freundesbriefe läßt den Gedanken an homoerotische Empfindungen dieser Jünglinge aufkommen. Eine solche Vermutung hat manches für sich. Der Internatscharakter von Klosterschule und Stift, die Enge der Schlafgemächer, Bett an Bett, das macht solche Begleiterscheinungen wahrscheinlich. Es war wohl für nicht wenige eine Entwicklungsstufe. Schwärmerische, heiße Verliebtheit in Mädchen hat diese Jungen nicht minder umgetrieben. Eduard Mörike ist von der Leidenschaft für ein fremdartiges Mädchen derart ergriffen worden, daß ihm das Schicksal Hölderlins zu drohen schien.

LEIDENSCHAFT UND BINDUNG

Eine gewisse Maria Meyer, geboren am 27. Dezember 1802 in Schaffhausen als erstes von mehreren Kindern ihrer ledigen Mutter, hat Eduard Mörike in leidenschaftliche Verwirrung gestürzt und als »Peregrina« zu einigen der schönsten Liebesgedichte deutscher Sprache den Anlaß gegeben.

Maria Meyers Kindheit und Jugend füllt einen Polizeibericht. Ihre Mutter Helena stammt aus einer alteingesessenen Handwerkerfamilie, war aber in der Schar ihrer Geschwister ein Sonderfall, haltlos und mannstoll. Als Vater ihres ersten Kindes hat sie einen längst weitergezogenen Handwerksburschen angegeben, was wenig glaubhaft erscheint. Helena Meyer wurde eine stadtbekannte Dirne und endlich ins Arbeitshaus eingeliefert. Die Tochter Maria ist bei ihrer Mutter in der ärgsten Unordnung aufgewachsen; sie war zwölf, als die Mutter hinter den Mauern des Arbeitshauses verschwand. Verwandte und eine »Gesellschaft mildtätiger Frauenzimmer« unternahmen Versuche, dem verwahrlosten Kind zu helfen.

Als Maria vierzehn war, trat eine Frau in ihr Leben, die das haltlose Mädchen aufs seltsamste begeistert hat: Juliane von Krüdener, geborene von Vietinghoff, eine baltische Baronin, exzentrische Pietistin. Diese Dame hatte zeitweilig eine Rolle bei dem russischen Kaiser Alexander gespielt – ein weiblicher, vergleichsweise harmloser Rasputin – und soll ihn 1815 in Paris bei der Begründung der »Heiligen Allianz« beeinflußt haben (vielleicht hat sie den sonderbaren Namen für dieses erzreaktionäre Bündnis von Rußland, Österreich und Preußen erfunden). Diese ihre Glanzzeit lag nicht lange zurück, als Frau von Krüdener im Jahr 1817 predigend und Flugschriften verteilend durch die Schweiz zog. Sie hatte gewaltigen Zulauf, besonders von Bettlern und Landstreichern, die neben der Aussicht auf das Reich Gottes auch einen Brocken irdischer Mildtätigkeit erhofften, denn die Baronin gab mit vollen Händen. Den kantonalen Polizeibehörden war dieser Umtrieb ein Greuel. Bis zu zweitausend Menschen begleiteten die Prophetin, lagerten sich vor dem Gasthof, in dem die Dame abgestiegen war, die zum Fenster hinaus von der Verderbnis der Welt und dem nahenden Gericht predigte. Ihre inbrünstige Zuhörerschaft wird in einem Polizeibericht als wanderndes Bordell bezeichnet. Nur ihr gesellschaftlicher Rang schützte die Dame davor, in polizeilichen Gewahrsam genommen zu werden. Sie erhielt knapp befristete Aufenthaltsgenehmigungen, zwei, drei Tage – und wurde so von Kanton zu Kanton geschoben.

Maria Meyer hat sich für eine unbestimmte Zeit in dem Haufen befunden, der die Baronin begleitete. Da sie in ihrem Elend eine auffallende Schönheit war, mag sie in der Menge der Dame aufgefallen und ins Gespräch gezogen worden sein. Ein krankhaft schwärmerischer Zug, der schon dem Kinde eigen war, hat sich durch diese Begegnung vertieft. Im Herbst jenes Jahres 1817 hat sich Frau von Krüdener auf ihr livländisches Gut zurückgezogen und ist bis zu ihrem Tode (1824) nicht mehr hervorgetreten. – Maria Meyer kam Ende November 1817 in aufgelöstem Zustand wieder in Schaffhausen an und wurde alsbald in das Arbeitshaus, das ihre Mutter eben verlassen hatte, eingewiesen; nicht als Sträfling, sondern zur Zwangsbesserung (als »Korrektionelle Gefangene«); man hat sie mit Stricken und Spinnen beschäftigt – *The Rake's Progress* auf schwyzerdütsch. Dem Geistlichen, der sich um die Züchtlinge zu kümmern hatte, fiel sie nicht nur durch ihre Schönheit auf, sondern auch durch ihren nicht gewöhnlichen, wenn auch ziemlich verwirrten Geist; er veranlaßte auch einen freundschaftlichen Verkehr seiner Töchter mit der Gefangenen. Im April 1819 war Maria Meyer wieder frei.

Die erste Station in der Freiheit war das nahe gelegene Rheinfelden im Aargau. Dort ist sie einem gewissen Ernst Münch begegnet, der eben sein Studium beendet hatte – ein phantasiebegabter junger Mann. Münch hat neben sonstigen kurzlebigen Erzeugnissen seiner Feder Selbsterlebtes drucken lassen: *Erinnerungen, Lebensbilder und Studien aus den ersten siebenunddreißig Jahren eines teutschen Gelehrten* (1836). Diese Memoiren sind über das gewohnte und erlaubte Maß hinaus ungenau, enthalten aber glaubhafte Partikel. So schildert er den ersten Eindruck, den Maria Meyer auf ihn gemacht hat: »Eines Morgens beim Frühstück kam ein junges Frauenzimmer zu meiner Mutter, welches ich, mit Papieren beschäftigt, nicht sogleich beachtete, welches ich jedoch, als ich durch den seltsamen Klang der Stimme aufmerksam gemacht worden war, mit Verwunderung betrachtete. Es war eine herrliche Figur von den edelsten Verhältnissen, von feiner und zarter Hautfarbe und einem Gesichte, dem die mehr infolge erlittenen Kummers denn als herrschendes Merkmal sichtbare und mit einem gelinden Rot noch immer ringende Blässe einen eigenen Reiz verlieh . . . es lag ein hoher Grad von Schwärmerei über das Ganze gegossen.«

Diese Schilderung erscheint glaubwürdig. Das Weitere ist ein Wirrwarr von Prahlereien des Verfassers und Phantastereien der Maria. Das Mädchen war ja zum Lügen gezwungen. Hätte sie denn einem Menschen, dem sie begegnete und auf den sie vielleicht Hoffnung setzte, die Wahrheit über ihr elendes Leben sagen sollen? Übrigens taucht in ihren Phantasien auch der unselige Sand auf, der eben (23. März 1819) seine Tat vollbracht hatte. Sand erschien dem Mädchen »als das Ideal männlicher und christlicher Tugend«, glaubt Münch sich zu erinnern, er umschwebe sie geradezu wie ein »Schutzengel«. So Münch, der ungenaue Chronist. Aber ein junger Mensch, der aus dem Gleichgewicht geraten war, konnte sich damals leicht für den Burschenschaftler mit dem blutigen Dolch begeistern. – Das Interesse des Münch an dem schönen Mädchen ist kaum mehr als eine amüsierte Neugierde gewesen. Über das Schicksal der Maria Meyer in den folgenden vier Jahren ist wenig, über weite Strecken rein gar nichts bekannt. Die Spur führt in der Schweiz nach Bern, nach Baden, verliert sich dann in Deutschland.

An einem Tag im Februar oder März 1823 fährt der Bierwirt Wilhelm Mergentaler (genannt Helm) aus Ludwigsburg von Stuttgart kommend mit seinen Gäulen heimwärts. Er entdeckt am Straßenrand eine ohnmächtige Frauensperson auf einem Schotterhaufen liegend; hält an, steigt ab, staunt über die seltsame Schönheit, die nun unter seinen Händen zu sich kommt; hilft ihr auf den Wagen. Im Weiterfahren werden sie rasch einig. Maria Meyer bittet Helm, sie als Kellnerin in sein Haus zu nehmen, und der besinnt sich nicht lange; eine schönere Kellnerin würde in ganz Württemberg nicht zu finden sein. Er hatte sich nicht verrechnet. Die Männer strömten in Scharen herbei.

Unter den Bewunderern des Mädchens aus der Fremde war Rudolf Lohbauer. Er begnügte sich nicht damit, sich von ihr das Bier hinstellen zu lassen, sondern setzte es bei seiner Mutter durch, daß Maria in ihr Haus aufgenommen wurde. Man hat keinen Grund zu zweifeln, daß er bei dem Mädchen erreicht hat, was ein verliebter und kraftvoller junger Mann wollen muß. Eduard Mörike, seit Kindertagen mit Lohbauer bekannt, auf Ostervakanz bei seiner Familie in Stuttgart, aber öfters im nahen Ludwigsburg, begegnet dem fremden Mädchen und stürzt in einen Abgrund der Leidenschaft, in dem Augenblicke der Seligkeit wohl nicht gefehlt haben. Nie zuvor und nie danach hat er so geliebt; auch nie solche Qualen ausgestanden.

Mörikes Verhältnis zu Lohbauer in dieser Verstrickung ist eigentümlich genug. Ihre Freundschaft ist nicht darüber zerbrochen.

Was uns noch weit mehr bewegt: wie es zwischen dem Dichter und der Fremden, seiner »Peregrina« stand, können wir nur im Spiegel des Worts, der Gedichte und mancher Prosastellen, erkennen. Wenn es erlaubt ist, die berühmte Stelle aus dem zweiten Korintherbrief in diesen irdischen Vorgang zu ziehen: Wir wüßten gern, was zwischen diesen beiden »von Angesicht zu Angesicht« gewesen ist. Aber wir müssen uns an den Spiegel des Worts halten. Die meisten anderen Spuren sind von Mörike getilgt worden.

Der äußere Ablauf des Peregrina-Abenteuers: In der Osterzeit 1823 die Begegnung in Ludwigsburg; das Jahr hindurch Briefwechsel und vielleicht weitere Begegnungen; Ende des Jahres reist sie unvermutet ab und hält sich in Heidelberg auf; im Frühjahr 1824 weiht er den Freund Bauer ein; im Juli kommt Maria plötzlich nach Tübingen, wird dort ohnmächtig aufgefunden – Mörike überwindet sich, sie nicht zu sehen und flüchtet zu Mutter und

Schwester; nach einigen Wochen wird Maria, mit geschenktem Reisegeld, nach Schaffhausen abgeschoben. Zwei Jahre später taucht Maria Meyer noch einmal in Tübingen auf, wendet sich brieflich an Mörike; der stellt sich taub und stumm. Das sind die dürren Fakten.

Marias Schönheit war beschattet von krankhaften Zügen, hysterischen, somnambulen; möglicherweise hat sie in ihrer Jugend an Epilepsie gelitten; wahrscheinlich besaß sie magnetopathische Fähigkeiten (Heilung oder Linderung von Schmerz und Verkrampfung durch »magnetische« Striche; von Mesmer erforscht und propagiert – eine Vorform der Hypnosetherapie).

> Und nun strich sie mir, stille stehend,
> Seltsamen Blicks mit dem Finger die Schläfe,
> Jählings versank ich in tiefen Schlummer
> Aber gestärkt vom Wunder-Schlafe
> Bin ich erwacht zu glückseligen Tagen,
> Führte die seltsame Braut in mein Haus ein.

Diese Strophe findet sich in den beiden frühen Fassungen der in den *Maler Nolten* eingeflochtenen Peregrina-Lieder. Sie ist später von Mörike getilgt worden. Hat er sie als zu nahe zum eigenen Erlebnis empfunden? Aber alle Strophen sind durchglüht von der Erinnerung an seine abenteuerliche Liebe.

III

> Ein Irrsal kam in die Mondscheingärten
> Einer einst heiligen Liebe.
> Schaudernd entdeckt ich verjährten Betrug.
> Und mit weinendem Blick, doch grausam,
> Hieß ich das schlanke,
> Zauberhafte Mädchen
> Ferne gehen von mir.
> Ach, ihre hohe Stirn,
> War gesenkt, denn sie liebte mich;

Aber sie zog mit Schweigen
Fort in die graue
Welt hinaus.

Krank seitdem,
Wund ist und wehe mein Herz.
Nimmer wird es genesen!

Als ginge, luftgesponnen, ein Zauberfaden
Von ihr zu mir, ein ängstig Band,
So zieht es, zieht mich schmachtend ihr nach!
– Wie? wenn ich eines Tags auf meiner Schwelle
Sie sitzen fände, wie einst, im Morgen-Zwielicht,
Das Wanderbündel neben ihr,
Und ihr Auge, treuherzig zu mir aufschauend,
Sagte, da bin ich wieder
Hergekommen aus weiter Welt!

IV

Warum, Geliebte, denk ich dein
Auf einmal nun mit tausend Tränen,
Und kann gar nicht zufrieden sein,
Und will die Brust in alle Weite dehnen?
Ach, gestern in den hellen Kindersaal,
Beim Flimmer zierlich aufgesteckter Kerzen,
Wo ich mein selbst vergaß in Lärm und Scherzen,
Tratst du, o Bildnis mitleid-schöner Qual;
Es war dein Geist, er setzte sich ans Mahl,
Fremd saßen wir mit stumm verhaltnen Schmerzen;
Zuletzt brach ich in lautes Schluchzen aus,
Und Hand in Hand verließen wir das Haus.

V

Die Liebe, sagt man, steht am Pfahl gebunden,
Geht endlich arm, zerrüttet, unbeschuht;
Dies edle Haupt hat nicht mehr, wo es ruht,
Mit Tränen netzet sie der Füße Wunden.

Ach, Peregrinen hab ich so gefunden!
Schön war ihr Wahnsinn, ihrer Wange Glut,
Noch scherzend in der Frühlingsstürme Wut,
Und wilde Kränze in das Haar gewunden.

Wars möglich, solche Schönheit zu verlassen?
– So kehrt nur reizender das alte Glück!
O komm, in diese Arme dich zu fassen!

Doch weh! o weh! was soll mir dieser Blick?
Sie küßt mich zwischen Lieben noch und Hassen,
Sie kehrt sich ab, und kehrt mir nie zurück.

Was sich im Gedicht spiegelt, sind Erlebnisse, aber auch Traumbilder – Tagträume, nächtliche Träume.

Es ist hier einer der seltsamsten Briefe zu erwähnen, die Mörike je geschrieben hat. Er ist an einen halb vergessenen Bekannten, Franz Baur, gerichtet und vom 5. Juli 1823 datiert:

»– wenn auch die Leute boshafter Weiße mich *nie* mehr wollen verstehen als stäck ich in roth Fastnachtskleidern, aber ich lache schändlich jeden aus, das Glaube Du, denn bey Deiner Hand, wenn ich diese halte, jezt, so wird mir wohl. Denn diese lügen urplözlich und Du hast doch nicht das Fieber –. Schau so geht der Mund mir über. Gelt mein Lieber, gelt mein Lieber? Denn Du nimmst mirs niemals übel daß die lange Hypostase, wie im Mondlicht eine Spinne, leise heimlich kreuzend webe, daß sie Beute sich gewinne daß sie lebe, daß sie lebe! . . .«

Der Brief ist verschiedenartig interpretiert worden. Ein Scherz? Vielleicht hat Albrecht Goes recht, wenn er dazu bemerkt, Peregrina hätte Mörike das Schicksal Hölderlins bereiten können.

Die Schwester Luise hat im Liebesdrama ihres Bruders eine bedeutsame Rolle gespielt. Pietistisch gefärbter protestantischer Tugendeifer, vernünftige Einsicht, daß eine Bindung des Stiftlers an die Fahrende ein Unding wäre, vielleicht auch Eifersucht, Liebesneid – alles wirkt zusammen, gibt dem gesundheitlich schon gefährdeten Mädchen die Kraft, sich gegen den dunklen Strom zu stemmen. Kurz nach Eduards erster Begegnung mit Maria, noch im April, schreibt sie dem Bruder einen Brief. Sie greift Lohbauer scharf an, äußert sich aber, klugerweise, vorsichtig über Maria: »Zürne – mein geliebter Eduard! zürne der Schwester nicht, – wenn sie sich noch einmal bittend und warnend an Dich drängt – vergib ihr ihre Sorge! . . . Die Versuchung fliehen, mein geliebter Eduard, das ist keine Feigheit, sondern wahrhafte Größe ists, dem zu widerstehn, was uns schmeichelnd an sich lockt und blendet . . . R. [Rudolf Lohbauer] und Marien, vertraue ihnen nicht zu viel. Sie sind beide nicht auf dem rechten Wege . . . Marien durchschaue ich noch nicht ganz . . .« Und weiter sehr behutsam: »Ich müßte sie selbst sehen und beobachten um sie beurteilen zu können . . . Ich will nicht von meiner Art zu handlen, die der ihrigen geradezu widerstrebt, auf sie schließen. Hat doch ein jedes seine eigne Weise . . .« Aber die Warnung ist unüberhörbar.

Auf einen späteren Brief der Schwester antwortet Mörike, Tübingen, den 26. Januar 1824:

»Du hast wohl und schön mit mir empfunden, liebste Schwester und hast mirs in dem Brief zu meiner wahrhaftesten Freude so schön und beruhigend zurecht gelegt! Ich stand am gestrigen Abend nach dem Essen eben in verworrenen, anderwärtigen Gedanken in mich hinein versunken ohne Licht an meinem Pult und sah den lustigen Gesellen mit nichtsehenden Augen zu, als Rudolf mir den Brief brachte und nun eine überaus linde, kühlende Luft aus Deinem sanften Kreis in den meinigen herüber zog, und, im Hintergrund meiner Seele auch einigen Freunden, zu denen ich darauf gieng, ungeahnt diese harmlose Heiterkeit mittheilte. Sagt ich nicht schon vor langer Zeit zu L. A. Bauer, (einem seltenen, unendlich reichen Geist und Gemüth) der auch eine Schwester hat, wie ich,: mir käm es oft vor, als hätte die meinige mit schwesterlich-tiefem Zauber in der Ferne und ohne daß sie mirs sage, meine Lebensfäden, die ich spinne oder die meine Natur spinnt, ruhig und vorsehend in der Hand? Er lächelte, – als säh er Seine Schwester, – mir noch einmal so liebreich ins Auge. – Warum sollt' ich Dir in Bezug Maria's nicht getraut haben? Du scheinst nach Deinem lezten Schreiben halb u. halb daran zu zweifeln. Aber ich antwordtete Ihr nicht.«

Und im weiteren über Maria: »Ihr Leben, – so viel ist gewiß, hat aufgehört in das Meinige weiter einzugreifen, als ein Traum den ich gehabt und der mir viel genüzt« (man stößt sich an dem Wort genüzt). Dieser Winterbrief klingt in einem beruhigten Ton – »linde, kühlende Luft aus Deinem sanften Kreis«; Maria, in Heidelberg, ist weit entfernt. Damals wurde auch Bauer eingeweiht, als der nahe Freund, der auch Luises Vertrauen besaß. Bauer widmet ihm darauf ein Gedicht »Geheimnis – An E. M. (Nachdem derselbe seinem Freund ein merkwürdiges Lebensereignis anvertraut hatte.)«

Seltsam, für einen Stiftler recht ungewöhnlich, hebt es an wie ein Marienlied:

> Zu der des Himmels Glorie sich neigte,
> Die an die Brust das Götterkind gedrückt,
> O Du, Maria, hohe, schmerzgebeugte . . .

Die dritte Strophe meint dann Eduards irdische Maria, Bauer läßt hier den Freund sprechen:

> Ach, daß Du einmal nur sie könntest schauen,
> Wenn mit gesenktem Haupt sie schmerzlich lacht!
> Sähst ihren Blick mit zauberhaftem Grauen,
> Den goldnen Ring in ihres Auges Nacht!
> Hörtest die Melodie der Sprache klingen,
> Die Schweizerlaute, die zum Herzen dringen!
> Sähst Du die Sonne, die ein Flor getrübet,
> Die heilge Sünderin, die ich geliebet!

Das Gedicht endet naiv mit einem Freudenruf des Freundes, dem der Freund sich rückhaltlos anvertraut hat:

> O Eduard, nun bist Du ganz der Meine,
> Du liebest mich, ich liebe all das Deine!

Mit dem Hochsommer, mit dem jähen Auftauchen von Maria in Tübingen endet die scheinbare Beruhigung. Es bedarf keiner Anstrengung, sich in die Seele des Liebenden zu versetzen, der die Geliebte nahe, hilfeflehend wußte und doch eine unüberwindbare

Hemmung empfand, sie zu sehen und in die Arme zu schließen. In diesen Tagen ist das Peregrina-Gedicht III entstanden: »Ein Irrsal kam in die Mondscheingärten . . .«

Mörike erkrankt. In Gegenwart von Rudolf Flad sieht er einmal die fürsorglich abgeschirmte Maria; Flad war in jener Zeit etwas wie ein geistlicher Mentor Mörikes und genoß auch das Vertrauen Luises. Dieser Besuch, der eine fatale Ähnlichkeit mit dem Besuch eines Kranken bei einer Kranken in Anwesenheit des Anstaltspfarrers hat, ist höchstwahrscheinlich die letzte Begegnung dieser Liebenden gewesen.

Er will fliehen, »heim«, nach Stuttgart. Luise am 12. Juli in ihr Brieftagebuch: »Eduard müßte hierher, schreibt er mir, und teils wegen körperlichen Übelbefindens teils wegen der sein Gefühl unendlich grimmigenden Nähe Mariens«; grimmigend – wenn sie das Wort erfunden hat, dann hat sie es gut erfunden. Luise korrespondiert mit Flad und Bauer, Luise besorgt ein ärztliches Attest. Endlich kann Eduard reisen, begleitet, beschützt von Bauer und Mährlen. Zwei Tage später eine lange Aussprache mit der Schwester. Luise am 24. Juli in ihr Brieftagebuch:

»Wir saßen an dem herrlichen Sonntagmorgen im kühlen Georgiischen Gartensaale, als E. mir erzählte, wie durch ein beängstigenstes Übel und durch geistige Anstrengung sein Gemüt so gereizt, und bis zu kranker Empfindlichkeit gespannt eben unendlich leidend gewesen sei, als ihn die Nachricht von Mariens lautem (sie wurde ohnmächtig von einem ganz gemeinen [gewöhnlichen] Studenten in die Stadt getragen) Erscheinen – fast vernichtend getroffen, und den leise und still gehegten Wunsch, dieser Sphäre zu entfliehen, laut und heftig in seinem Innern ausgesprochen habe. Seine Maria war ja tot! Sie lebte himmlisch rein und fleckenlos wie immer in seinem Herzen, und war mit der wahren Lebenden beinah zu einem Bilde verschmolzen. – Diese erschien nun wieder ohne den Heiligenschein der ersten Begegnung. Ein Schattenbild . . . Für das er nichts tun konnte, durfte –«

Das war im Juli. Im August wird sich ein Gewitter ganz anderer Art über die ruhebedürftige Familie entladen. Erst nach diesem Ereignis ist Maria von Tübingen nach Schaffhausen abgeschoben worden. Zwei Jahre danach ihr letzter Besuch in Tübingen. Mörike hat sich nicht gerührt »Seine Maria war ja tot«. Was die lebende Maria Meyer betrifft, so fällt ein stilles Nachmittags- und Abendlicht auf ihre Lebensbahn. Sie heiratet den Schreinermeister Kohler, einen Deutschen, der bei der Verleihung der schweizerischen Staatsangehörigkeit gelobt hat, »ein stiller, nützlicher Bürger« zu sein. Sie betreibt ein kleines Putzmachergeschäft. Dreißig ruhige Jahre sind der Frau beschieden, die Mörikes Peregrina war. Sie hatte kaum Verkehr mit den Leuten, aber die achteten sie und hielten sie für etwas Besseres.

BEGEGNUNGEN MIT DEM TODE

Hochsommer 1824; Eduard hatte sich in den Schoß seiner Familie geflüchtet. Luises Tagebuch spiegelt die schwankenden Stimmungen. Einmal: »Er ist heiter und mitteilend wie noch nie, und läßt sich willig alles gefallen.« Ein andermal: »Ich muß dem Kranken« nun schon einmal seinen Willen tun, wie man einem leidenden Kinde nachzugeben pflegt, damit es seine Schmerzen vergessen und sich zerstreuen soll. Dazu ist E. das seh ich wohl, ein recht verwöhntes Kind. Seine Freunde behandlen ihn mit einer Schonung, einer Zärtlichkeit, schon in den gesunden Tagen ... Das berechtigt ihn, von mir noch mehr zu erwarten ... Auf diese Weise bin ich oft nachgiebiger gegen ihn und seine Launen, als ich es gegen mich selbst sein würde, und – als es vielleicht gut ist ...« Der Kranke nimmt Bäder, aber bald befürchtet die Schwester, daß sie nichts bewirken und »die nicht unbedeutende Ausgabe« umsonst ist.

August, der jüngste Bruder, stand in seinem siebzehnten Lebensjahr. Er hatte die Familie beunruhigt durch seine Absicht, Medizin zu studieren; dazu fehlte es jedoch an den Mitteln. Man verschaffte ihm eine Stelle als Apothekergehilfe in Ludwigsburg und hielt das für eine gute Lösung. »Über August und sein Luftschloß bin ich zwar völlig ruhig ...« hatte Eduard im Sommer 1823 an die Mutter geschrieben. – Es hat sich ein Brief Eduards an August erhalten, dessen Datum Aufmerksamkeit verdient (9. August 1824), leicht hingeschrieben – Dank für eine Sendung frischer Kräuter, zwei Anspielungen auf Mozart: »Jetzt das Wichtigste, Du sollst Deine Wasch der Mutter so schicken, daß sie dieselbe Mittwoch Früh erhält« – Merkwürdig ist die Unterschrift: »Dein August – Eduard will ich sagen – doch das ist ja UNUM ATQUE IDEM« (ein und dasselbe).

Sechs Tage später erfährt die zwischen hypochondrischem Selbstmitleid, lustlosen Heilungsversuchen und stillvergnügtem Zeitvertreib schwankende Sommerpause eine Unterbrechung, es geschieht etwas: Eduard und Luise besuchen mit August und den Freunden Bauer und Hardegg eine Aufführung von Mozarts *Don Juan* im Hoftheater. Dieses Theater, für Mörike auf allen Lebensstufen eine bedeutsame Stätte, war das gewaltsam für Bühnenzwecke umgestaltete »Lusthaus« – ursprünglich der schönste Renaissancebau, überhaupt das schönste Gebäude in dieser durch Architektur nicht sonderlich ausgezeichneten Stadt. Die großartigen Innenräume waren dem Theaterzweck längst zum Opfer gefallen, das Äußere war in Umrissen erhalten geblieben. Um 1810 war das Ganze noch einmal, und zwar von dem tüchtigen Thouret, umgestaltet worden. Der Zuschauerraum bildete nun ein Halbrund, Parterre, Ränge, Galerien und Logen boten 1254 Sitzplätze; die Farben ein gebrochenes Weiß mit Gold, dazu das Rot des Vorhangs, imitierter Damast. Ein Hoftheater – bescheidener als Wien oder Dresden, Berlin oder München, aber doch nicht provinziell. Für die bürgerlichen Besucher war es ein Eintritt in eine glänzende Welt. – Die Aufführung von *Don Juan* an jenem Sonntagabend muß gut gewesen sein, sie hätte sonst auf die musikalisch feinnervigen Brüder nicht einen so tiefen Eindruck gemacht. *Mozart auf der Reise nach Prag*, dreißig Jahre später geschrieben, lebt noch aus jenem Theaterabend und dem darauf folgenden Unglücksfall.

Eine halbe Woche danach, am Donnerstag früh, wird August im Keller der Apotheke, in der er Dienst tat, tot aufgefunden. Todesursache: ein »Nervenschlag« (so im Ludwigsburger Kirchenbuch). Eduard am folgenden Tag an Flad:

»Geliebter Flad! Du wirst es so wenig fassen, als ich – der ichs seit gestern früh u. heut noch nicht begreifen kann.

Nicht möglich ists, nicht möglich, und dennoch hab ich Ihn mit eigenen Augen gesehen! August mein Bruder ist gestern früh an einem Nervenschlag plözl. gestorben. O Ihr glaubet nicht wie fürchterlich Alles geworden ist – Morgen früh wird er begraben. Jezt kommt mir vor, als wär ich nur um Seinetwillen auf diese Welt gekommen und müsse auch fort mit ihm. *Gar gar* nichts mehr weiß ich das mich ferner freuen kann. Und meine einzige süße Empfindung ist nur, immer daran zu denken, daß ich Ihn nicht mehr habe, sein freundliches liebes Gesicht gestern Abend zum leztenmal geküßt zu haben. Und meine Mutter – wird sie es noch weiter ertragen können? Sie schien nur an seiner Leiche an s. Bette noch leben zu wollen.

Morgens – ganz heiter – klagte er flüchtig über eine Dumpfheit in s. Kopf – gieng dann ans Geschäft in Keller; nach 1½ Minut. sah e. Knecht das Licht unten u. erhielt keine Antwordt mehr auf s. Rufen: wer drunten sey? – darauf fand man ihn sogleich rückwärts gelegt am Boden liegen – der Arzt war zufällig im Haus – man versuchte Alles Erdenkbare mit unglaublichem Eifer vergeblich...«

Mit einer an Sicherheit grenzenden Wahrscheinlichkeit hat der Siebzehnjährige sich das Leben genommen. Dem Apothekergehilfen waren die Mittel zugänglich. Pietät und Standesstolz werden es dem Amtsarzt leicht gemacht haben, dem Sohn seines Amtsvorgängers eine unverdächtige, wenn auch vage Todesursache zu attestieren. Es ist so gut wie sicher, daß zum mindesten Eduard und Luise die dunkle Wahrheit gekannt haben; wohl auch die Mutter, die eine starke Natur besaß. Ob der Kreis der Wissenden größer gewesen ist, bleibt ungewiß. Und wer davon wußte, schwieg.

Ludwig Bauer an Eduard Mörike: »Mein lieber guter Eduard, du Licht meiner Seele, an dich muß ich jetzt schreiben, laß uns allen Schmerz abstreifen und so lauter beisammenwohnen, wie dort an der Bronnenhütte, oder als uns Mozart das Totenlied unsers August sang. Sind wir doch nie ohne die Nähe finstrer Wolken uns an der Brust gelegen...« Der Brief nimmt dann, naheliegend genug, eine religiöse Wendung, setzt sich aber als ein Erzählbrief fort, wobei auch die Mitteilung nicht fehlt, Maria werde nun von Tübingen abreisen.

Flad hatte die Nachricht noch vor Eduards Mitteilung erhalten. Sein Brief ist ganz und gar geistlicher Trost. Eine Stelle daraus: »Bruder! weine nicht! Er hat den Lauf vollendet, bevor er den Kampf des Lebens gekämpft hat – als ein unschuldig Kindlein kommt er zum Heiland und ist daheim!«

Die Freunde standen ihm bei in jenen verdunkelten Sommerwochen. In einem Brief vom 1. September vertraut er sich Hartlaub an. Er habe seitdem noch keine wirklich gute Stunde gehabt, die Zeit ausgenommen, in der er seiner Schwester vorgelesen habe, etwa aus Justinus Kerner. Dann über seine Verbundenheit mit diesem Toten:

»Ich kann es wohl begreifen, wie weit ein jeder von Euch den Verlust empfindet, aber es weiß kein Einziger, – Niemand, – die Meinigen wissens nicht, Ich selber hab es sonst nicht so gewußt, wie *unaussprechlich schön* der Zußammenhang Seines Lebens war mit dem Meinigen! Jezt da es zerrissen ist merk ich villeicht erst daß es 2 Leben waren.

Nicht wahr Ich sah auch nie darnach aus als wenn ich ihn so lieb hätte? Ach Gott! Das ists eben! So natürlich, so ursprünglich theilhaft meines Wesens war es. Denket was ihr wollt, glaubts – oder nicht! aber ich muß mir und Ihm genug thun, indem ich heut, wie gestern und ehegestern *klar* zu mir selber – jezt es Euch sage: Es war *Niemand* auf Erden, den ich so lieben, den ich so lauter! so ganz zu *jeder* Zeit in d. Arm nehmen konnte, wie Ihn. Und ich weiß auch das, daß ich Niemals werde anders empfinden lernen.

Weißt Du noch? Verschmerzen werd ich diesen Schlag! Das weiß ich! Denn was verschmerzte nicht der Mensch? . . .«

Immer wieder ist der tote Bruder ihm im Traum erschienen. Im Dezember des Unglücksjahres berichtet er ausführlich davon in einem Brief an Luise. Er macht freilich anfangs die einschränkende Bemerkung: »Aber die eigentliche Atmosphäre eines Traums kann ja niemand schildern, und ich habe fast mehr nur noch den Eindruck des Ganzen als des Besonderen. Doch ist nicht der geringste Zug erdichtet.« Nun beginnt die Reihe der Traumbilder mit dem früh geliebten und auch über Peregrina nicht ganz vergessenen Klärchen, das sich im Traum genauso verhält, wie es in der Wirklichkeit zwischen diesen beiden stand: höchst ängstlich und unruhig mit einer bald niedergeschlagenen, bald freundlich-verlegenen Miene. Es zeigt sich ein dreifacher Regenbogen.

»Nachdem gerieth ich in ein fremdes großes Zimmer. Geisterangst summte in mir, ich fixirte eine finstere Stelle in der Luft, mit der gewißen Furcht, es müßte sich eine Geister-Erscheinung daraus entwickeln, wenn sich der Ort durch meine Aufmerksamkeit oder durch die Berührung mit meinem Dunstkreis angezogen fühle. So geschah es auch, es entstand eine unsichere Helle und – August wälzte sich in einem Bett. Da schwoll mein ganzes Wesen voll Geisterlust und unüberschwänglicher Innbrunst. Ängstlich führt ich meinen Mund an seine Wangen ob sie noch kalt wären, und fand sie halb kühle. Ich preßte ihn, noch halb ungläubig, tausend tausendmal an mich, und die Brust wollte mir springen – Fragen auf Fragen häuft ich, ohne ihn zur Antwordt kommen zu lassen. August aber blieb unbefangen, ruhig nach seiner Art, fand alles natürlich; dort merkt ich, daß er sich selber für einen Geist halte, und doch war ers wieder nicht, denn er stand nach seiner Äußerung in einer Art von Dienst, von Handthierung bey einem mir fremden Mann, dessen Karakter mir – aus der getäfelten Stuben zu schließen – wie der eines Schultheißen, und zwar zu Binningen vorkam. August schien durchaus nicht unglücklich. Sein Kopf, seine Bildung schien aber männlicher, gedrungener geworden zu seyn. Meine dringende Frage: Kommst Du wieder zu uns? ließ er zweifelhaft u. antwortete unverständlich. Auch fragt ich ihn nach der möglichen Heilung seiner Kopfwunde.

Da wacht ich mit nassen Wangen auf . . .«

In dieser Traumaufzeichnung fällt besonders auf die Erwähnung einer Kopfwunde. Bei aller gebotenen Vorsicht bei Traumdeutungen: ein Hinweis, daß Mörike die wahre Todesursache gekannt hat; wobei die Wunde als Symbol zu verstehen ist. Gegen Ende des Briefs liest man: »So kommen unzählige Träume, aber meist unbeschreiblich glückliche.« Und: »So auch von Kl.« Noch einmal das unvergessene Klärchen!

Ein halbes Jahr nach dem Tod des Lieblingsbruders folgt eine andere Begegnung mit dem Tode, nun eines zwar verwandten, aber ferner stehenden Menschen. Am 14. Februar 1825 stirbt der Tübinger Student Karl Christian Friedrich Mörike, ein Vetter. Angehörige des altwürttembergischen Sippengeflechts waren und sind mit Vettern und Basen reich gesegnet; die Beziehungen untereinander weisen von herzlicher Brüderlichkeit bis zur Gleichgül-

77

tigkeit alle Variationen auf. Dieser Vetter gehörte nicht zu Eduard Mörikes Freundeskreis, aber man kannte sich, besuchte sich. Der Vetter, von Eduard in den folgenden Briefen Karl genannt, war am 14. Februar gestorben. In der Nacht vom 15. auf den 16. hat Eduard gemeinsam mit Freund Buttersack die Totenwache gehalten. Er vertreibt sich die Zeit mit einem langen Brief an Luise:

»Ich weiß unter allen Umständen und Zeiten nichts erquikenderes zu thun als daß ich Euch, meine Geliebtesten schriebe, und thue es jezt, wo Veranlassung zu traurigen Empfindungen genug ist, um so lieber und werde mich ihrer um so kräftiger erwehren.

Hättest Du wohl gedacht, daß ich Deinen theuren Brief, meine Luise, heute schon in der bösen Luft, neben der Stube wo Karls Leiche liegt, lesen würde? Denn ich und der gute Buttersack wachen diese Nacht. Bis jezt ($^3/_4$ auf 2) haben wir gelesen, während B. zuweilen in dem Nebenzimmer, wo ein Licht brennt nachsieht . . .

Wenn ich die Umgebung dieser öden Stube ansehe, so kann ich in der That doch nicht sagen, daß ich daraus einen Schauder oder anhaltenden Schmerz zöge. Mein Eindruck ist abgestumpft bis auf eine Art, von augenblicklicher Verwunderung, wenn ich es von Neuem beym Wort fasse, daß Er drinnen wirklich todt liegt, oder daß ich mich seines Schreibzeugs, nunmehr eines fremden, bediene . . .«

Es wird ein weit schweifender Brief. Dann kehrt er zu seiner gegenwärtigen Umgebung zurück: »Buttersack ist eingeschlafen, die Arme und den Kopf auf dem Tisch, mir ist ganz wohl und frey zu Muth.« Dann spricht er von den Todesahnungen des Vetters:

»Zu Louis sagte er zuweilen ›Ich glaube nicht, daß ich diesen Winter noch überlebe, ich glaub es nicht.‹

Als er einige Bücher kaufte: ›Zwar Ich werd sie schwerlich mehr brauchen; im Grund kauf ich sie für meinen jüngern Bruder, der sie auch nöthig hat.‹

Am lezten Sonntag soll er noch in der Schloßkirche geweßen seyn, wo über d. Vorbereitung zum Tod gepredigt wurde.

Eine Pfeife Taback gieng ihm über Alles, es sey ihm innig wohl dabey geweßen . . .«

Wieder tröstet sich der Briefschreiber: »Ich habe meine Maultrommel in der Tasche und will sie jetzt hervorziehen; es wird mir wohl thun.«

In seinem nächsten Brief an Luise schildert er die Beerdigung des Vetters. Allein die Trauer eines Freundes hat ihn dabei ergriffen.

»Ich saß neben Carls bestem Freund, einem natürlichen, kräftigen u. schlichten Menschen, Schweizer mit Namen, von dem mir kürzlich ein Zug besonders rührend vorkam. An dem ersten Abend Seines Todes, wie ich zum zweitenmal die betrübte, von einem Licht schwach erhellte Stätte besucht habe, lag, bei meinem Eintreten, der Schweizer auf das Bette des Freundes hingestreckt, und unablessig seine Hände drückend seufzte er manchmal nur leise: Ach Gott! und manches was ich nicht verstehen konnte. Ein anderer, der außer mir und Buttersack noch allein in der Stube war, vermochte ihn nicht von dem Bett, worauf er schon lange lag, wegzubringen. Endlich als dieser ihn fragte, was er für ihre heutige Nachtwache zu Trinken holen lassen solle, erwiederte Schweizer: »Opium, ein Pfund –«

In älteren Zeiten wuchsen die Menschen mit der Erfahrung des Todes auf. Eduard Mörike hat als Kind wiederholt den Tod kleiner Geschwister erlebt. Das war natürlich. Ein starkes Erlebnis für den heranwachsenden Jungen war das Siechtum und das langsame Sterben des Vaters.

Der junge Mörike hat noch einmal den Tod eines ihm nahen Menschen erlebt. Am 31. März 1827 ist seine Schwester Luise gestorben. Sie war schwindsüchtig, kränkelte seit Jahren. Im Jahr 1826 schrieb sie in ihr Tagebuch: »Jene Ahnungen meines körperlichen Zustands haben sich nun fast vergewissert. Ich fürchte ach ich fürchte ein unheilbares Übel oder doch eine fortgesetzte Krankheit. Überzeugt daß mein gütiger Gott und Vater die Einrichtung nur zu meinem Besten getroffen hat, fühle ich mich dennoch oft zu schwach, auch diese Prüfung als das Einzige Mittel seiner erziehenden Liebe dankbar anzunehmen.«

Die Schwindsucht (Lungentuberkulose) war damals ungeheuer

verbreitet. Wenn die Natur sich nicht selbst half, vermochten die Ärzte so gut wie nichts. Die Kranken gingen langsam und vergleichsweise friedlich ihrem Ende entgegen. Luise und Eduard lebten in diesen letzten Monaten einander herzlich zugewandt. Dabei hat sich der Bruder nicht überbehutsam auf Zehenspitzen bewegt. In einem Brief vom Januar 1827 berichtet er von einer Tischgesellschaft und von einer adligen Dame: »Sie erinnerte mich sehr an Maria Meyer, nur daß sie allerdings um einige Mondscheinsfäden zärter ist.«

Ende März ging es mit der Schwester zu Ende, einem exemplarisch christlichen Ende. Eduard hat ihre nächste Freundin, Charlotte Späth, über die letzten Tage und Stunden unterrichtet. Am 29. März:

»Luise befindet sich heute ziemlich erträglich, obgleich schwach; wir alle sind großentheils gelassen, denn es scheint seit gestern ein Schritt abgethan, der einem jeden unter uns noch gefehlt haben muß, um dem guten Willen, ja sogar dem Bedürfniß zu Hülfe zu kommen, womit man alte Hoffnungen u. Wünsche endlich von sich abzulösen sich sehnte. Dazu war aber nöthig, daß Luise, die die stärkere ist, den Anfang machte. Sie äußerte sich nemlich gestern zum erstenmal ohne Einschränkung über die Entschiedenheit ihres Hingangs, und das mit einer natürlichen Ruhe, deren Einfluß sich niemand erwehren konnte. Man ist in solchen Augenblicken so über sich selbst und das Gewöhnliche hinausgehoben, daß wir selbst bei dem rührenden u. gar nicht wortarmen Abschied, den sie jedem der Reihe nach sagte, nicht allzuschwach waren.«

Es folgen bewundernde Worte über die Seelenkraft der Mutter. Weiter:

»Luise genoß gestern nach ihrem eigenen Wunsch mit vieler Freude das h. Abendmal. Das hatte für niemand etwas Schauerliches, sondern war ein Mahl der Liebe, zu dem ich selber große Lust gehabt hätte. – Der übrige Nachmittag war nun wie billig recht friedevoll; nicht als wäre etwas Außerordentliches geschehen; so auch heute; ich kann auf keinem Gesicht die Furcht vor etwas bevorstehendem Gräßlichen lesen, u. mir ist gar als sey vom Sterben nicht mehr die Rede, denn es sey schon geschehen.«

Auf ihrem Sterbebett hat die Schwester den Bruder auf sein Christentum geprüft.

»Hast Du auch einen Glauben an den Heiland E.? worauf ich leider nicht frisch weg antwordten konnte. Sie sagte dann weiter: nur diß gibt einem im Tode wahren Trost. Ich sehe jezt ein, daß selbst meine besten Handlungen Nichts geweßen sind. Ein andermal sagte sie (und rief mich dabey zu sich her) Komm her E! Ich möchte gern auch noch was von *Dir* hören. – Ich: Was kann denn Ich Dir noch sagen? – Sie: daß Du meine Liebe zu Dir im Leben nicht verkannt habest! –

Mir wurde es überhaupt in diesen Augenblicken unendlich schwer, mich ihr zu nähern, weil ich mir nie so unwürdig, als gerade jezt, ihr gegenüber vorgekommen bin. Eine ihrer lezten Äußerungen, war der mit schwacher Stimme gen Himmel gesprochene Vers: »Mach Herr ein seelig Ende –––– Gewiß zum Himmel ein.« Dieses »gewiß« tönt mir noch sonderlich unvergeßlich im Ohr, wie die Sylbe dabey so lang abgesezt war und die Stimme sich so trostvoll bey den lezten Worten neigte!«

LESEN UND DICHTEN

Das Studium der Theologie hat Eduard Mörike ohne Eifer betrieben. Eine Momentaufnahme, die er im Juli 1826 einem Brief an Mährlen vorangestellt hat: »Theologischer Hörsaal – messianische Weissagung – Sonnenschein außen – Schulschatten innen – Gestank – Gekritzel.« Ein lebendiges Verhältnis zum Griechischen und Lateinischen, Intelligenz und nicht zuletzt das Bewußtsein, daß er die Erwartungen der Mutter nicht enttäuschen dürfe, haben ihn, nicht ohne wiederholte Karzerstrafen wegen Faulheit, ins Kandidatenexamen und zu einem Abschluß dritter Güte geführt. Das auf den Beruf gerichtete Studium war eine lässig getane Pflicht. Seiner Berufung zum Dichter ist Mörike in dieser Stiftszeit unbeirrbar gefolgt.

Leselust und Spieltrieb sind Elemente seiner poetischen Entfaltung. Schon als Uracher Seminarist hat er, von Waiblinger klug beraten, aber auch aus eigener früh gewonnener Sicherheit heraus seine Lektüre gewählt; gelesen und immer wieder vorgelesen, im Freundeskreis, in der Familie.

Man kennt mit einiger Sicherheit die Bücher, die Mörike in der Klosterschulzeit und auf dem Stift gelesen hat; Gedichte, Romane, Memoirenwerke und Biographien, Dramen; vier literarische Bereiche – zu jedem hat dieser begierige Leser ein inniges Verhältnis gehabt. Wie viele, deren Werke er genoß, waren seine Zeitgenossen! Goethe vor allem, vor allen – und die Romantiker: Jean Paul, E. T. A. Hoffmann, Justinus Kerner, Tieck, Byron. Zeitgenosse war auch Johann Peter Hebel. Einer unlängst vergangenen Zeit gehörten Klopstock an, Herder und Schiller, der von Mörike sehr geliebte Hölty; Oliver Goldsmith, dessen berühmter Roman *The Vicar of Wakefield* in Übersetzung gelesen wurde; Lichtenberg. Aus der älteren Literatur haben Mörike zwei Dramatiker bewegt: Calderon und Shakespeare; die Begeisterung für Shakespeare kann mit der Wirkung verglichen werden, die in der Musik Mozart auf Mörike ausgeübt hat.

Einige Landsleute und Zeitgenossen: Hölderlin muß zuerst genannt werden. Von den Begegnungen, die Mörike Waiblinger verdankte, ist die Rede gewesen. Mörike hat Hölderlins Genie erkannt. Hölderlins Werk hat ihn sein Leben hindurch immer wieder beschäftigt. Justinus Kerner war ihm vertraut; begegnet sind sie sich erst später, zur Cleversulzbacher Zeit. Kerners Gedichte waren ihm bekannt, aus Kerners Prosa hat Mörike besonders gern vorgelesen. Sein Verhältnis zu Uhland läßt sich am besten mit Hochachtung bezeichnen.

> Drum wollen wir den milden Hebel wählen,
> Ich hab ihn heute unversehns gefunden;
> Soll er uns nicht etwas in der gesunden
> Und lieben Bauernsprache vorerzählen?

Eine Vorlese-Empfehlung, im Uracher Seminar an Hartlaub gerichtet. Wie mag es geklungen haben, wenn die jungen Schwaben das bei aller Verwandtschaft so andersartige Alemannische vortrugen?

Dieser Hinweis auf Hebels *Alemannische Gedichte,* die in Württemberg gewiß nicht allgemein bekannt waren, erinnert an die innige Sympathie, mit der Goethe diese Poesie begrüßt hat. »Heiterkeit des Himmels, Fruchtbarkeit der Erde, Mannigfaltigkeit der Gegend, Lebendigkeit des Wassers« – so Goethe in seiner berühmten Rezension. Wie nahe verwandt ist das der Betrachtungsweise Mörikes!

»Goethe unser Größter« liest man bereits in einem Brief Mörikes an Waiblinger aus der Uracher Zeit. Wir besitzen ein einzigartiges Dokument für Mörikes Goethe-Verwandtschaft in einem Brief, aus dem wir, wenige Jahre vorausgreifend, zitieren wollen. Ein Bericht von einer vergnüglichen Reise durchs Oberland vom 7. Mai 1829, an Mährlen. Man ist in Zwiefalten zur Übernachtung eingekehrt, der Reisekamerad schnarcht bereits, als dem Dichter (»da zeigte mir der Satan . . .«) ein Band des Briefwechsels Goethes mit Schiller in die Hände kommt, den er mit sich führte:
»Das tolle Büchlein klebte aber in meinen Händen fest – seine Blätter flogen eilig, wie besessen von der Rechten zur Linken, ich

stand bald mitten in heiliger klassischer Atmosphäre, las endlich sachte und sachter, ja ich hielt den Atem an, die ruhige, tiefe Fläche nicht zu stören, in deren Abgrund ich nun senkrecht meinen Blick hinunter ließ, als dürfte ich die Seele der Kunst anschauen. Einmal blick' ich auf und verliere mich in eigenem Nachdenken. Das Licht war tief herabgebrannt; ich putzte es nicht. Mein Kopf war aufs äußerste angespannt – meine Gedanken liefen gleichsam auf den Zehenspitzen, ich lag wie über mich selbst hinausgerückt und fühlte mich neben aller Feierlichkeit doch unaussprechlich vergnügt. Statt mich niederzuschlagen, hatte der Geist dieser beiden Männer eher die andere Wirkung auf mich. Gar manche Idee – das darf ich Dir wohl gestehen – erkannte ich als mein selbst erworbenes Eigentum wieder, und ich schauderte oft vor Freuden über seiner Begrüßung. Zuletzt geriet meine Phantasie auf ganz fremde Abwege; ich durchlief die benachbarten Zellen des Irrenhauses und wühlte in der nächtlichen Fratzenwelt ihrer Träume . . .«

Und: »Es war zwei Uhr, als mein Licht herabsank.« Am nächsten Tag in der Postkutsche wird die Lektüre fortgesetzt. Der Kutscher, unsicher über den Weg: »Wo sind wir? In Weimar, dacht ich.« – Der Adressat dieses Briefes, Mährlen, hatte dem Freund den eben erschienenen Briefwechsel besorgt; er hatte ihn auch selbst redigiert. Ein Jahr später gesteht Mörike, daß er den Briefwechsel fünfmal »durchgemacht« habe: »Es wird wohl kaum einen redlicheren, dankbareren Leser gegeben haben als mich.« Mörikes Freude, eigene Gedanken in manchen Briefstellen wiederzufinden! Da in diesem berühmten Briefwechsel zwei Ebenbürtige im Gespräch miteinander sind, ist Mörikes Begeisterung auch eine Annäherung an Schiller. Er hat sich auch für dessen Briefwechsel mit Wilhelm von Humboldt interessiert. Unter Schillers Werken stand ihm der *Wallenstein* am höchsten.

Unter des Dichters vielfältigen literarischen Neigungen ist besonders merkwürdig die Vorliebe für Lichtenberg, der im 18. Jahrhundert Professor der Naturwissenschaft in Göttingen war. Als Naturwissenschaftler tüchtig, in seinen physiognomischen Arbeiten originell, war er ein Briefschreiber von hohem Rang und, vor Nietzsche, der genialste deutsche Aphoristiker, dessen scharfer

Witz nicht selten mit einer Prise Bosheit gewürzt war. »Einer, dessen treffende Wortwahl wir kennen« schreibt schon der Stiftler. »Mein über Alles werter Lichtenberg« heißt es später, auch einmal »Mein alter Heiliger im Zopf«. Als der Onkel Georgii etwas geringschätzig über ihn urteilt – »ein witziger Kopf und weiter nichts! Hat Karikaturen geschrieben« –, ärgert sich Mörike, daß es ihn »am ganzen Leib schüttelt«.

Bei den belesenen Jünglingen war der Drang nach dramatischer Gestaltung nahezu eine Begleiterscheinung der Pubertät; zu der Zeit, als Mörike jung war und noch bis über die Schwelle unseres Jahrhunderts. Niemand hat gezählt, wie viele Hohenstaufendramen von schwäbischen Gymnasiasten, Seminaristen, Stiftlern in ihrem Zweck entfremdete Hefte geschrieben worden sind ... In Mörikes Freundeskreis war der ungestüme Waiblinger unerschöpflich, in seligem Taumel seine Dramen hinwerfend – und ernüchtert, wenn er am Ende sah, was daraus geworden war. Mörike hat da keine Ausnahme gemacht. Während der Peregrina-Krise schreibt er der Schwester: »Ich habe gefunden, daß vor Allem eine weitläuftigere Dichtung not tut ... in jedem Fall beginn ich ein Trauerspiel zu schreiben ... Aber sage niemand etwas!« Und vier Jahre später an Bauer: »Ich wünsche mir vor der Hand ... einen Theater-Stoff, an dem ich in Einem raschen Zug fort schaffen könnte ... Weißt Du mir nichts? Mache mir einen Vorschlag! Aber bald!« Darauf der Freund: »Ich weiß Dir keinen besseren Gegenstand, als den Don Juan de Austria«, also den Sohn Kaiser Karls V. und der Regensburgerin, den Sieger von Lepanto; Bauer verspricht sich vor allem von der Begegnung des jungen Helden mit seinem Halbbruder Philipp einen Shakespearschen Effekt. Mörike hat den Stoff nie angerührt.

Es ist der einzige dramatische Wurf, den er ernstlich gewagt hat, der Orplid-Schwärmerei entsprungen, an der Bauer so innig beteiligt war: *Der letzte König von Orplid.* Ein dramatischer Wurf? Doch wohl nicht ganz, aber ein hinreißend poetisches Spiel. Der geliebte und bewunderte Shakespeare wird beschworen, aber mit einer eigenwüchsigen dichterischen Kraft. Ulmon, der letzte König, der vom Tod Vergessene:

»Still, sachte nur, mein Geist; gib dich zur Ruhe!
Lagst mir so lang in ungestörter Dumpfheit,
Hinträumend allgemach ins Nichts dahin,
Was weckt dich wieder aus so gutem Schlummer?
Lieg stille nur ein Weilchen noch!
   Umsonst! umsonst! es schwingt das alte Rad
Der glühenden Gedanken unerbittlich
Sich vor dem armen Haupte mir!
Will das nicht enden? mußt du staunend immer
Aufs neue dich erkennen? mußt dich fragen,
Was leb ich noch? was bin ich? und was war
Vor dieser Zeit mit mir? – Ein König einst,
Ulmon mein Name; Orplid hieß die Insel;
Wohl, wohl, mein Geist, das hast du schlau behalten;
Und doch mißtrau ich dir; Ulmon – Orplid –
Ich kenne diese Worte kaum, ich staune
Dem Klange dieser Worte – Unergründlich
Klaffts dahinab – O wehe, schwindle nicht!
   Ein Fürst war ich? So sei getrost und glaub es.
Die edle Kraft der Rückerinnerung
Ermattete nur in dem tiefen Sand
Des langen Weges, den ich hab durchmessen;
Kaum daß manchmal durch seltne Wolkenrisse
Ein flüchtges Blitzen mir den alten Schauplatz
Versunkner Tage wundersam erleuchtet . . .«

Ein anderer König Lear.

Shakespearisch ist auch, wie das Rüpelspiel die Tragödie durch-
wirkt und umrankt, und zugleich urachisch und tübingisch; Wispel und Bruchrucker, spaßige Figuren, mit denen diese schwäbischen Jünglinge einander neckten, die in ihren Briefen spukten –
auch der Sichere Mann ist darunter. Eduard Mörike war nicht zum
Dramatiker geboren; er mußte nicht alt werden, um das einzuse-
hen. Die Liebe zum Theater ist ihm geblieben, die mimische Begabung, die ihn zu einem so überaus lebendigen Vorleser machte.

Einige der schönsten Gedichte davon sind schon dem Stiftler
zugefallen. Drei Gedichte des Neunzehnjährigen: »Nächtliche

Fahrt« (»Jüngst im Traum ward ich getragen über fremdes Heide-
land«), ein früher Reflex seiner Liebe zu Maria, aber nicht unter
die Peregrina-Lieder aufgenommen; »Tag und Nacht« (»Schlank
und schön ein Mohrenknabe«); und »Der Feuerreiter«:

Sehet ihr am Fensterlein
Dort die rote Mütze wieder?
Nicht geheuer muß es sein,
Denn er geht schon auf und nieder.
Und auf einmal welch Gewühle
Bei der Brücke, nach dem Feld!
Horch! das Feuerglöcklein gellt:
  Hinterm Berg,
  Hinterm Berg
Brennt es in der Mühle!

Schaut! da sprengt er wütend schier
Durch das Tor, der Feuerreiter,
Auf dem rippendürren Tier,
Als auf einer Feuerleiter!
Querfeldein! Durch Qualm und Schwüle
Rennt er schon, und ist am Ort!
Drüben schallt es fort und fort:
  Hinterm Berg,
  Hinterm Berg
Brennt es in der Mühle!

Der so oft den roten Hahn
Meilenweit von fern gerochen,
Mit des heilgen Kreuzes Span
Freventlich die Glut besprochen –
Weh! dir grinst vom Dachgestühle
Dort der Feind im Höllenschein.
Gnade Gott der Seele dein!
  Hinterm Berg,
  Hinterm Berg
Ras't er in der Mühle!

Keine Stunde hielt es an,
Bis die Mühle borst in Trümmer;
Doch den kecken Reitersmann
Sah man von der Stunde nimmer.
Volk und Wagen im Gewühle
Kehren heim von all dem Graus;
Auch das Glöcklein klinget aus:
   Hinterm Berg,
   Hinterm Berg
Brennts! –

Nach der Zeit ein Müller fand
Ein Gerippe samt der Mützen
Aufrecht an der Kellerwand
Auf der beinern Mähre sitzen:
Feuerreiter, wie so kühle
Reitest du in deinem Grab!
Husch! da fällts in Asche ab.
   Ruhe wohl,
   Ruhe wohl
Drunten in der Mühle!

Die Romanze ist im Sommer 1824 unter freiem Himmel aufs Papier geworfen worden, in Tübingen, beim Philosophenbrunnen.

Noch zwei seiner berühmten Gedichte sind in der Stiftszeit entstanden. »An einem Wintermorgen, vor Sonnenaufgang« – seit dem glücklichen Einfall von Hermann Kurz, der ihn bei der ersten Edition beriet, steht dieses Gedicht am Anfang fast aller Sammlungen von Mörike-Gedichten.

O flaumenleichte Zeit der dunklen Frühe!
Welch neue Welt bewegest du in mir?
Was ists, daß ich auf einmal nun in dir
Von sanfter Wollust meines Daseins glühe?

Einem Kristall gleicht meine Seele nun,
Den noch kein falscher Strahl des Lichts getroffen;

Zu fluten scheint mein Geist, er scheint zu ruhn,
Dem Eindruck naher Wunderkräfte offen,
Die aus dem klaren Gürtel blauer Luft
Zuletzt ein Zauberwort vor meine Sinne ruft.

Bei hellen Augen glaub ich doch zu schwanken;
Ich schließe sie, daß nicht der Traum entweiche.
Seh ich hinab in lichte Feenreiche?
Wer hat den bunten Schwarm von Bildern und Gedanken
Zur Pforte meines Herzens hergeladen,
Die glänzend sich in diesem Busen baden,
Goldfarbgen Fischlein gleich im Gartenteiche?

Ich höre bald der Hirtenflöten Klänge,
Wie um die Krippe jener Wundernacht,
Bald weinbekränzter Jugend Lustgesänge;
Wer hat das friedenselige Gedränge
In meine traurigen Wände hergebracht?

Und welch Gefühl entzückter Stärke,
Indem mein Sinn sich frisch zur Ferne lenkt!
Vom ersten Mark des heutgen Tags getränkt,
Fühl ich mir Mut zu jedem frommen Werke.

Die Seele fliegt, soweit der Himmel reicht,
Der Genius jauchzt in mir! Doch sage,
Warum wird jetzt der Blick von Wehmut feucht?
Ists ein verloren Glück, was mich erweicht?
Ist es ein werdendes, was ich im Herzen trage?
– Hinweg, mein Geist! hier gilt kein Stillestehn:
Es ist ein Augenblick, und Alles wird verwehn!

Dort, sieh, am Horizont lüpft sich der Vorhang schon!
Es träumt der Tag, nun sei die Nacht entflohn;
Die Purpurlippe, die geschlossen lag,
Haucht, halbgeöffnet, süße Atemzüge:
Auf einmal blitzt das Aug, und, wie ein Gott, der Tag
Beginnt im Sprung die königlichen Flüge!

Die Naturerfahrung, aus der Mörikes Gedichte leben, ist hier ins Kosmische gesteigert. Merkwürdig genug, daß diese Wintermorgen-Vision im Sommer geschrieben wurde.

Auch der »Gesang zu Zweien in der Nacht« geht noch großenteils in die Tübinger Zeit zurück, die Strophen nämlich, die »Sie« sagt; diese Verse stehen schon in einem fragmentarischen Prosatext »Spillner«, einem Studentenscherz des Stiftlers. Das ergänzte, das ganze Gedicht findet sich dann im *Letzten König von Orplid*: Er der alte König Ulmon, Sie Thereile, die junge Feenfürstin.

Sie: Wie süß der Nachtwind nun die Wiese streift,
Und klingend jetzt den jungen Hain durchläuft!
Da noch der freche Tag verstummt,
Hört man der Erdenkräfte flüsterndes Gedränge,
Das aufwärts in die zärtlichen Gesänge
Der reingestimmten Lüfte summt.

Er: Vernehm ich doch die wunderbarsten Stimmen,
Vom lauen Wind wollüstig hingeschleift,
Indes, mit ungewissem Licht gestreift,
Der Himmel selber scheinet hinzuschwimmen.

Sie: Wie ein Gewebe zuckt die Luft manchmal,
Durchsichtiger und heller aufzuwehen;
Dazwischen hört man weiche Töne gehen
Von selgen Feen, die im blauen Saal
Zum Sphärenklang,
Und fleißig mit Gesang,
Silberne Spindeln hin und wieder drehen.

Er: O holde Nacht, du gehst mit leisem Tritt
Auf schwarzem Samt, der nur am Tage grünet,
Und luftig schwirrender Musik bedienet
Sich nun dein Fuß zum leichten Schritt,
Womit du Stund um Stunde missest,
Dich lieblich in dir selbst vergissest –
Du schwärmst, es schwärmt der Schöpfung Seele mit!

Liegt es an der Entstehungsgeschichte dieses Wechselgesangs oder hat es einen anderen Grund, daß die schönsten Worte der Frau in den Mund gelegt sind?

Im Oktober 1826 kommt Mörike mit einem Zeugnis dritter Klasse durchs Kandidatenexamen. Das Stift liegt hinter ihm; vor ihm die Aussicht auf den Pfarrberuf, eine von Zweifeln getrübte Aussicht. Nur eins war gewiß: daß er ein Dichter war.

RUHELOSE JAHRE

Der Pfarrgehülfe

Zwischen dem Kandidatenexamen und der endgültigen Anstellung im Kirchendienst lagen für jeden angehenden Geistlichen Jahre des Vikariats bei Pfarrern, die aus welchen Gründen immer eines »Pfarrgehülfen« bedurften. Der Vikar hatte im Pfarrhaus ein eigenes heizbares Zimmer zu beanspruchen, »gute Kost, wie sie der Geistliche mit seiner Familie genießt, freie Wäsche, Beleuchtung ... An Getränk gebührt dem Vikar ein halber Schoppen Wein oder ein halb Maß Bier oder der Geldbetrag dafür« *(Handbuch für die evangelischen Geistlichen Württembergs von 1843).* Das Jahresgehalt betrug je nach der Güte der Pfarrei zwischen 70 und 100 Gulden jährlich (umgerechnet ungefähr 1000 und 1500 DM); auf Kasualien (Stolgebühren) hatte der Vikar keinen Anspruch. Der Anforderung eines Pfarrgehülfen wurde vom Konsistorium in der Regel ohne kritische Prüfung der Gründe entsprochen; der Grund mochte der Umfang der Amtsgeschäfte sein oder Kränklichkeit des Pfarrherrn; manchmal brauchte er lediglich einen Hauslehrer für seine heranwachsenden Kinder und schob andere Gründe vor.

Im Prinzip hatte der Vikar, zumal auf dem Dorf, eine angesehene Stellung. Im Ort war er neben dem Pfarrer, neben Schultheiß und Schulmeister Respektsperson. Je nach Persönlichkeit und Umständen konnte aber der Pfarrgehülfe eine recht klägliche Figur abgeben. Im Jahr 1835 erschienen »Scenen aus dem Leben eines jungen Geistlichen«, zwölf lithographierte Blätter, derbe Karikaturen. Auf einem Blatt sieht man die hagere, gebückte Gestalt neben einem elenden Karrengaul, der das armselige Gepäck führt – Hogarth ins Württembergische übertragen. Dazu der Vers:

> Nun zieht mit Sack und Pack er ein,
> Leicht ist's zu transportieren,
> Den einzgen Koffer eng und klein
> Ein magres Pferd kann führen.

Apostolorum pedibus
Kommt er daneben her zu Fuß
Durchs Dorf mit sanften Tritten
Demütig angeschritten.

In den Erzählungen der 1817 geborenen Ottilie Wildermuth aus schwäbischen Pfarrhäusern – man erwartet Behagliches, Erbauliches, Betuliches – kann man bisweilen Erstaunliches lesen:

»Als eines Tages der Pfarrer nach dem Nachtessen abermals verschwunden war, begann die Pfarrerin ganz zutraulich: ›Herr Vikar, ich höre, Sie verstehen sich auf die Physiognomien und sehen den Leuten an, wie lange sie noch leben werden.‹ Der Vikar gab zu, daß er sich hie und da damit befaßt und namentlich bei Kranken oft einen richtigen Blick gehabt habe. ›Nun, meinen Sie, daß ich oder mein Mann zuerst sterben werde?‹ Als der Vikar, erstaunt über eine so ruhig gestellte Frage dieser Art aus dem Munde einer Gattin, die Antwort schuldig blieb, fuhr sie mit schauerlicher Gelassenheit fort: ›Sehen Sie, ich und mein Mann haben gar nie zusammen gepaßt; ich hätte ihn nicht genommen, wenn mir's nicht um einen eignen ’Unterschlauf‘ (Obdach) zu tun gewesen wäre. Seit wir verheiratet sind, hat er mich nur erzürnt: wenn ich fett koche, will er mager essen; habe ich eingeheizt, sperrt er die Fenster auf; will ich Bohnen pflanzen, pflanzt er Haselnüsse. Ich ärgere mich nun schon lange nicht mehr; aber ich muß oft denken, es wäre fast am besten, wenn der liebe Gott eins von uns zweien zu sich nähme, ich könnte dann nach Nürtingen ziehen.‹ Der Vikar, der nicht wußte, ob er über diese gottergebene Ehefrau lachen oder weinen solle, zog sich aus der Sache so gut er konnte und meinte, der Herr Pfarrer sehe noch sehr robust aus; doch habe man freilich Exempel, daß auch die kräftigsten Leute schnell wegsterben usw.«

Von der Wildermuth, die sich in Pfarrhäusern auskannte, erfährt man mancherlei über die Vikare. Daß sie, wenigstens im Prinzip, gesellschaftlich geachtet waren, verrät eine Szene, wo die Pfarrfamilie zum Frühstück ihre Milchsuppe löffelt, während dem Vikar der Kaffee auf sein Zimmer serviert wird (den Kaffee muß man sich freilich schlimmenteils als Gebräu aus heimischen Gewächsen wie Gerste und Zichorie oder gar Eicheln vorstellen). Waren in der Pfarrfamilie mannbare Töchter, so umgab den Vikar die Aura des möglichen Schwiegersohns ...

Von Dezember 1826 bis Juni 1834 hat Mörike in zehn Gemeinden als Pfarrgehülfe gedient – die erste Stelle in Oberboihingen nicht gerechnet, die er zwar angetreten, aber nach wenigen Tagen für so beschwerlich befunden, daß er sofort seine Versetzung erbeten hat. Der Pfarrer von 80 Jahren sei so viel wie ein Kind und auf dem Vikar liege die ganze Flut von Geschäften – so klagt er in einem Brief an Mährlen. Wider Erwarten wurde seinem Gesuch prompt entsprochen. Möhringen auf den Fildern ist die nächste Station, eines der wohlhabendsten Dörfer im Land; im Pfarrhaus hatte ein halbes Jahrhundert zuvor Philipp Matthäus Hahn, Pietist und weltberühmter Uhrenbauer, gewirkt. Hier richtet sich der junge Vikar zum Bleiben ein, mit einer Menagerie von mehr als einem Dutzend Vögel – ein Star, drei Wachteln, Singvögel. Er hatte dem Sohn des Hauses Unterrichtsstunden zu geben und blieb von Amtsgeschäften ziemlich verschont. Im Mai, als der Sohn das Haus verließ, zeigte Pfarrer Gmelin der Behörde an, er benötige nun keinen Vikar mehr. Mörike hatte sich im Haus und besonders im Garten wohl gefühlt – nun nahm man Abschied, »uns allen stund das Wasser in den Augen« (an Hartlaub). – In die Möhringer Zeit fiel der Tod der Schwester.

Er hätte es nicht besser treffen können als mit dem folgenden Vikariat in Köngen. Sein erster Brief von dort, an Hartlaub, atmet Wohlgefühl. »Die Gegend, die Leute im Haus – alles ganz ander und feiner Korn als in dem Möhringen.« Und: »Ein edler Begriff von Ordnung, Reinlichkeit und Bequemlichkeit begegnet einem schon unten im HausÖhrn an der Stiege ...« Vom hochgelegenen Haus der schönste Blick auf »den ganz nahen Neckar in geschmeidigen glänzenden Krümmungen« und die große blaue Gebirgskette der Alb. Der Pfarrherr ein ganzer Mann (nebenher Musicus und Mechanicus): »Von welcher Materie auch die Rede sey, so ist er ein Gefäß das ächten Wein von sich gibt, wo man es anbohrt.« Hier ist der Vikar in kirchliche Pflichten eingespannt, ohne überlastet zu sein. Im Juni hält er sieben Predigten – Zufriedenheit oder gar Freude erwächst ihm nicht daraus. Trotz der wohltuenden Atmosphäre wachsen die Zweifel an seiner Berufung zum Pfarramt. In seinem Pfarrherrn hat er, als er ihm sein Herz ausschüttete, einen verständnisvollen und väterlich-gütigen Zuhörer gefunden. Von Mörikes Ausstiegsanstrengungen wird noch eingehend zu berichten sein. Sie führten einstweilen zu einer Unterbrechung des Vikariats, die über ein Jahr gedauert hat.

Erst im Februar 1829 wird das abgerissene Band wieder geknüpft. »Ich für meine Person weiß nichts, als bei der Kirche bleiben« heißt es nun wieder (Brief an Mährlen), eher resigniert als überzeugt. Pflummern, einer kleinen Diasporagemeinde in der stockkatholischen Gegend um Zwiefalten, ist er als Pfarrverweser zugewiesen. Von dem armseligen Kirchlein (es wurde nach seinem Weggang als baufällig abgerissen) und dem nicht weniger armseligen Pfarrhaus sah man hinaus ins Donautal und hinüber zum Bussen, dem heiligen Berg Oberschwabens. Sein Aufziehen in diesem Wirkungsbereich schildert Mörike in einem Brief an die Mutter: »...das Haus lotterleer ... Es fehlte mir an allem ... Indessen hab ich doch eine eigene warme Stube; Holz wurde heut gekauft; das Essen laß ich mir regelmäßig bringen. Mein Zimmer ist die Studierstube des vorigen Pfarrers ... ich zog mich gerne von dem öden obern Stock in den kleinern Raum zurück; mein Arbeitstisch steht neben meinem Bette.« Und: »Noch bin ich ein ängstlicher Fremdling in allen diesen entsetzlichen Kirchenbüchern, Konventsgeschichten, Kassenrechnungen u.s.w. und werde es vielleicht so lang bleiben, als an meinen Sohlen noch das Packstroh klebt, das in großer Menge von dem Abzug meines Vorgängers noch vorm Haus liegt.«

Nach einem Vierteljahr erfolgt die Versetzung nach Plattenhardt auf den Fildern (3½ Stunden südlich Stuttgart, laut Oberamtsbeschreibung). Diese Versetzung hat Folgen gehabt; sie hätte Eduard Mörikes Lebensweg bestimmen können.

Der Pfarrer von Plattenhardt hieß Rau und hatte eine Tochter Luise. Am 27. Mai 1829 trat Mörike seinen Dienst an. Am 14. August, in der Laube des Pfarrgartens, verlobte er sich mit

Luise. Es kam eine Zeit, in der Eduard Mörike dieses Mädchen mit Briefen überschüttet hat, die zu den schönsten zählen, die in deutscher Sprache geschrieben sind. Nach vier Jahren sollte die Sache ein Ende haben.

Aus jener Zeit einige Zeilen aus einem Brief von Bauer, der einen Besuch in Plattenhardt gemacht hatte, an Hartlaub: »Die Pfarrerin hatte unsere Betten zusammengerückt, und nun ließ sich Eduard, während wir beide unsre Pfeifen zum Bette herausstreckten, bis nachts 1 Uhr fort und fort in Witzen aus; er scheint mir womöglich noch lebendiger und geistreicher als früher zu sein. O diese Nacht, sagte er: es ist kaum soviel dunkel in ihr als in einem Elfenarsche.«

Mörikes nächste Pfarrgehülfenstelle war Owen (sprich Auen), am Albtrauf unter der Teck gelegen. Das Glück, das er in Plattenhardt glaubte gefunden zu haben, erwärmte seine beiden Lebenskreise, den beruflichen und den schöpferischen. Da für ihn feststand, daß er ein Pfarrerstöchterlein heimführen werde und daß dieses »heim« wohl ein Pfarrhaus bedeuten müsse, war sein Widerwillen gegen die Amtsgeschäfte gedämpft. Nur beiläufig entschlüpfen ihm Seufzer. So in einem Brief an den Bruder Adolf, der damals eine Schreinerlehre machte: »Ich kann mir Dich übrigens gar nicht anders als an Deiner guten Hobelbank denken, und dann etwa noch am Essen, wacker zugreifend. Weiß Gott! ich wünschte mir ein solches Abendessen auch einmal durch solche Arbeit zu verdienen!« (Eine Sehnsucht nach tüchtiger Handwerksarbeit klingt bei ihm immer wieder leise an.)

Mörike, der gern gezeichnet hat, ohne geradezu die Meisterschaft in diesem Fach anzustreben, hat seine Vikarsstube im Owener Pfarrhaus präzis abgezeichnet: ein geräumiges altertümliches Gemach mit einem bildgeschmückten eisernen Ofen (Wasseralfinger oder Königsbronner Herkunft); Bett, vier Stühle von guter Form, ein Tisch mit dem Schreibkasten darauf, ein Tisch mit dem einfachsten »Waschlavor«, Wandbretter mit Büchern. In dieser Stube wurde der *Maler Nolten* geschrieben; die Arbeit an diesem Roman, anfangs vom Dichter Novelle genannt, hat Mörike Jahre beschäftigt; in seiner frühen Form ist er größtenteils ein Produkt der Owener Zeit. Die Amtsgeschäfte waren zwischen Pfarrer, Helfer und Pfarrgehülfen verteilt, und Mörike hat hier seinen Beitrag ohne vernehmliches Murren geleistet. Es war eine angenehme Atmosphäre im Pfarrhaus.

Im Hochsommer des Jahres 1831 ist Mörike, zum Einzug von seiner Verlobten begleitet (– hat sie das Pfarrhaus mit den Augen der künftigen Pfarrfrau betrachtet?), als Pfarrverweser in Eltingen bei Leonberg aufgezogen. Aber Eltingen erwies sich als eine Durchgangsstation. Nach einem knappen halben Jahr erfolgte die nächste Versetzung.

Ochsenwang war (und ist) ein kleines Dorf, auf einem Sporn der Albhochfläche gelegen. Nach Westen, Norden und Osten senkt sich das Gebirge steil hinab. Das Klima ist rauh, die Aussicht bezaubernd. »Es fehlte wenig, so könnt ich mir einbilden, ich sitze auf dem Hospitium von Sankt Bernhard in einer warm geheizten Zelle oder im Knopf eines Münsters, nur daß ich nicht über die Plattform hinaussehe. Aber dem Reiher, dessen luftgewiegte Brust sich einer ganzen Welt mächtig fühlt, wenn er sich nun auf sein Felsennest niederläßt, muß es sein wie mir!« So schreibt Eduard an Luise, am zweiten Tag seines Aufenthalts dort oben, am 22. Januar 1832. Merkwürdig, wie ihm dieses stille Bergnest von Anfang an zusagt. »So rein, so zärtlich, so kinderfroh kommt mir Alles, komm ich mir selber vor! Noch hab ich nicht die deutlichste Vorstellung von der Gegend und dem Dorf, das mich umgibt: ich kenne eigentlich nur diese hellen geweißten Stübchen, die sich mir schon ganz zu eigen gemacht haben, und die nächste Aussicht von den Fenstern; ich weiß nur, daß ich unter treuherzigen, zutrauensvollen Menschen wohne, die ich, wie eine kleine Herde, bald werde überzählt haben . . .« Hier klingt etwas an, was bei ihm so selten ist: die Freude am Pfarrberuf: »Das hiesige Kirchlein mußt Du sehn; es ist ganz der Pendant vom Pfarrhaus, reinlich und rührend klein, wie von Kinderhänden aufgestutzt. Ich brauche nur gelassen zu reden, so heißt das schon die Stimme erhoben. In der Kinderlehre hatt ich mein wahres Vergnügen; gewiß bin ich doch schon bei mancher Gemeinde herumgekommen, aber so prompte und frische Antworten hörte ich nirgend.«

Freilich, eine solche Hochstimmung konserviert sich nicht durch zwanzig Monate. Die Bergluft erweist sich nicht immer als heilsam, die Verlorenheit des kleinen Dorfs ist kein stetiger Quell der Zufriedenheit. Im Ganzen aber gilt das Ovid-Wort »bene qui latuit bene vixit« (Glücklich gelebt hat, wer im Verborgenen lebte), das Mörike unter eine kleine Zeichnung von Pfarrhaus und Kirche geschrieben hat.

Nirgends sonst in jenen Jahren ist er den Alltags- und Feiertagspflichten des Amts so gewissenhaft nachgekommen wie hier; Sympathie für den Ort, Gegenwart der Mutter, die zu ihm gezogen war, nicht zuletzt der bescheidene Umfang seiner Gemeinde, die Überschaubarkeit der Geschäfte haben dazu beigetragen. Sonntagspredigt und Kinderlehre (an einem Junitag im Amtskalender vermerkt »eingestellt wegen Mangel an Kindern« – die waren sämtlich im Heuet); Registratur, Verkündigungsbuch, Abrechnungen (auch über die dargebrachten Opfer, die meist wenige Kreuzer zählten). Dann diese spezifisch württembergische Einrichtung des Kirchenkonvents, eines örtlichen geistlich-weltlichen Gerichts, das Verstöße gegen die guten Sitten zu untersuchen und zu rügen hatte; da sah man denn auch in der »kleinen Herde« Böcke springen.

Urteil der Kirchheimer Superintendenz über den Pfarrverweser Mörike, vom November 1833: »Er besitzt außer seinem Berufsfache auch eine aesthetische Bildung von hohem Grade. Seine Vorträge – die er vor sich liegen zu haben scheint – sind durchdacht, verraten richtigen psychologischen Blick – die Sprache ist edel – die körperliche Haltung frei und Ernst und Leben verbinden sich mit guter Declamation, die durch männlichen Ton gehoben wird. Er ist pünklich in seinen kirchlichen Geschäften, und die Gemeinde ist mit ihm zufrieden. Er wandelt untadelhaft, und kleidet sich anständig.«

So viel zu den Amtsgeschäften. Und es ist gewiß kein Zufall, daß einige seiner nicht zahlreichen religiösen Gedichte in Ochsenwang entstanden sind: »Jesu, teures Licht«, »Jesu benigne«, vor allem der »Kirchengesang« zum Neuen Jahr:

Wie heimlicher Weise
Ein Engelein leise
Mit rosigen Füßen
Die Erde betritt,
So nahte der Morgen.
Jauchzt ihm, ihr Frommen,
Ein heilig Willkommen,
Ein heilig Willkommen!
Herz, jauchze du mit!

In Ihm sei's begonnen,
Der Monde und Sonnen
An blauen Gezelten
Des Himmels bewegt.
Du, Vater, du rate!
Lenke du und wende!
Herr, dir in die Hände
Sei Anfang und Ende,
Sei alles gelegt!

Im Herbst 1833 ging die Ochsenwanger Zeit zu Ende, und damit faktisch sein Vikariat. Es folgt noch ein kurzer Dienst als Diakonatsverweser in Weilheim; Familiengram, Geldsorgen, vor allem der Bruch des Verlöbnisses mit Luise Rau haben diese Zeit verfinstert. Es folgen kurzatmige Verwesereien in Owen (wieviel glücklicher war er dort fünf Jahre zuvor!) und in Ötingen.

Alles, nur nicht Geistlicher!

Im ersten Jahr des Pfarrgehülfendienstes wurde Mörike von einem tiefen Widerwillen gegen den geistlichen Beruf ergriffen. »Ach, nur morgenden Tags gleich fort möcht ich! Der Boden unter mir brennt mich. Wenn dieser Zwang noch länger fortdauert, so kannst Du Dich in Deiner brotlosen Vogelfreiheit noch preisen ...« So liest man in einem Brief an Nast aus Köngen, 13. September 1827. Der in der Morgenfrühe geschriebene Brief erfährt dann eine Unterbrechung – nach einer Stunde:

»Hier wurde ich abgerufen um einen Vorhalt meines Pfarrers anzuhören und zu beantwordten. Seine Verstimmung hatte einen ganz ganz andern Grund – es betraf den Punkt von dem ich vorhin zu schreiben unterbrochen wurde; Der l. Mann hatte nemlich von fremder Seite her über meinen Entschluß –, den Stand zu ändern, – gehört, und war wie natürlich, horribel davon betroffen, weil ich auf inständiges Bitten meiner Mutter (die mir diesen an sich vortrefflichen Platz schlechterdings erhalten wollte) bisher nicht ein Wort davon hatte fallen lassen, um wenigstens über die Möglichkeit einer solchen Veränderung u. über die Zustimmung meiner vorzüglichsten Verwandten noch zuvor mehr ins Klare zu kommen. Mit beleidigtem doch zutrauensvollem Tone bat mich der Pfarrer um Erklärung meines rückhaltenden Benehmens in dieser Sache, das ihm nach meiner bisherigen Offenheit sehr weh gethan u.s.w. Mir lief augenblicklich das Herz u. das Aug über – und es gab, statt einer gehässigen, eine überaus rührende Szene ...«

Es ist bereits angedeutet worden, daß dieses tiefe Unbehagen im vorbestimmten Beruf in der behaglichsten Umgebung, im angenehmsten Pfarrhaus zum Ausbruch kam.

Die Aussprache mit seinem Pfarrherrn gab Mörike den Mut, nun auch die Mutter von seinem Entschluß (denn einen Entschluß meinte er gefaßt zu haben) zu unterrichten. Er schildert ihr jenes Gespräch. Er zitiert besonders den Ausspruch: »Wenn sich Ihnen in der Zwischenzeit die Gelegenheit zu einer andern Bahn öffnet, was sehr leicht möglich ist, – gut, und desto besser; aber halten Sie sich die Rückkehr zum geistlichen Stand immerhin offen.« Und Eduard fährt fort: »– ich lasse den Himmel schalten und warte auf meiner Hofmeisterstelle ein paar Jahre zu.« Eine Hofmeisterstelle – Hofmeister (Hauslehrer) waren viele gewesen, Kant, Jung-Stilling, Schubart, Wieland, Hegel, Hölderlin; er selbst hatte ja unlängst in Möhringen derlei probiert. Nun war der »Hofmeister« ein typischer Übergangsberuf, nichts auf Dauer, und überdies gesellschaftlich wenig geachtet. Gegen Ende jenes Briefs meint Eduard beiläufig, es könne ja auch eine Stelle als Bibliothekar sein. Die Mutter mag Tränen über diesem Brief vergossen haben. – Am gleichen Tag hat Mörike an Mährlen geschrieben: »Aber gehts bei mir nicht, so brichts; ich laß es darauf ankommen, wenn ich schon den Zweig noch nicht sehe, auf den ich mich setzen will.«

In den Wochen danach tritt der törichte Hofmeister-Plan zurück gegenüber vernünftigeren Überlegungen, wie eine Stelle bei einer Bibliothek oder einem Verlag zu erlangen wäre. Obwohl sich keinerlei Aussicht zeigt, reicht Mörike Ende November beim Konsistorium um Urlaub auf unbestimmte Zeit ein; das beigeschlossene ärztliche Zeugnis attestiert »Griesbeschwerden« und »Störungen im Pfortadersystem« (also Nieren- und Kreislaufbeschwerden). Darauf wird ihm einstweilen ein Urlaub von zwei Monaten genehmigt. – In diesem von innerer und äußerer Unruhe zerrissenen Herbst hat Mörike zwei seiner schönsten Gedichte geschrieben: »Um Mitternacht« (»Gelassen stieg die Nacht ans Land«) und »Septembermorgen« (»Im Nebel ruhet noch die Welt«) – die Götter quälen ihre Lieblinge, aber was sie ihnen schenken, schenken sie mit vollen Händen.

»Narr, ich habe fast die chimärische Hoffnung, noch innerhalb dieses Monats los zu werden. Welch ein Gedanke! ich kenne mich darüber kaum selbst vor Entzücken. Wie will ich dann erst ich selber seyn! meine Zeit nutzen, meine Stunden küssen!« So, in einem Brief an Mährlen (am 3. Oktober aus Köngen), hat er sich die Freiheit vorgestellt. Derlei wird im Überschwang zu Papier gebracht. Ob er wirklich geglaubt hat, er brauche nur die Last des Kirchendienstes los zu sein und das Glück sei hergezaubert? Der Schmerz der Mutter, das unwillige Räuspern des Onkels Georgii – die ganze besorgte Unruhe der Familie würde allein genügen, damit es Eduard nicht zu wohl würde. Verständnis und Hilfsbereitschaft hat er bei Freunden gefunden. »Nun ist wenigstens ein vorläufiger Durchbruch geschehen, und ich springe Dir mit verjüngtem Herzen entgegen« schreibt er im Dezember an Bauer. Und im Februar 1828 an Mährlen: »Alles, nur kein Geistlicher! ... Gott mag mich strafen, wenn dies blos ein übereiltes, leichtsinniges, übermüthiges Geschwätz von mir ist. Mein Freund! siehe, so liegen meine Sachen. Ich habe den Compaß noch immer in den Händen und sehe mich nach neuen Ufern um, nach langersehnten!«

Mörikes Versuche, außerhalb des Kirchendienstes Fuß zu fassen, sind gescheitert. Nicht etwa, weil seine Ansprüche zu hoch gewesen wären – die waren bescheiden genug: »die geistloseste Sekretärstelle ... gar ein KanzlistenPult«. Von den Freunden haben sich Bauer und besonders Mährlen bemüht; dazu Gustav Schwab und der junge Hofkaplan Karl von Grüneisen.

Die erste Hoffnung hatte man auf Cotta gesetzt. »Das war ein Mann, der hatte die Hand über die ganze Welt!« Dieses große Wort, in Goethes *Egmont* auf Karl V. gemünzt, hat Heinrich Heine auf Johann Friedrich von Cotta bezogen; ein großer Mann, ein Herr. Am 21. März 1828 richtet Mörike ein Bewerbungsschreiben an Cotta. Es enthält den »Wunsch, mich dem ästhetischen Fache zu widmen« und die Hoffnung, »daß Ew. Wohlgeboren mich würdig finden möchten, mich bei einer von Dero literarischen Anstalten zu beschäftigen, in deren großartigen Geist nach Vermögen einzugreifen, ich als ehrenvollen Beruf betrachten würde.« Die wiederholte Erwähnung seiner angegriffenen Gesundheit erscheint nicht sonderlich geschickt. Zur Beurteilung seiner Fähigkeiten verweist er auf Grüneisen. Den Tag darauf wird auch Gustav Schwab unterrichtet, den Mörike noch nicht persönlich kannte, der sich aber bereits für ihn bemüht hatte. Besonders dankbar war Mörike dafür, daß Schwab bei der großen Familien-Respektsperson, dem Onkel Georgii, Verständnis zu wecken vermocht hatte. Der gestrenge alte Herr war nicht starrsinnig: »er würde bei so bewandten Umständen selber der Erste sein, der mir von der Theologie abriete, wenn sich irgend ein Ausweg zeigte«.

Am 25. März sprechen Schwab und Grüneisen bei Cotta vor. Kurz darauf Mörike an Mährlen: »Ich will Dir das liebliche Resultat nur gleich in 3 Worten sagen. Der Cotta nimmt mich nicht an. Diese Nachricht hat mich um so mehr betroffen da ich mit großer Zuversicht auf einen günstigen Erfolg rechnete; auch waren ja in der Tat die besten Hebel zur Hand und in Bewegung. Schwab war der erste, der mich beim Alten empfahl und ein paar Stunden darauf stieg Grüneisen mit meinem Brief und seiner Suada auch an ihn, erhielt aber den gleichen höflichen Bescheid: er wäre mit Leuten gegenwärtig überhäuft. – Dies alles teilte mir der gute Schwab in einem Briefe mit, dessen Freundschaftlichkeit mich auf den Eifer schließen läßt, womit er sich für mich verwandt haben muß. – Und dennoch Nichts gewirkt. Ich könnte mich zerreisen vor Ärger und Stolz, daß ich nur den Versuch machte! Aber das Wasser ging mir ja an die Kehle …« Es heißt dann noch im Weiteren: »Nun stehen aber Laube und Merz am Berg und wissen nicht Hist oder Hott.« Auf diese Zeile kann sich nur einen Reim machen, wer Hebels großartiges Gedicht von der Vergänglichkeit kennt, in dem der Ätti seine Weltuntergangsvision beendet mit dem Zuruf an seine Gäule: »Hüst, Laubi, Merz!« Am Ende dieses Briefes liest man: »Ich lasse mir wirklich [schwäbisch für gegenwärtig] ein paar scharlachrote Pluderhosen machen, nur um meinen Entschluß, vom Consistorium abzufallen, stets vor Augen zu haben.« Protest gegen den geistlichen Beruf, am Gesäß demonstriert …

Eduard Mörike war damals im Oberland, in einem so ganz anderen Stück Schwaben. Infolge mehrerer Berührungspunkte der Verwandtschaft mit dem fürstlichen Hause Thurn und Taxis dämmerte der Plan, Eduard als Hofmeister dort unterzubringen. Der Dichter als Hofmeister auf einem fürstlichen Landsitz – das weckt Ideenverbindungen von Eichendorffs *Taugenichts* bis zu *Mozart auf der Reise nach Prag*. Es ist aber nichts daraus geworden.

Ein halbes Jahr nach dem Scheitern der auf Cotta gerichteten Pläne kam der Verleger Franckh auf Mörike zu. Der hilfsbereite Grüneisen förderte die Sache und vermittelte ein Angebot: ein Vertrag über literarische Beiträge für ein Jahresgehalt von 600 Gulden oder entsprechende monatliche Vorauszahlung. Mörike reagiert keineswegs begeistert. Nach zehn Tagen bespricht er sich mit seinen Stuttgarter Onkeln Georgii und Mörike. Danach schließt er mit Franckh ab und übernimmt es, dessen *Damen-Zeitung* regelmäßig mit »erzählenden und anderen ästhetischen Aufsätzen« zu beliefern …

Wenig später in einem Brief an Bauer: »Nun ging ich hier einen Handel ein mit Franckh, Du weißt schon, mit seiner Damenzeitung – ich machte aber die Präliminarien schon so halb und halb mit Bangen, wie die Katze, die im Regen ihre Pfote nicht naß machen will. Ich sah – oder vielmehr der Kerl in mir, der sich auf den Eduard Mörike besser versteht, als ich selber, sah voraus, ich würde von dem Erzählenschreiben bald Bauchweh bekommen, ärger als je vom Predigtmachen.« Schon die erste Wurst, die er vom Franckhschen Geld erstanden, habe ihm nicht schmecken wollen . . . Und nur die Furcht vor der Blamage bei der Verwandtschaft hindere ihn, sogleich wieder den Kontrakt zu lösen. – Am Jahresende, nach einem Gespräch mit dem Onkel Georgii, kündigt er den Vertrag mit Franckh.

Zurück ins Pfarramt . . . »Wie Schuppen fiels mir von den Augen, daß ich alle jene Pläne, die mein ganzes Herz erfüllen, auf keinem Fleck der Welt (wie nun eben die Welt ist!) sicherer und lustiger verfolgen kann, als in der Dachstube eines württembergischen Pfarrhauses. Mich soll gleich der Teufel holen, wenn das mein Ernst nicht ist. Gelt? das heißt sich aufs Maul geschlagen gegen meine früheren Briefe! Es irrt der Mensch, solang er strebt . . .« So schreibt er an Mährlen.

Zurück also ins Vikariat. Wir kennen die Stationen, Pflummern war die erste. War er geheilt von Skrupeln und Zweifeln? Die haben ihn begleitet, bis er den Pfarrberuf endgültig quittierte. Vordergründig haben sich die Bedenken auf seine persönliche Eignung für diesen Beruf bezogen. Im Hintergrund haben tiefere Zweifel gewirkt. – Mörike war noch auf dem Stift, als die berühmte »Geniepromotion« aus Blaubeuren dort einrückte, darunter Fritz Theodor Vischer und David Friedrich Strauß, Ludwigsburger beide, mit denen er in seiner Vikariatszeit Freundschaft schloß auf Lebensdauer. Im Gedankenaustausch mit ihnen weht ein Zug von rationaler Intelligenz, der in dem warmherzigen, bildkräftigen Dialog mit den früheren Freunden selten ist. Mit dem heiß umstrittenen *Leben Jesu* von Strauß hat sich Mörike später ernsthaft auseinandergesetzt, und zwar, entgegen der kirchlichen Position, zustimmend.

Ein Wort zu Mörikes Meinungen und Haltung in der politischen Strömung zu jener Zeit des Biedermeier oder Vormärz, zwischen 1815 und 1848. Der Deutsche Bund, mit dem Kaiserreich Österreich und dem Königreich Preußen als bestimmenden

Mächten, war eine lose Vereinigung souveräner Staaten, die nur durch den in der Bildung begriffenen Zollverein fester aneinander gebunden wurden. Der politische Kopf war der österreichische Staatskanzler Fürst Metternich. Seine Politik: nach außen ein Gleichgewicht der Mächte, nach innen die Unterdrückung der deutschpatriotischen und demokratischen Bewegungen, die durch die Napoleonischen Kriege ausgelöst worden waren. Metternich hatte nicht verhindern können, daß einige deutsche Staaten sich relativ fortschrittliche Verfassungen gegeben hatten; so auch Württemberg, das sich ja einer starken landständischen Tradition erfreute – »das alte gute Recht«. Württemberg, Eduard Mörikes »Vaterland«, war ein wohlgeordneter Rechtsstaat mit einigen demokratischen Zügen. Im Prinzip gab es Pressefreiheit. Die Gemeinden hatten als »Grundlage des Staatsvereins« eine starke Stellung. Darüber lagen nun, nachdem der unselige Sand Metternich unschätzbare Schützenhilfe (eigentlich Dolchhilfe) geleistet hatte, die schweren Schatten der Reaktion. König Wilhelm hatte die junge Verfassung gegen Metternichs Unmut in Schutz genommen, übrigens mit Hilfe seines russischen Vetters und Schwagers Alexander – war aber jeder Unordnung abhold und trat in der Folgezeit allzu fortschrittlichen Umtrieben mit polizeilichen Mitteln entgegen.

Da gab es in Tübingen Burschenschaftler, die vom Deutschen Reich und gar von der Republik schwärmten und im Suff den Sand hochleben ließen. Die Juli-Revolution in Paris, ein kurzes Erdbeben, ließ auch in Württemberg die Scheiben klirren. Im Januar 1832 scharte der Oberleutnant von Koseritz in Ludwigsburg revolutionär gestimmte junge Männer um sich, darunter Mörikes Freunde Lohbauer und Kauffmann. Kurz zuvor war die Zeitung *Der Hochwächter* ins Leben gerufen worden, zu deren Redaktion neben Wilhelm Zimmermann gleichfalls Lohbauer gehörte. Der mußte im Spätsommer 1832 fliehen – er hatte die von der Zensur unterdrückten Stellen aus dem *Hochwächter* gesammelt und im Ausland, im Badischen, als Broschüre erscheinen lassen; floh nach Straßburg, dann, endgültig, in die Schweiz.

Nach der Juli-Revolution hatte Mährlen an Mörike einen begeisterten Brief geschrieben. Aus Mörikes Antwortschreiben: »Du schreibst von Deinem Enthusiasmus über die Revolutionen; die Begebenheiten in Frankreich haben mir mehr als Einmal den freudigen Schauder den Rücken hinaufgejagt – aber was ists daß mir die Sprünge in Braunschweig u.s.w. ganz brecherisch machten. Was jetzt dergleichen in Deutschland geschehen könnte perhorrescire ich im voraus als Eitelkeit – u. wenn ich hierin zu weit gehe so hats das schwarzrotgoldne Band verschuldet, das denn aber doch meinen Patriotismus nicht ganz und gar stranguliren konnte« [der Patriotismus bedeutet hier eine auf das württembergische Vaterland gerichtete Empfindung] – »ganz brecherisch« will sagen: speiübel. In Braunschweig war der Herzog verjagt und das Schloß angezündet worden. Von Mörikes reservierter Haltung gegenüber burschenschaftlicher Begeisterung, vor allem gegenüber einer Verherrlichung Sands, wurde bereits gesprochen. Was ihn vollends zu einer geradezu ängstlichen Vorsicht bewogen hat, war das Mißgeschick seines Bruders Karl.

Der hatte es doch zu etwas gebracht und residierte stattlich als Amtmann zu Scheer an der Donau; ein oberländisches Städtchen, ein Adelsnest, das kaum seit einem Vierteljahrhundert württembergisch war. Eduard, als Vikar soeben beurlaubt, hatte sich von Ende Februar bis Ende Mai 1828 bei ihm aufgehalten. Mit keinem der Brüder, den früh hingegangenen August ausgenommen, hat Eduard ein so inniges, tief in der Kindheit begründetes Verhältnis gehabt, wie zu Karl. Sein Unglück hat ihn tief getroffen, zumal er nach und nach einsehen mußte, daß nicht revolutionäre Gesinnung, sondern skrupelloser Ehrgeiz die Triebfeder jener Verfehlungen gewesen war.

Schon in einem alarmierenden Brief Mährlens, der für den *Hochwächter* recherchiert hatte, hieß es: »Da das Gerücht hier ziemlich laut rumort und verschiedene Auslegungen dem Zwecke dieser Motionen unterlegt werden, – wovon eine dahin lautet, daß Dein Bruder aus hohem Auftrag sich zum geheimen Inquisitor politischer Glaubensmeinungen habe brauchen lassen und sogar die genannten Placate nur zum Herausholen verbreitet habe.« Nach dieser Version hätte der Amtmann Mörike als Agent provocateur gehandelt, was noch um einen Grad übler gewesen wäre als die Wahrheit: daß er sich mittels eigenhändig gefälschter Plakate und anonymer Drohbriefe in die Rolle eines besonders wachsamen Beamten hineinschwindeln wollte. Im Verlauf der gerichtlichen Aufklärung dieser trüben Angelegenheit wurden auch die Brüder Eduard und Ludwig (der eben Amtsschreiber geworden war) vernommen, Eduard sogar unter Eid. Er konnte mit gutem Gewissen beteuern, was er auch in einem Brief an Luise Rau schreibt: »Ich habe . . . nicht einmal als Mitwisser den geringsten Teil daran.« Karl Mörike muß für ein Jahr auf den Asperg. Eduard hat ihn dort wiederholt besucht. Karl sollte in seinem Leben noch ein anderes Gefängnis kennenlernen, härter und entehrender, als es der alte Seufzerbuckel damals war.

Mörikes politische Haltung damals ist ziemlich farblos, obwohl er ein aufmerksamer Zeitungsleser gewesen ist. Eine liberale Grundstimmung; Zurückhaltung, Vorsicht. Er war sich auch bewußt, daß der König seit der Affaire des Bruders Amtmann den Namen Mörike ungern hörte. Auch des Dichters historisches Interesse ist nicht sehr ausgeprägt, wenngleich er einschlägige Bücher immer wieder gelesen hat. Annäherungen an Entwürfe für historische Dramen sind flüchtig geblieben. – Nur einen Weltbeweger hat er verehrt: Napoleon, dessen Schatten – oder Glanz – noch über Eduard Mörikes Kinderjahren lag. Zweimal notiert er, wie ihm jemand begegnet, der den Kaiser noch mit eigenen Augen gesehen hat: ein alter württembergischer Soldat, ein bayrischer Bierwirt. In einem Brief an Luise Rau schildert er ein Gespräch, das er mit dem Pfarrer Klett von Dettingen (den er überaus sympathisch schildert) und dem Amtmann von Owen an einem Wintertag geführt hat. »Mit Wärme und zuletzt mit Heftigkeit« verteidigt Mörike den »großen Mann, dessen Genius die hölzerne Vogelscheuche der Moral nicht verträgt, dessen Taten nur ein Gott mit seinem Stern zusammenhalten kann«. Und auf Einwände: ». . . . weil mich beim Gedanken an Ihn ein unwiderstehliches Gefühl des Tragischen übermannt. Ich respektiere das Schicksal in Ihm; das ihn im Sturme fortriß und zuletzt opferte, dem er dienen mußte, während er sich seinen Herrscher glaubte«.

Vermutlich aus der Stiftszeit stammt ein Gedicht »Nachtge-
sichte«, in dem der Kaiser als Traumbild auftaucht (wahrscheinlich ist dem Gedicht wirklich ein solcher Traum vorangegangen –
ein Traumprotokoll in dichterischer Form, meint Gerhard Storz).
Der Träumende sieht sich in die Ruine eines antiken Theaters
versetzt:

Tiefe Stille nun herrscht; es schaut ein wolkiger Himmel
In das offene Rund, und ich bewege mich nicht.
Jetzo erhebt sich gelinde der Nachtwind, es streifet ein
                        [scharfer
Regen dazwischen, der schräge die Wange mir trifft;
Und in demselben Momente gewahr ich tief im Theater
Stehend eine Gestalt, ganz mit sich selber allein,
In den Mantel gehüllt, das Haupt um etwas gesenket,
Aber ich kenne den Hut, kenne das blasse Gesicht!
Wie ich bebte, daß nur sein Auge nicht auf mich falle!
Ja, ich betete fast, machte mich selber zu Stein ...

Die Szene wandelt sich, Ägypten, die Pyramiden:

Klanglos rührt sich die Trommel, man ziehet totes Geschütz
                        [auf,
Und ein verhallend Geschrei schwingt sich mitunter empor.
Haltet! o höret mich an! Ich könnte den Mächtigen jetzo
Nicht ertragen, vor Angst, Mitleid und Jammer zugleich ...

Am Ende fällt auch der Schatten Julius Cäsars ins Traumbild und

Plötzlich erhub sich um uns
Ein entsetzliches Lachen, und ich erwachte vor Schrecken.

Das sind Schauder, wie sie in der Musik zu Ende von Mozarts
Don Juan erklingen; dem Dichter tief vertraut.
    Träume konnten die Enge seines Taglebens durchbrechen;
blitzartig erhellte Ausblicke, Einblicke in Raum und Zeit. Seltsam, daß nicht nur Mörikes äußerer Lebenslauf sich im engsten
süddeutschen Bereich vollzogen hat, allergrößtenteils innerhalb
der schwarzroten Grenzpfähle – auch im Gedankenflug werden

fremde Länder selten geschaut. Die bedeutendste Ausnahme ist das erdachte, erträumte Orplid. Griechenland und Rom hat er sich nur auf dem Wege der Beschäftigung mit der antiken Poesie genähert. »Stimmen der Völker« klingen bei ihm nur selten an. Keine romantische Italien-Sehnsucht. Kein Hochgebirg und kein Weltmeer. Kein Gedanke an Amerika. – Böhmen ist der Schauplatz seiner schönsten Prosaerzählung *Mozart auf der Reise nach Prag;* auch im *Maler Nolten* ist die Szene einmal eine böhmische Landschaft. Frankreich interessiert ihn, soweit er sich mit Politik befaßt. Und England – London erscheint einmal als der Gegenpol zu einer Existenz unter dem Dach eines schwäbischen Dorfpfarrhauses.

Längst wieder unter dem Joch des Pfarrgehülfendienstes, schreibt er einmal an Luise Rau: »Daß ein universeller Schriftsteller oder auch nur ein poetischer Weltbürger, wenn er zwischen London und einem schwäbischen Dorf zu wählen hätte, das erstere vorzöge, versteht sich . . . Ich will, wenn ich eine Luftveränderung für meine Gehirnkammer bedarf, aus einer kleinen Reise nach einer ansehnlichen Stadt mehr ziehen und meine poetische Musterkarte stärker bereichern, als der verwöhnte Städter, der mitten auf dem Tummelplatze des gestalt- und farbreichsten Lebens wohnt . . . ihre Verarbeitung muß im ruhigen, bescheidenen Winkel geschehen . . .«

Hier klingt die Erinnerung auf an einen kurzen Aufenthalt, Juli 1828, in München (die bedeutendste Stadt, die er je gesehen). »In München möcht ich halt leben!!« schwärmt er in einem Brief an Mährlen. Der ist zwei Jahre später in München. Mörike an Luise Rau: »Er legt es stark darauf an, auch mich aus meiner Ruhe herauszukizeln und auf die hohe See des Lebens zu locken, was ihm jedoch nicht gelingen soll.«

Also »der ruhige, bescheidene Winkel«. Merkwürdig genug, daß vor diesem Bekenntnis gegenüber dem Mädchen, das er als seine künftige Pfarrfrau betrachtet, der Satz steht: »Das Verbauern fürchte ich, das Zusammenfaulen neben einem Weibe, Siebenschläfern, Vergauchen usw., wenn ich heute das Glück haben soll, württembergischer Pfarrer zu werden.«

Eduard Mörikes erste Verliebtheit hat sich auf das Bäslein Klara Neuffer gerichtet. Als sie sich mit einem andern, einem gewissen Christian Schmid, verlobt, hat es ihn tief getroffen, obgleich das in der Zeit des Peregrinenabenteuers war. In Träumen ist ihm Klärchen noch jahrelang erschienen. Auf einer seiner ersten Vikarstationen, in Köngen, war besagter Schmid vor ihm gewesen: »Mein Vorfahr ist Herr Christian Schmid, den Klärchen Neuffer glücklich macht – ich schreibe auf seinem Tisch, mit seiner Tinte, alle seine Effekten liegen noch um mich herum ... und ich soll kein Herzweh dabei bekommen, schwere Träume in seinem Bett und dergleichen?« So brieflich an Hartlaub. Und weiter, grimmig: »Ich prophezeie hier auf diesem Papier: entweder wird ihr der Schmid später zur Last oder die Zeit und Gewohnheit wird sie unter sich selbst erniedern. – Genug ach, schon zu viel!« (Sie ist jung gestorben.)

Eine kuriose Szene hatte sich März 1825 auf Mörikes Tübinger Studentenbude abgespielt, als Klärchens Mutter ihn dort besuchte. »Sie trat allein, sehr behutsam, in die Tür. Ich küßte ihr freundliches, liebes und, Du weißt, noch ziemlich junges Gesicht mit einer gewissen Inbrunst ...« Sie nimmt auf dem Sofa Platz, und es entwickelt sich ein anfangs mühsames Gespräch, das langsam an Wärme gewinnt. Schließlich sagt die Tante Neuffer: »Ich habe Dich immer für den Bruder meiner Kinder angesehen, alle hatten den Eduard lieb; so muß es wieder werden!« Mörike schildert das in einem Brief an Mährlen, meint, »es beseligte mich den ganzen Tag«. Er ist aber trotzdem Begegnungen mit der Verflossenen, wie sie die Verwandtschaft mit sich brachte, beharrlich ausgewichen.

Eine schlecht verheilte Verletzung ist dem Empfindsamen geblieben; nicht mehr als eine Schramme freilich, verglichen mit der lebenbedrohenden Wunde, die er in seinem Peregrinenabenteuer empfangen hat. Soweit hier überhaupt von Heilung gesprochen werden kann, verdankt der Dichter sie der Luft, dem Lebensatem des Oberlands.

Diese weiträumige Landschaft gehörte erst seit der Napoleonischen Flurbereinigung zu Württemberg. Das war ein ganz anders gearteter Teil Schwabens, großenteils wohlhabendes Bauernland, übersät mit stattlichen Adelssitzen, zu allermeist katholisch, und traditionell der Kaiserstadt Wien zugewandt. Einige Städte und Landschaften waren direkt österreichisch gewesen (Vorderösterreich), und besonders die Erinnerung an Maria Theresia, die hochherzige Mutter ihrer Völker, war noch lebendig. Man zog Vergleiche zwischen der alten Hauptstadt Wien und der neuen Hauptstadt Stuttgart ... Man war ungern württembergisch geworden; diese Schwaben paßten nicht gut zu jenen Schwaben. Pietistische Grübelei, ein geradezu kalvinistischer Gewerbefleiß, gottgewollte Arbeit im Schweiße des Angesichts, strenge und enge Sitten, vom Kirchenkonvent überwacht – all das war den Oberschwaben fremd und zuwider. Die Altwürttemberger, ihrerseits, die meist als Beamte ins Oberland kamen, empfanden den Unterschied gleichfalls, hatten an Pfaffenselbstgefälligkeit, Schlamperei, allzu freien Sitten allerlei auszusetzen; doch waren die meisten für die Reize der neuen Provinz nicht blind.

Für Eduard Mörike war die Luft des Oberlands heilend, erquikkend, Lebenslust weckende Lebensluft:

> Der Sonnenblume gleich steht mein Gemüte offen,
> Sehnend,
> Sich dehnend
> In Liebe und Hoffen ...

So heißt es in dem Gedicht »Im Frühling« (»Hier lieg ich auf dem Frühlingshügel«), einem der Gedichte, die ihm im Oberland zugeflogen sind.

Er hatte, als der Bruder Amtmann in Scheer geworden war, ihn schon einmal dort besucht (auch die Schwester Luise, die sich wie im Ausland vorkam). Im Jahr 1828 nun, vom Pfarrdienst beurlaubt, hat er den Spätwinter und das Frühjahr in Scheer an der Donau zugebracht, Frühsommerwochen in Buchau am Federsee. Kleine Reisen haben ihn an andere Plätze des Oberlands geführt, auf den Bussen, nach Weingarten, nach Obermarchtal.

Mörike hat in dieser kurzen Zeit einige seiner schönsten Gedichte geschrieben. Der beurlaubte Vikar hat sich dem Zauber katholischer Frömmigkeit weit geöffnet; er hat Zeit seines Lebens eine leise Neigung dazu behalten – vielleicht hat das auch bei seiner späten Ehe mit einer Katholikin eine Rolle gespielt. Und nicht zuletzt: hier ist der Jüngling zum jungen Mann gereift.

JOSEPHINE

Das Hochamt war. Der Morgensonne Blick
Glomm wunderbar im süßen Weihrauchscheine;
Der Priester schwieg; nun brauste die Musik
Vom Chor herab zur Tiefe der Gemeine.
So stürzt ein sonnetrunkner Aar
Vom Himmel sich mit herrlichem Gefieder,
So läßt Jehovens Mantel unsichtbar
Sich stürmend aus den Wolken nieder.

Dazwischen hört ich eine Stimme wehen,
Die sanft den Sturm der Chöre unterbrach;
Sie schmiegte sich mit schwesterlichem Flehen
Dem süß verwandten Ton der Flöte nach.
Wer ists, der diese Himmelsklänge schickt?
Das Mädchen dort, das so bescheiden blickt.
Ich eile sachte auf die Galerie;
Zwar klopft mein Herz, doch tret ich hinter sie.

Hier konnt ich denn in unschuldsvoller Lust
Mit leiser Hand ihr festlich Kleid berühren,
Ich konnte still, ihr selber unbewußt,
Die nahe Regung ihres Wesens spüren.

Doch, welch ein Blick und welche Miene,
Als ich das Wort nun endlich nahm,
Und nun der Name Josephine
Mir herzlich auf die Lippen kam!
Welch zages Spiel die braunen Augen hatten!
Wie barg sich unterm tiefgesenkten Schatten
Der Wimper gern die ros'ge Scham!

Und wie der Mund, der eben im Gesang
Die Gottheit noch auf seiner Schwelle hegte,
Sich von der Töne heilgem Überschwang
Zu mir mit schlichter Rede herbewegte!

O dieser Ton – ich fühlt es nur zu bald,
Schlich sich ins Herz und macht' es tief erkranken;
Ich stehe wie ein Träumer in Gedanken,
Indes die Orgel nun verhallt,
Die Sängerin vorüberwallt,
Die Kirche aufbricht und die Kerzen wanken.

Mit dem Gedicht »Mein Fluß« ist die junge Donau gemeint. Es
wird im Sommer kurz nach einem Besuch in Obermarchtal
geschrieben:

O Fluß, mein Fluß im Morgenstrahl!
Empfange nun, empfange
Den sehnsuchtsvollen Leib einmal
Und küsse Brust und Wange!
– Er fühlt mir schon herauf die Brust,
Er kühlt mit Liebesschauerlust
Und jauchzendem Gesange.

Da ist er im Einklang mit sich und der Natur. Und das stärkste
Zeugnis aus jenen glücklichen Wochen: »Erstes Liebeslied eines
Mädchens«.

Was im Netze? Schau einmal!
Aber ich bin bange;
Greif ich einen süßen Aal?
Greif ich eine Schlange?

Lieb ist blinde
Fischerin;
Sagt dem Kinde,
Wo greifts hin?

Schon schnellt mirs in Händen!
Ach Jammer! o Lust!
Mit Schmiegen und Wenden
Mir schlüpfts an die Brust.

Es beißt sich, o Wunder!
Mir keck durch die Haut,
Schießt's Herze hinunter!
O Liebe, mir graut!

Was tun, was beginnen?
Das schaurige Ding,
Es schnalzet da drinnen,
Es legt sich im Ring.

Gift muß ich haben!
Hier schleicht es herum,
Tut wonniglich graben
Und bringt mich noch um!

Ein hinreißendes Liebesgedicht. Er schickt es an den Freund
Kauffmann, der vor seiner Hochzeit steht: »Setz es in Musik, gib
ihr am Brautmorgen einen Kuß und frag sie, wenn sie's nun
absingt, ob das Lied nicht, auf ein Haar, alle die Seligkeit aus-
drückt, die Sie in den ersten Tagen Eurer Liebe empfunden.« Und
Mörike vermerkt die Entstehung des »Liebesliedchens, das ich
gestern auf der Steige von Weingarten vor mich hinbrummte« –
also inmitten der oberschwäbischen Landschaft. – In jenen Sommerwochen schreibt er in einem Postscriptum zu einem Brief an
Mährlen: »In rebus amatoriis hic multum, at nequaquam pericli-
tando, profeci« (In Liebesdingen habe ich hier, ohne etwas zu
riskieren, gute Fortschritte gemacht). Kein Wunder, daß daneben
steht: »In Buchau gefällts mir noch immer zu wohl. Ich gehe nicht
ganz gern nach Stuttgart.«
So war er eigentlich kein unbedarfter Jüngling mehr, als er sich
ein Jahr später in Luise Rau verliebte und sich alsbald mit ihr

verlobte. – Diese vier Jahre während Brautzeit, die ihr Ziel nicht erreicht hat, ist der Nachwelt durch die Briefe des Dichters vertraut. Wir wissen daraus, was Eduard Mörike in ihr gesehen, geliebt, verehrt hat – wie sie eigentlich gewesen ist, wissen wir so ganz genau nicht. Scherenschnitte zeigen einen schlanken Hals, ein spitzes Näslein.

Wie der Dichter sie gesehen hat, wird besonders deutlich in einem Brief an Hartlaub, ein Jahr nach der Verlobung: »Mein Kind mußt Du früher oder später doch sehen. Ein einfaches, heilig unschuldiges Wesen, das, weil Andere es verkannten, lange im Unklaren über seinen eigenen tief verborgenen Wert war; seitdem ich sie kenne, erhob sich ihr Gefühl und Geist mit schöner Zuversicht, doch bildet ihre Schüchternheit noch immer ein reizendes Gemisch mit diesem neuen Leben . . . Ihr Äußeres ist zart und leicht . . .« Dem vorlesenden Liebsten sei sie eine verständige Zuhörerin – hier haben wir einmal eine Äußerung von Luises eigener Hand, in des Verlobten Notizbuch geschrieben, Spätjahr 1829: »Erinnerst Du Dich jenes schönen Nachmittags, als Du mir den Wilhelm Meister vorlasest, es wurde uns beide so wohl ums Herz, wir hatten damals schon so leise Anklänge von einer gegenseitigen Liebe, die bald, in helle Accorden übergiengen! – L.«

In seinem ersten Brief an Luise erwähnt er das rauhe Papier, »worauf ich unsere Correspondenz mit Dir einleite« – diese Wendung könnte die Vermutung aufkommen lassen, daß ihm ein Wissen um den Rang (letzten Endes: die literarische Bedeutung??) seiner Briefe nicht durchaus fremd war, so spontan, sprudelnd, ganz und gar dem Partner zugewendet seine Briefe sind. – Nun ist gerade dieser erste Brief an Luise Rau mit seltsamen Skrupeln behaftet: »Mein Kind –! wann werd ich denn aufhören können, mich immer aufs Neue wieder über Dich und Mich zu verwundern und zu fragen: wie ist das Alles geschehen?! Aber ich wollt, die Zeit käme nie, wo ich das nimmer frage. Ich meine, das wäre schon ein Vorbote des Todes unserer Liebe. Oder muß die Liebe nicht mit jedem neuen Morgen über sich selber, als über ein Wunder, erstaunen und freudig zusammenschrecken? Ist sie bei Dir anderer Art? Es mag seyn, u. ich glaube es fast, aber es macht mir nicht bange. ›Gerne denk ich mir Dich stets als ein eigenes Kind.‹ Ich muß abbrechen, sonst mach ich Dir den Kopf toll mit Ergießungen die Du nicht liebst . . .«

Zu Winterbeginn: »Neulich, mein teuerstes Herz, als ich nach dem Abschied von Dir alleine meinen Weg so fort gieng und die Nacht in immer dichteren Schichten leise niedersank, ich rund um mich keinen Laut mehr hörte als meinen eigenen Fußtritt, und der Mond auf seinem reinblauen Feld nun sich so ruhig die alte Erde, so ruhig wie vor tausend Jahren auch, beschaute, da dacht ich: wieviel Elend und Noth siehst Du nun in diesem Augenblick hier unten, so weit die Menschen nur athmen, – und doch wie viele Seeligkeit auch! Ich verdoppelte unwillkürlich meine Schritte, voll von dem Gefühl, daß auch ich einer von den ganz Glücklichen sey! Ich schauderte einen Augenblick vor der Größe und vor der Wirklichkeit meines Glücks.«

Wenig später: »Sind wir doch nur wenige Stunden von einander! Aber hundert Meilen oder zwei – das ist im Grund gleichviel in dem Sinn in welchem ich Dich vermisse. Wie oft bedürfte ich Deiner beruhigenden Nähe, wenn ich mir selbst nicht genug bin, oder Deines stärkenden Anblicks, wenn irgend eine Kraft in mir erschlaffen will! Doch, das ist nun so, ich muß mich gewöhnen, künftig mehr von mir selbst zu erwarten, ohne Dich deswegen aus dem Mittelpunkt meines Wesens zu entfernen.«

Die beruhigende Nähe hat sich immer wieder eingestellt; die räumliche Entfernung zwischen den Liebenden ist ja nie groß gewesen. Eduards Briefe an Luise (siebenundsechzig sind erhalten) sind Zeugnisse einer hingebenden Liebe, manche nicht frei von Pathos, die meisten im alleranmutigsten Plauderton geschrieben. Je ein Beispiel:

>Owen, den 18. Februar 1830
Abends

Für Dich allein

Die Liebe ist gleich unersättlich im Austeilen und Hinnehmen immer neuer Schwüre, und so wird es uns stets ein glückliches Bedürfnis bleiben, das alte ›*Wie lieb ich Dich!*‹, welches Dein letzter Brief, doppelt unterstrichen, wiederholt, wechselseitig zu hören und hören zu lassen. Es ist derselbe einfache Akkord, der, so oft Du ihn anschlagen magst, jedesmal wieder neu und mit nie erhörtem Zauber in mir nachklingt. Diese süße Wiederholung, worin man sich selber nie ein Genüge tut, gleicht fast einem lieblichen Spiele, das etwa darin bestünde, daß Du ein goldenes Gefäß mit köstlichem Wein in ein anderes gössest, damit ich den immer frischen Perlschaum schnell vom Rande sauge, um sodann Dir wieder einzufüllen, daß Du das gleiche tuest, und so fort – ohne unsern Durst löschen und den Wundertrank zur Neige bringen zu können. Ist das ein Spiel, so ists ein solches, wie die Engel es treiben, und wir schämen uns seiner nicht. Glaubst Du, es könnte eine Zeit kommen, wo wir dessen satt werden? Ich kanns nicht denken; mich schauert, wenn ichs denke!

Wie lieb ich Dich! So ruf ich Dir heute zu und werde es noch, wenn jene Tage kommen, welche so manches andere an mir abstreifen mögen, was jetzt noch Hand in Hand mit meiner Liebe geht.

Wenn ich manchmal in Gedanken dem Ursprung unserer Liebe nachgehe, wie man dem Gange und allen sanften Krümmungen eines Flusses folgt, so verschwimmt das Ganze vor meinem Blick wie in ein einzig unermeßliches Meer, auf dem ich staunend all mein Sinnen zerfließen lasse. Mir ist, als hätten wir uns gehört seit Ewigkeiten – und doch – der sonderbare Gegensatz! – mir ist, als müß ichs heute erst erfahren und begreifen lernen. Dies Gefühl des höchsten Glückes wird dann so überwältigend und groß, daß es keinen Ausweg findet als im brünstigen Dank gegen den, der alles so wunderbar gefügt. Ich bewundere mit Tränen die Liebe des Höchsten und seine Majestät, wenn mir einfällt: ich, der Einzelne, an dem sich das Füllhorn überschwänglicher Wonne erschöpft zu haben scheint, bin doch der kleinste Teil nur in einer ganzen unendlichen Schöpfung, auf welche sich Ströme der Liebe stürzen. Es flutet eine Welt voll Seligkeit in mir auf und nieder; sie ist ein Tropfen, der im All verschwindet, und doch so mächtig fühl ich mich in ihr, daß ich *mir* nichts gleich mehr glaube von allem, was außer mir und außer uns beiden lebt; ja wenn der Lobgesang aus tausend glücklichen Kehlen sich in *einem* breiten Strome himmelan schwänge, – ich könnte zweifeln, ob er der Empfindung meines einzelnen Glücks gleich käme, und doch fühlte von den Tausenden ein jeder vielleicht dasselbe, was ich und was Du. Sich aber gerade dies recht klar und innig bewußt zu bleiben und deswegen in andern sich doppelt zu freuen, das mag ein charakteristisches Merkmal jener Seligkeit sein, wie sie im Himmel zu Hause ist, wo alle Selbstsucht wegfällt. Aber auch hier auf Erden läßt sich eine Ahnung davon haben – in Augenblicken, die gewiß zu unsern reinsten und herrlichsten gehören. Nur leider, daß man sie nicht festhalten kann! . . .«

>>Ochsenwang, den 25. März 1832
Sonntag nachmittag

Liebstes, einziges Herzchen!

Eben komm ich von der Kinderlehr; ich habe kaum den Kirchenrock und die Stiefeln abgezogen, so sitz ich schon wieder an meinem treuen Pult, wo die Beantwortung dreier Briefe auf mich wartet und wiederum einmal eine starke Korrektur. – Eigentlich sollte dieser Quark zuerst beseitigt sein, eh ich mit rechter Lust Sinn und Gemüt nach Dir hin richte. Doch sehn ich mich darnach, wie nach einem frischen Trunke zwischen der Arbeit.

Der Winter liegt uns wieder, seit heute nacht, vor den Fenstern, die Sonne möchte gern scheinen und kann nicht, ein Vöglein singt auf dem nächsten Baum vor meiner Kammer:

Das ist nur Märzenschnee,
Der tut mir gar nicht weh;
Frühling ist nimmer weit,
Großmutter sagt' es heut.

Frühling und Liebe, das ist doch gewißlich wahr, stehn in einer Wahlverwandtschaft, die ich schon wieder durch alle Nerven spüre. Warum warst *Du* mein erster Gedanke, als gestern ein Kind uns einen Strauß frischer Schneeglöckchen brachte? – Sie stehen hier bei meinem Schreibzeug und ich pflücke Dir eins, eh ich den

Brief nachher zusammenlege; eigentlich kommt es mir vor, als wollten sie alle zu Dir hin und seien nur für Dich gewachsen. Das Mädchen fand sie unter den Felsen des Breitensteins. Wär es nicht möglich, daß eine süße magische Erschütterung den Fels durchzuckt hätte, als Du neulich Deinen Fuß dort aufsetztest, und daß diese Knospen in jenem Augenblick zum ersten Mal sich öffneten? In Nürtingen neulich sah ich die ersten Veilchen, die Tante steckte sie mir auf den Hut. So reiste ich unterm Frühlingssegen; die Sonne brach einmal recht lebhaft vor, als wir vor Nürtingen draus waren, und ein Storch flog einmal über dem Gefährt hinweg...«

Noch in einem der letzten Briefe Eduards an Luise heißt es »Dein Atem soll mich an Leib und Seele neu beleben.« Im November 1833 wird das Verlöbnis gelöst. Über die Gründe wissen wir Zuverlässiges nicht. Wahrscheinlich hat die berufliche Ungewißheit des Bräutigams, mitbedingt durch seine Kränklichkeit, eine Rolle gespielt. Luises Mutter könnte den Ausschlag gegeben haben. Das Mädchen hat erst elf Jahre später geheiratet. – Unter dem 20. Dezember sendet Mörike an Vischer einen Brief ab, der seit Anfang November liegengeblieben ist: »Es hat sich aber inzwischen eine für mein ganzes Leben wichtige Katastrophe eingeleitet, deren schmerzhafte Entwicklung alles übrige bei mir verschlang.«

Der *Maler Nolten* war damals in seiner ersten Form schon vollendet. Die darin enthaltene lang ausgesponnene Liebesgeschichte des Malers mit dem Försterstöchterlein Agnes, das unverkennbar Züge der Luise Rau trägt, mitsamt dem traurigen Ende, hat Mörike geschrieben, als sein Verhältnis zu Luise Rau unversehrt erschien. Merkwürdig genug, daß des Dichters erster Brief an dieses Mädchen das Wort vom »Vorboten des Todes unserer Liebe« enthält.

Geist der Natur

Im Nebel ruhet noch die Welt,
Noch träumen Wald und Wiesen:
Bald siehst du, wenn der Schleier fällt,
Den blauen Himmel unverstellt,

Herbstkräftig die gedämpfte Welt
In warmen Golde fließen.

In einer einzigen Strophe ist ein September-Morgen zauberhaft aufgehoben, für immer. – Das Wort vom »Geist der Natur« findet sich in einem frühen Gedicht aus der Stiftszeit, »Im Freien«. Es beginnt:

An euch noch glaub ich
Mich trösten zu können,
Meine Sehnsucht – an euch!
Ihr Lüfte! webend über den Wiesen!
Und ich eilte zu euch
Unter den Weiden;
Aber nun wehet ihr,
Und, ich sehe, das stillet mich nicht!

Da ich ohne euch war,
Unter dem Druck der Stadt,
Mahnts mich mit einmal an euch,
Wunder-Hoffnung durchzückt' mich,
Tränen der Wonne schossen vom Auge mir
Bei deinem langvergeßnen Namen,
Ruhige, gute Natur!

Und wie ein Knabe, heftig schluchzend,
Zur verzeihenden Mutter hinläuft,
Also lief ich entgegen euch,
Und nun seid ihr mir Lüfte nur!
Jetzt verlässet mich alles!

Oder bin ich dir gestorben,
Du unsterblicher Geist der Natur?

Das erinnert an den jungen Goethe

Bedecke deinen Himmel, Zeus,
Mit Wolkendunst . . .

und ist doch schon Mörikes eigene Sprache. Landschaft, Naturge-

121

schehen als Widerspiegelung eigener Stimmungen zu erleben, das war seit den Gedichten des jungen Goethe und dem *Werther* »einer ganzen Generation eingepflanzt« (Gerhard Storz). Bei Mörike nun vereinigt sich in einer unvergleichlichen Weise feinnervige Empfindsamkeit mit einer nüchternen, scharfen Beobachtungsgabe.

Naturbetrachtung, Naturempfindung sprechen immer wieder auch aus Briefen. Ende Januar, »8 Uhr morgens«, aus Möhringen an Luise Rau:

»Es ist heute ein so schöner goldiger Tag als nur je im Frühling einer von Himmel fallen kann. Ich sagte deßwegen vorhin beym Frühstück zu meinem Herrn Pfarrer, wenn die Erfindung der Luftschiffe zu Stande gekommen wäre, ob er jezt nicht Lust hätte? Aber er sprach von der entsezlichen Kälte; hingegen ich schauderte vor Wollust bey dem Gedanken; wenn ich mein Fenster aufmache und rechts hinüber sehe so hängt rothe Wintersonne in leichtem Dampf, und der übrige Himmel ist Eine Bläue und zwey drey Dächer in der Nachbarschaft haben ihren vollen Schnee rosinroth anlaufen lassen.«

Aus einem Sommerbrief an den Freund Kauffmann:
». . . ich erhielt den Brief in größstem Körper- und GeistsBankrot bey der Heimkunft von einer TOUR FORÇÉ nach den herrlichen Reisensteiner Ruinen im Neidtlinger Thal; das ist noch etwas von großem Anblick!, ich kann mich aber jezt nicht darüber herauslassen, nur das sagen: als ich auf dem ungeheuern spitzigen Felsen stund, über den Abgründen der sonnenscheuen Wälder in die geöffnete Aussicht u. in das Meer von Licht und Sommerluft hinausblickte, hie und da einen Weih mit ruhig ausgelegten Schwingen sich der Willkühr des Windes überlassen u. so in den reinsten Linien auf u. abbeugen sah, als hätte er Lust, seinen eigenen Leib in bloße Luft zerrinnen zu lassen – da hatte ich auch so eine Empfindung von: Was zieht mir das Herz so?« [Eine Melodie]

An Luise Rau, Ende November:
»Ein hundert Schritte vor dem Ort begegnet mir eine Heerd Schafe, die ihr kärglich Gräslein gar geduldig aus dem hartgefror-

nen Schnee rupften; der Anblick gab mir plötzlich meine Ruhe wieder ... Liebs Kind, ich empfand es diesmal recht, welch ein reines Naturwesen doch der sonst so verpönte Winter an sich hat! wie auch er es versteht, einem das Herz weit zu machen. Siehst Du so von der Höhe die langen weißen Flächen, die blauen Alpgürtel im zarten Nebel, die einzeln hervorstechenden Thurmspitzen stiller Dörflein, all das hoch überwölbt von der klarsten gesündesten Luft – so teilt sich Dir ein Gefühl von Lust und Stärke mit, das wohl bald zu einer gewissen Feyerlichkeit steigt, wie ein weichlicher Frühling sie kaum geben kann. Und wenn ich so hin gieng in meinen Gedanken an Dich, so war es, als nähme all das Weiß eine leise Rosenfarbe an ...«

Eine besondere Empfänglichkeit für Gewitter war ihm eigen. In dem Gedicht »Im Freien«, woraus schon zitiert wurde, klingt es:

Wühlt durch die Locken mir,
Ihr Winde!
Verbirg dein Antlitz, freundlicher Himmel,
Mit dieser Wolken beruhigendem Grau!
Laß dichter deine großen Tropfen fallen
Auf diese Gräser, diese Bäum, diesen schwellenden Fluß!
Ach! Dumpfer, schöner Donner,
Wie erquickest du mich!
Laß dichter deine großen Tropfen fallen!
Rolle donnernder durch die Wölbung!
Daß es mich aufregt
Aus dem unerquicklichen
Matten Tod!
Nur daß ich fühl: ich lebe!

Ein Sommerbrief aus Eltingen an Luise Rau:
»Wenn ich ein Vöglein wär! – So verließ ich vorhin das Fenster und meine Pfarrleute und lief den Grillen nach auf meine Stube. Ein prächtiger Akkord des schnell entwickelten Gewitters gab meinen Träumereien plötzlich eine kräftigere und freudigere Gestalt: es war, als zerrisse ein Flor in meinem Innern: ich fühlte mich frei und erhoben, ja ich empfand mich Dir näher, und als die

Schläge des Donners so heftig wurden, daß die Gegend meilenweit davon erschüttert schien, konnt ich mir einen Augenblick einbilden, derselbe Donner, den ich eben höre, müßte auch zu Deinem Ohre dringen, ja vielleicht schaudern unsre Nerven in einer und der nämlichen Sekunde zusammen und unsre Seelen berührten sich im Nu des Blitzes. Jetzt goß der Regen in nasser platter Prosa nieder.«

Ein Schwall von Gewitterseligkeit ist in den Brief eingegangen, den Mörike im Juni 1832 aus Ochsenwang an Mährlen geschrieben hat:

»Es war abends vier Uhr; ich hatte soeben im Verdruß der Langenweile zu meiner guten Mutter gesagt: Heut hab ich eigentlich den ersten peinlich müßigen Tag am hiesigen Ort. Der kranke Hals, weil er eben zwischen Kopf und Brust mitteninne liegt, sperrt beiden den gewohnten Handel ab, der auch bei der ärgsten Faulenzerei sonst immer noch so ganz ersprießlich bei mir fortging. Ich hätte heulen können, wie ein Mädchen. Da sah ich am Fenster ein Gewitter von der Teckseite herziehen, eine Minute drauf rollte der erste Donner, und alle meine Lebensgeister fingen an, heimlich vergnüglich aufzulauschen. In unglaublicher Schnelle stand uns das Wetter überm Kopf. Breite, gewaltige Blitze, wie ich sie nie bei Tag gesehen, fielen wie Rosenschauer in unsre weiße Stube, und Schlag auf Schlag. Der alte Mozart muß in diesen Augenblicken mit dem Kapellmeister-Stäbchen unsichtbar in meinem Rücken gestanden und mir die Schulter berührt haben, denn wie der Teufel fuhr die Ouvertüre zum Titus in meiner Seele los, so unaufhaltsam, so prächtig, so durchdringend mit jenem oft wiederholten ehernen Schrei der römischen Tuba, daß sich mir beide Fäuste vor Entzücken ballten.«

Und aus dem *Maler Nolten:*

»Der Gärtner, welcher diese schwülen Tage her immer nach Regen geseufzt, lief jetzt – und Henni hinterdrein – mit schnellen Schritten nach Frühbeet und Gewächshaus, beide bezeugten laut ihren Jubel über den kommenden Segen, dem ein paar Windstöße kräftig vorangingen. Die Liebenden waren unter das hölzerne Dach des Belvedere getreten; Nannette trug einige Stühle hinaus. Sie bemerkten ein zwiefaches Wetter, davon die Hauptmacht vorne nach der Stadt zu lag, ein schwächeres spielte im Rücken des Schlosses. Die ganze Gegend hat sich schnell vernachtet. Da und dort zucken Blitze, der Donner kracht und wälzt seinen Groll mit Majestät fernab und weckt ihn dort aufs neue mit verstärktem Knall. Auf der Ebene unten scheint es schon herzhaft zu regnen. Hier oben herrscht noch eine dumpfe Stille, kaum hört man einzelne Tropfen auf dem nächsten Kastanienbaum aufschlagen, der seine breiten Blätter bis an das Geländer des Altans erhebt. Jetzt aber rauscht auch hier der Segen mächtig los. – Ein solcher Aufruhr der Natur pflegte den Maler sonst wohl zu einer mutigen Fröhlichkeit emporzuspannen; auch jetzt hing er mit Wollust an dem kühnen Anblicke des feurig aufgeregten Elements, doch blieb er stille und in sich gekehrt.«

Auch in späteren Jahren hat er Gewitter als ein Nervenbad genossen.

Mörike ist nie weit gereist; kurze Fahrten waren ihm willkommen. Briefe – und was an Reisebildern in Poesie und Prosa eingegangen ist – weisen ihn als einen zum Reisen besonders begabten Menschen aus. Seine empfindsame und präzise Naturbetrachtung ist dem Neuen begierig zugewandt. Er hat aber auch einen Blick für Stadtbilder und Architektur, auch bisweilen klare historische Einsichten; knappe Bemerkungen treffen und verblüffen.

Im Hochsommer 1831 hat Mörike einen Onkel auf dessen Geschäftsreise von Stuttgart nach Ulm und ins Oberland begleitet. Beiläufig gesagt: man ist mit Roß und Wagen auf den guten württembergischen Chausseen nicht so langsam gefahren; verzögerte Abfahrt in Stuttgart früh halb sieben, zu Mittag in Göppingen, abends um neun in Ulm. In einem langen Brief an Luise Rau hat Mörike von dieser Reise berichtet. – Das Reisefieber weckt ihn schon in dunkler Frühe: »Ich trat manchmal ans offene Fenster: ein leiser Wind bewegte die Bäume, der Mond stand in dem reinsten Blau, und aus einer ziemlich entfernten Straße ließ sich eine Nachtigall sehr lebhaft hören. Mir war ganz feierlich zu Mut: der dunkeltiefe Zauberbrunnen, worin die Phantasie in einer solchen Sommernacht sich so gerne beschaut, schien immer unerschöpflicher zu werden ... Einmal streif ich zufällig mit dem Knie an die Saiten einer Gitarre, die, ohne daß ichs wußte, zwischen Tisch und Wand gelehnt stand; der unverhoffte schöne Ton traf mir das aufgeregt Herz seltsam mit einem angenehmen Schrekken ...«

Es wurde ein warmer Tag: »Bis Geislingen lehnten wir die Köpfe in die Kutschenecke. Es war schwüle, gewitterhafte Luft. Ein süßer Heuduft wehte auf uns zu, und das Geklirr der Sensen mischte sich lieblich in meinen Halbschlaf.« In Göppingen wird Station gemacht, dann in Geislingen. Mörike erinnert sich dort an Schubarts Schulmeisterexistenz. »Im goldnen Löwen, wo dieser arme Bruder in Apoll so manchen guten Schluck getan, fand ich zu meinem heimlichen Verdrusse Alles modern herausstaffiert. Ich schwur, wenn ich das nächstemal wiederkäme, ein Porträt des Poeten als fromme Stiftung an die Wand zu hängen.« Merkwürdig, wie ihn die modische (also biedermeierliche) Veränderung stört. Bei Sonnenuntergang dann hinab nach Ulm. »Bald lag der Münster wie ein schauerlicher Block vor Augen. Dieser Koloß, der so tyrannisch alles um sich her verkleinert und, von der Ferne betrachtet, gar keinen Bezug auf die Stadt annehmen will, scheint, wie ein übriggebliebenes Gespenst aus früheren Jahrhunderten, sich fremd und kalt in unserem verflachten Kirchenalter zu fühlen. Übrigens ist er zu seiner baulichen Umgebung um so unverhältnismäßiger, als er zu sich selber kein Verhältnis hat. Die Schuld hievon liegt aber nur daran, daß der Turm weit über die Hälfte nicht ausgebaut ist; das Fehlende hinzugedacht, ist alles unvergleichlich.« (Bekanntlich ist der Turm erst in der zweiten Hälfte des 19. Jahrhunderts vollendet worden.)

Wiederholt ist er Marionettentheatern begegnet auf dieser Reise. Eines, in Ulm, bietet für schweres Geld ein so kurzes wie schlecht gespieltes Stück. Beim nächsten Aufenthalt in Öpfingen ist auch ein Puppentheater im Gasthof einquartiert; im Halbdunkel des

Saals gerät der Dichter zwischen das aufgehängte Personal und läßt die Puppen ein wenig tanzen – das Totengeripp mit dem Bajazzo. Nächste Station, ebenfalls mit reisenden Schauspielern unter einem Dach, war dann Obermarchtal, das Schloß mit seinen Gärten, »von denen man auf Einer Seite jäh in ein malerisch Tälchen blickt, wo sich die Donau, unter schöner Krümmung und mit breitem Wörth, zwischen Mühlen und bebuschten Felsen durchzieht«. (In Geislingen hat er Schubarts gedacht; daß er in Obermarchtal den Sebastian Sailer nicht erwähnt, zeigt, daß er den schwäbischen Barockdichter damals noch nicht gekannt hat.)

Ein Zitat aus *Maler Nolten:* »In gereizten Stimmungen ... hat der Mensch auf einige Sekunden die höchste Empfänglichkeit für die Natur ... er möchte mit einem Sprung sich ganz nur ihrer Freundschaft, ihres göttlich stillen Lebens bemächtigen, um auf einmal eine Last von alten Zuständen abzuwerfen und zu vergessen. Aber dieses schnell aufflackernde Gefühl ist nur der Sonnenblick, dem alsbald wieder die vorige Wolkentrübe folgt«.

> Frühling läßt sein blaues Band
> Wieder flattern durch die Lüfte;
> Süße, wohlbekannte Düfte
> Streifen ahnungsvoll das Land.
> Veilchen träumen schon,
> Wollen balde kommen.
> – Horch, von fern ein leiser Harfenton!
> Frühling, ja du bists!
> Dich hab ich vernommen!

Das ist im März 1829 geschrieben, als er sich in Pflummern wieder unter das Joch des Pfarrdienstes gebückt hatte. – In seiner frühen Vikarzeit, Herbst 1827 in Köngen, entstand das Gedicht:

UM MITTERNACHT

> Gelassen stieg die Nacht ans Land,
> Lehnt träumend an der Berge Wand,
> Ihr Auge sieht die goldne Waage nun
> Der Zeit in gleichen Schalen stille ruhn;

Und kecker rauschen die Quellen hervor,
Sie singen der Mutter, der Nacht, ins Ohr
   Vom Tage,
Vom heute gewesenen Tage.
Das uralt alte Schlummerlied,
Sie achtets nicht, sie ist es müd;
Ihr klingt des Himmels Bläue süßer noch,
Der flüchtgen Stunden gleichgeschwungnes Joch.
Doch immer behalten die Quellen das Wort,
Es singen die Wasser im Schlafe noch fort
   Vom Tage,
Vom heute gewesenen Tage.

CLEVERSULZBACH

Am Ziel?

»Das Dorf liegt freundlich in ziemlich regelmäßiger Gestalt in dem Thälchen des nordwärts fließenden, bald unterhalb Cleversulzbach in die Brettach mündenden Sulzbaches, lieblich umrahmt im Süden von waldbewachsenen steilen Höhen, den Ausläufern der Löwensteiner Berge, in welche der Sulzbach und das Kieferthal einen tiefen Einschnitt macht, während nördlich vom Ort die sanfteren Höhen des rebenbepflanzten Vörrenbergs vorgelagert sind. Das Dorf selbst ist nicht besonders ansehnlich, da es nur wenige größere Gebäude aufweist. Die Ortsstraßen sind chaussirt und gekandelt. Das Ortswappen enthält eine Traube, gemäß der irrigen Ableitung des Namens von Clevner.

Die kleine und unansehnliche Kirche, aus Stein gebaut und außen beworfen, scheint auf einem alten längst verlassenen Begräbnisplatz zu stehen. Das Terrain steigt nach Westen an, weshalb auch der Boden der Kirche etwas feucht ist. Der mit zopfigem Ornament versehene Taufstein zeigt die Jahreszahl 1710, während der im Chorhaus stehende Altar neu ist. Der Chor, welcher das untere Geschoß des kleinen und niederen viereckigen Thurmes bildet, zeigt ein Kreuzgewölbe mit Gurten, in welchem der Sternenhimmel gemalt ist; das Schiff hat eine flache Decke ...

Das Klima ist im Ganzen mild, doch sind Frühlingsfröste häufig. Gegen starke Winde wird die Gegend durch die vorgelagerten Berge geschützt und Hagelschlag ist selten. Es ist eine Lehm- und Kiesgrube vorhanden, sowie 2 tief eingetriebene Gipsbrüche und ein Steinbruch, aus dem weißer Sandstein gewonnen wird.

Die Einwohner leben vom Feldbau, von Viehzucht, etwas Weinbau und Obstzucht. Die Vermögensverhältnisse sind nur mittelmäßig. Der vermöglichste Einwohner hat 70 Morgen Grundbesitz, der Mittelmann ca. 25 Morgen, die ärmere Klasse 1/2–1 Morgen.

Vom Kleinhandwerk sind besonders die Leineweber vertreten; 2 Krämer und eine Schildwirthschaft sind im Ort. Manche verdienen sich auch Unterhalt durch Stroh- und Korbflechtereien, die nach Heilbronn abgesetzt werden ...«

So liest man über Cleversulzbach in der Beschreibung des Oberamts Neckarsulm, herausgegeben von dem K. statistisch-topographischen Bureau; »Muster in ihrer Art« hat Jacob Burckhardt diese württembergischen Oberamtsbeschreibungen genannt. – Die Leute sprechen fränkisch, waren aber seit Jahrhunderten, und nicht erst seit Napoleon, württembergische Untertanen.

Nach etlichen vergeblichen Bemühungen um eine Pfarrstelle hat Mörike sich am 16. April 1834 um die Pfarrei Cleversulzbach beworben. Am 14. Mai wurde dem Gesuch entsprochen; Jahresgehalt 600 Gulden; es war eine der schlechtest besoldeten Pfarrstellen im Land; der Flecken zählte wenig mehr als sechshundert Einwohner. Nachdem er sich das Geld für die Umzugskosten geliehen hatte, konnte Mörike seinen Dienst am 3. Juli 1834 antreten. Er war am Ziel, gewissermaßen.

»Das Pfarrhaus, am Ende des Orts an der nach Neuenstadt führenden Straße gelegen, ist nach der auf der Westseite an der Oberschwelle der Hausthüre angebrachten Jahreszahl im Jahr 1755 erbaut. Die hohen Zimmer desselben zeigen dicke Mauern mit tiefen Fensternischen.«

So die Oberamtsbeschreibung. »Das Haus ist eine Eisgrube Sommers und Winters« – diese Briefstelle sei zur Ergänzung beigefügt. Der Garten war das beste Stück dieses Amtssitzes. Mährlen hat ihn in einem Brief beschrieben: »Gerade Wege führen durch den Garten, zu beiden Seiten breite Rabatten, von unzähligen Nelken besetzt ... dazwischen stehen auf schwanken Stielen jungfräuliche Mohnblumen ... Nachtviolen, Lilien, Blumen aller Art, welchen die Bewohner des Hauses ihre Sorgfalt und ihre Liebe widmen ... Darunter ist aber auch an den Nutzen vielseitig gedacht: ein Feld mit Mohnpflanzen soll Öl, zahlreiche Stöcke von Hülsen- und Schotengewächsen Früchte für den Sommer und Winter, Stachel- und Johannisbeerhecken kühlenden Saft für die nächsten Wochen liefern. Der Garten ist von Bauerngütern umgeben. Teils Pflugland, teils Wiesen, mit Obstbäumen besetzt: an einer Seite stehen, durch Gemüsegärten getrennt, bescheidene

Hecken, über deren Gipfel ein ebenso bescheidener schieferge-
deckter Kirchturm sich erhebt ... Von dem Hausflur, aus den
Zimmern gehts eben und schnurgerade in die Gartenwege auf die
Lauben zu. Mit einem Schritt steige ich von draußen in mein
Schlafzimmer ...« Nicht erwähnt ist die hohe Buche, in deren
Rinde der Pfarrherr den Namen Hölty geschnitten hat.

Kein Zweifel, daß Mörike dieses sein erstes und einziges Pfarramt pflichtbewußt angetreten hat. Aus der Amts-Instruktion für
die evangelische Geistlichkeit in dem Königreich Württemberg
(von 1827): »Ein Hauptgeschäft des Geistlichen ist, die Wahrheiten des Christentums in freien Reden vorzutragen ... Sorgfältige
Vorbereitung auf die Kanzel-Vorträge ist eine Pflicht, welche bloß
von leichtsinnigen und gewissenlosen Geistlichen hintangesetzt
werden kann ... Nicht minder wichtig, als die Predigten, sind die
Catechisationen, durch welche die Jugend eine klare und frucht-
bare Erkenntnis der Wahrheiten des Christentums gewinnen soll.
Sie dürfen daher von den Geistlichen nicht leicht genommen
werden ... Die Schule, als die Pflanzstätte alles Guten, welches
unter dem nachwachsenden Geschlecht der Gemeinde gedeihen
soll, nimmt die Aufmerksamkeit und Tätigkeit des Geistlichen
vorzüglich in Anspruch ... Die freie Zeit, welche dem Geistlichen
von seinen Amtsgeschäften übrig bleibt, benütze er sorgfältig und
zweckmäßig. Ohne sich unangemessenen oder gar unanständigen
Beschäftigungen zu widmen, oder sich zwecklosen Zerstreuun-
gen hinzugeben, lasse er es sich vor Allem angelegen sein, sich
durch Wissenschaft fortzubilden ...« (Von der Ökonomie, die
besonders den Inhabern der besseren ländlichen Pfarrstellen ungeheuer wichtig war, ist nicht die Rede.) – Diese Vorschriften waren
jedem Pfarrer geläufig.

Aus Mörikes Amtstätigkeit zu Beginn der Cleversulzbacher
Jahre als Beispiel ein Auszug aus einem Schulvisitationsprotokoll:
Das Lesen ging – mit wenigen Ausnahmen besonders unter
den Buben – wie mans erwarten konnte.
Die memorirten Sprüche gingen ordentlich, so auch was von
Liedern gehört wurde bei Einzelnen gut. Andere mußten er-
mahnt werden zu fleißigerer Übung.

Unter den Handschriften zeichneten sich mehrere sowohl bei Mädchen als Buben recht vorteilhaft aus. Manche wurden aber auch eigentlich schlecht, kindisch, inkorrekt und unreinlich befunden. Das Rechnen im Ganzen erträglich.

Gesang nicht übel.

Wenn etwas in seiner Amtsführung mustergültig gewesen ist, dann war es der alphabetisch geordnete Registraturplan, den er sich hat einfallen lassen – A: Armenwesen, Auswärtige. B: Bauwesen, Bevölkerungslisten, Bibelsachen. C: Collekten, Confirmation – und so fort. Er hat es dem Freund und Amtsbruder Hartlaub mitgeteilt mit der stolzen Bemerkung: »Die Prälaten Kapff und Märklin haben mich um dieses Muster ersucht; habs ihnen aber aus Handwerksneid nicht verabfolgt.«

Man mag für die ersten Monate von einem maßvollen Diensteifer sprechen. Schwere Krankheitsanfälle, im Spätjahr 1834 und im Sommer 1835, haben den gelinden Eifer erlahmen lassen. Krankheit, niederdrückende Geldsorgen, böse Belastungen durch die aus ihrer Bahn geratenen Brüder Karl und Adolf haben seine Dorfpfarrerexistenz verdunkelt – es wird davon zu berichten sein. Seinen Amtspflichten ist er nur noch notdürftig nachgekommen; ohne Vikar ging es nicht, so klein die Gemeinde war. »Ich war die ganze Zeit teils unpäßlich, teils mit so mancherlei Halbgeschäften behängt« – diese Bemerkung (1838 in einem Brief an Ernst Kurz) ist charakteristisch für weite Strecken seines Lebens.

Nun war Cleversulzbach in einer Hinsicht ausgezeichnet, und Mörike hat das von Anfang an gewußt und gewürdigt: Hier hatte Schillers Mutter, »die Frau Major«, ihre Witwenjahre verlebt; im Pfarrhaus bei ihrer jüngsten Tochter Luise, die mit dem Pfarrer Frankh verheiratet war. Ihr Grab war eben noch kenntlich, als Mörike aufzog; ein Obstbaum wuchs darüber. Mörike hat das Grab in Pflege genommen, mit Blumen geschmückt, eine Trauerweide gepflanzt. Das war der unweit lebenden Frau Luise Frankh nicht entgangen. Sie hat ihm gedankt. In seinem Antwortbrief darauf erwähnt Mörike den von ihm so hoch geschätzten Briefwechsel zwischen Schiller und Goethe – nirgends erscheine Schillers liebenswürdige, großherzige Persönlichkeit so schön wie in diesen Briefen. Zu einer Begegnung ist es nicht gekommen, obwohl diese Schwester Schillers in Brettach, nahe genug, wohnte; sie ist aber im folgenden Jahr gestorben. Mit ihren Töchtern bzw. Schwiegersöhnen hatte Mörike dann zu tun, als ihn der Verleger Schweizerbart mit der Herausgabe der dort befindlichen Briefe Schillers beauftragte (erschienen 1839 im zweiten Band der *Nachträge zu Schillers Sämtlichen Werken*, herausgegeben von Boas).

Für das Grab von Schillers Mutter hat Mörike noch etwas bleibendes getan. Im Frühjahr 1837 hat er ein ausgedientes steinernes Kreuz mit der Inschrift »Schillers Mutter« versehen, eigenhändig. »Ich habe hierin einige Übung, und sind die Lettern, tief und scharf, Fraktur, auch so glücklich geraten, daß jeder Steinmetz mit Vergnügen sich zu dieser Arbeit bekennen würde ... Daß mir kein Mensch einen Großdank dafür gibt, tut ihm nichts und macht mir die Sache nur um so eigner und lieber (an Hermann Kurz). Als Frau Charlotte Mörike im Frühjahr 1841 starb, hat der Sohn sie neben Schillers Mutter beigesetzt. Die Gräber dieser Mütter verleihen dem bescheidenen Dorffriedhof einen unvergleichlichen Rang.

Den Pfarrhaushalt besorgte die Schwester Klara, die siebzehn Jahre zählte, als man in Cleversulzbach aufzog. Sie war ein Säugling gewesen, als sich durch den Tod des Vaters die Familie auflöste, und hatte ihre Kindheit bei Onkel und Tante Neuffer verbracht, neben dem gleichnamigen Bäslein, Eduards Jugendliebe. Später lebte sie bei der Mutter; in allen Haushaltsdingen tüchtig, und infolge der Lektüre, für die Eduard immer gesorgt hatte, nicht ungebildet. Im Cleversulzbacher Pfarrhaus war sie schon durch ihre Jugend ein belebendes Element; sie ging dem Bruder aber auch bei der Edition seiner Gedichte an die Hand. Eduard hat dieser Schwester eine Reihe von Gelegenheitsgedichten gewidmet – »Am Bügeltisch ...«, »Mit Gänseblümchen ...« oder auch ernsthaft:

Nach der ich früh und spät die Augen gläubig richte,
Als meinem lieben Stern und holden Trostgesichte,
Mit dem mein Leben steigt und fällt ...

133

»Ein Mägdlein war zur Welt gekommen« ist grotesk, ja unheimlich; es beginnt mit den Segenssprüchen dreier guter Feen – Liebe, Sittsamkeit, Klugheit:

> Dann guckt der Narr zur Tür herein,
> Ob itzt das Feld mag reine sein –

und macht mit dem Kind wahre Affensprünge, geradezu blasphemische Scherze. Als das Kind zu Jahren kommt, offenbart sich der Segen, aber:

> So oft sie einen Narren sieht,
> So weiß sie nicht, wie ihr geschieht,
> Es heimelt sie im Herzen an,
> Sie lacht, als seis ihr angetan.

Klara Mörike ist wohl nicht gänzlich ein selbstloser, heiterer Hausgeist gewesen. Vielleicht war auch in einer Falte ihrer Seele etwas Schweifendes, das ihre so ungleichen Brüder in die Höhe oder in die Tiefe trieb.

Zum Pfarrhaushalt zählten die Vikare. Der letzte, mehrere Jahre in Cleversulzbach tätig, war Gottlieb Friedrich Sattler, zu dem Mörike ein freundschaftlich getöntes Verhältnis unterhielt, von der ersten Stunde an, denn dieser Vikar stellte sich seinem Dienstherrn vor mit einem Starenkäfig in der Hand. So paßte er nicht schlecht ins Milieu dieses Hauses, in dem allerlei Getier liebevoll gehegt wurde, Hund, Katzen, Vögel. Mörike hat sich immer mit Tieren umgeben. Aber hier, und nur hier, ist er Hausherr gewesen und brauchte mit seiner Menagerie auf niemanden Rücksicht nehmen. Eine Art Person war der Spitz Joli, Hausgenosse bereits in Ochsenwang. Dort war er einmal verlorengegangen:

»Aber was schwänzelt und schnobert und zerrt mir denn unaufhörlich um die Füße? was hat mich schon auf der Schwelle halb aufgefressen vor Freude? O Wunder, Joli ist da! – Sechs Stunden vor mir war er traurig und mutterseelenallein am Pfarrhaus eingetroffen. Wie er sich von mir wegverlor, in wieviel hundert Markungen von wenigstens fünf Oberämtern das arme Tier bei Tag und Nacht auf meiner Spur sich abgemattet und ausgehungert haben mag, kann ich ihm leider in den Augen nicht absehen, aber die Geschichte der berühmten hundert Tage von anno 15 könnte mir kaum denkwürdiger sein, als diese vier Tage es wären. Nun hab ich ihn doch wieder; er folgt mir wohlgewarnt nun immer hinter den Fersen, und mit großem Behagen las ich ihm neulich seinen Steckbrief in der Zeitung vor.«

In einem der letzten Briefe an Luise Rau ist dieses Dokument der Hundeliebe aufgehoben. Joli ist neben seinem Herrn alt geworden. Von einem jungen Kätzlein berichtet Mörike, es »sucht auf alle Art Jolis Freundschaft, täubelt nach seinem Schwanze, springt auf ihn zu, wird aber schnöde, oft grimmig abgewiesen. Diese Hausgenossenschaft ist ganz geeignet ihm sein altes Dasein vollends zu verkümmern, deswegen ihm zuweilen eine besonderes Bene von mir widerfährt.« Um ihm Altersqualen zu ersparen, wurde der Joli erschossen. Sein Nachfolger wurde der Pudel Prudent, von dem aber weniger die Rede ist. – Mörike hat nicht nur seinen Haustieren Aufmerksamkeit gewidmet. Die Rettung einer Schwanzmeisenbrut – »die Familie Löffelstelz« – wird in einem Brief an Hartlaub ausführlich beschrieben. Über die Störche, ihre Ankunft, die Aufzucht der Jungen, ihre Abreise hat der Pfarrherr präzis Buch geführt. – In dem Märchen *Der Bauer und sein Sohn* ist der geplagte Gaul Hansel eigentlich die Hauptperson. Es endet: »Seit dieser Zeit hat sich im ganzen Dorf kein Mensch an einem Tier mehr versündigt.«

»Was mein Verhältnis zur Poesie betrifft, so ists für jetzt eigentlich nur die Sehnsucht eines Liebhabers zur Liebsten, der sich diäthalber enthalten muß.« Das steht in einem Brief an Vischer, Dezember 1837, und man ist versucht, das für lange Strecken der Cleversulzbacher Jahre gelten zu lassen. – Mörikes literarische Tätigkeit in jener Zeit (ziemlich genau sein viertes Lebensjahrzehnt) läßt sich mit Stichworten kennzeichnen: Ordnen, redigieren seiner Gedichte – Übersetzungen, Nachdichtungen antiker Poesie (*Classische Blumenlese*) – ein Operntext (*Die Regenbrüder*)

– kleinere Prosastücke *(Der Schatz, Der Bauer und sein Sohn)*; endlich, ungleichmäßig über die Jahre verteilt, einige Gedichte von seiner besten Art, neben vielerlei Gelegenheitsreimerei.

Der Text für eine Märchenoper, *Die Regenbrüder,* war schon zu Papier gebracht, als Mörike in Cleversulzbach aufzog. Er hatte dann Jahre hindurch Gelegenheit, sich mit dem Projekt bald besorgt, bald hoffnungsvoll zu beschäftigen, das mit Zauberern, Kobolden, Feen, Elfen, auch biederen Männern aus dem Volk, als ein Nachklang der orplidischen Märchenwelt erscheint. Im April 1837 wurde das Libretto vom Stuttgarter Hoftheater angenommen und mit 100 Gulden honoriert. Als Mörike im Spätjahr 1838 einen längeren Besuch in Stuttgart machte, hatte er im Theater eine Inszenierungsbesprechung. Er hat übrigens diesen Aufenthalt als Unterbrechung der dörflichen Stille sehr genossen, einige gewohnte Unpäßlichkeiten abgerechnet. Aufgeführt (und nach der zweiten Vorstellung abgesetzt) wurde die Oper im Frühjahr 1839.

Ein orplidischer Nachklang ganz anderer Art sind die *Wispeliaden,* groteske Verse, die dem Wispel in den Mund gelegt sind, einer jener von Mörike und Bauer erfundenen Rüpelfiguren, einem windigen, ziemlich widerwärtigen Kerl. Für einen Pfarrer sind diese Verse eine etwas sonderbare Nebenbeschäftigung, zumal Geistliches von solchen Spielen nicht ausgeschlossen blieb. Da ist eine »Sarkasme wider den Pietism«:

Wer wissen will, wie baigen, wie pikant
Der Christianism öfters Hand in Hand
Mit feinem Sünden-Reize webt,
Dem biet ich folgendes Rezept:
Mir wismet es ein Pietist,
Der doch zugleich Lyäens nicht vergißt.

Man nimmt ein altes Evangilen-Buch,
Um es in lauem Branntwein einzuwaichnen,
Bringts unter die Kompreß, um es dann durch ein Tuch
Bis auf den letzten Tropfen auszulaichnen:
So hast du einen Extrait d'Evangile
Der mit Bedacht goutiert sein will,

Du hast – ein Tröpfchen unter deinen Wein –
Ein wonne schmerzlich Reu- und Buß-Tränklein!

Man findet in den Wispeliaden tolle Sprachspielereien:

Der Kehlkopf, der im hohlen Bom
Als Weidenschnuppe uns ergözt,
Dem kam man endlich auf das Trom,
Und hat ihn säuberlich zerbäzt,
Man kam von hinten angestiegen,
Drauf ward er vorne ausgezwiegn.

Und noch eine der spielerisch erfundenen Gestalten nimmt im
Märchen vom sicheren Mann Gestalt an:

Soll ich vom sicheren Mann ein Märchen erzählen, so höret!
– Etliche sagen, ihn habe die steinerne Kröte geboren.
Also heißet ein mächtiger Fels in den Bergen des
[Schwarzwalds . . .

Die Arbeit wird wie eine Nebensache begonnen, ist aber dem
Dichter zu einem Epos aus homerischem Geist geraten – »ein
größer Poem von einer seltsamlichen Sorte«, schreibt er an Hermann Kurz; kraftvoll und von einem gesegneten Humor. Dieser
glückliche Wurf gelingt zu einer Zeit, in der sich Mörike mit
antiker Poesie beschäftigte.

»Ich bin in meinen bessern Stunden gegenwärtig mit einer Art
von klassischer Anthologie beschäftigt, einer Auswahl der vorzüglichsten altgriechischen und römischen Lieder, Elegien, Idyllen, Epigramme, nach den besten Übersetzungen, die ich wo es
not tut verbessere und mit fortlaufenden kurzen Noten versehe
. . . Ich arbeite soeben den herrlichen Tibullus aus und wüßte
überhaupt nicht leicht ein angenehmeres Geschäft, wenn ich mich
nur so recht, wie ich gern wollte, daran halten dürfte« (am 4. Mai
1838 an Justinus Kerner).

Wie der wechselnde Wind nach allen Seiten die hohen
Saaten im weichen Schwung niedergebogen durchwühlt:

Liebekranker Tibull! so unstet fluten, so reizend
Deine Gesänge dahin, während der Gott dich bestürmt.

Tibull, ein Dichter, der um die Zeitenwende gelebt hat, hat außer
der Liebe – Mädchen wie Knaben zugewandt – das italische
Landleben besungen. Bukolisch, dem späteren Vergil ein Vorbild,
waren auch die Verse des griechischen Dichters Theokrit, mit dem
sich der Pfarrer von Cleversulzbach gleichfalls beschäftigt hat – in
»bessern Stunden«.

Finsternisse

Kaum mehr als vier Monate, nachdem er seinen Dienst in Cleversulzbach angetreten hatte, erkrankte Mörike an einer schweren
und langwierigen Unterleibsentzündung, die ihn das Leben hätte
kosten können.

»Wenn ich diesen Winter wirklich aus dem Lande der Lebendigen abgesegelt wäre, wie es denn, in allem Ernste gesagt, einmal
sehr nahe dran war, so könnte kaum ein altius silentium zwischen
uns herrschen, als seit etlichen Monaten der Fall ist. Außer der
gedachten, noch sehr glücklich hintertriebenen Expedition nach
jener allverhaßten schwarzen Küste war übrigens auch kaum
etwas zu schreiben, und durch die Geschichte eines Menschen,
der innerhalb fünf Wochen (an einer Unterleibsentzündung) tod-
krank und kerngesund geworden ist, wird nachderhand keine
Seele, auch kein bester Freund nicht mehr gerührt, ja der Gerettete
selber gähnt bei dem Dank-und Freudenfest, das ihm die Seinen
hintennach anstellen. Ich drehe mich noch immer in meinem alten
Kreis herum und nähre mich noch immer an guten Vorsätzen
mehr als guten Taten. Jetzt aber kommt der Frühling, und ich
empfinde schon von fern die süße Gärung wieder, die sein Geruch
alljährlich bei mir weckt . . .«

So berichtet er am 4. März 1835 an Mährlen. Aber schon der
Sommer bringt die nächste ernste Krise: allgemeine Nervenschwä-
che, Blutandrang; dann scheinbare Genesung. Anfang September
erfolgt ein »Rückenmarks-Schlaganfall«, der mit Quecksilber ku-

riert wird. – Der Bitte um einen Vikar wird unverzüglich stattgegeben.

Lebenbedrohende Krankheiten haben ihn danach in Cleversulzbach nicht mehr heimgesucht, aber »Unpäßlichkeit« wird über lange Strecken zum Dauerzustand. Das alte Haus, diese »Eisgrube«, mit dicken, nassen, kalten Mauern, strahlt Rheuma aus. Unter den ärztlichen Behandlungen – und er hatte tüchtige Ärzte – fällt auf, daß gegen Rückenmarksleiden und Kreislaufstörungen Versuche mit Elektroschock (Voltasche Säule) und Galvanisation unternommen wurden; anscheinend nicht ohne Erfolg. Weniger problematisch waren Bäderkuren. Ein Wort aus einem Brief aus Mergentheim: »Die kristallhelle Quelle flößte mir am andern Morgen gleich den ganzen Unrat aus der Seele.«

In einigen Gedichten finden wir die Krankheitserlebnisse jener Zeit gespiegelt. »Auf dem Krankenbette«:

Gleichwie ein Vogel am Fenster vorbei mit sonnebeglänztem
Flügel den blitzenden Schein wirft in ein schattig Gemach,
Also, mitten im Gram um verlorene Jahre des Siechbetts,
Überraschet und weckt leuchtende Hoffnung mich oft.

Mehr als ein Gelegenheitsgedicht ist der Dank an seinen Arzt Dr. Elsässer:

Siehe! da stünd ich wieder auf meinen Füssen und Blicke
Froh erstaunt in die Welt, die mir im Rücken schon lag!

Lob- und Dankstrophen – »und am Abend sitzt er beim Kruge
Wie ein anderer Mann, füllet sein Pfeifchen und ruht«.

Hellste Läuterung des Krankheitserlebnisses »Der Genesene an die Hoffnung«:

Tödlich graute mir der Morgen:
Doch schon lag mein Haupt, wie süß!
Hoffnung, dir im Schoß verborgen,
Bis der Sieg gewonnen hieß.

Opfer bracht ich allen Göttern,
Doch vergessen warest du;
Seitwärts von den ewgen Rettern
Sahest du dem Feste zu.

O vergib, du Vielgetreue!
Tritt aus deinem Dämmerlicht,
Daß ich dir ins ewig neue,
Mondenhelle Angesicht
Einmal schaue, recht von Herzen,
Wie ein Kind und sonder Harm;
Ach, nur einmal ohne Schmerzen
Schließe mich in deinen Arm!

Es gibt Gedichte, die jedem Menschen wie Wasser in der Wüste
sein können.

Eduard Mörike ist sein Leben hindurch arm gewesen. Genauer
gesagt: er hat innerhalb seines Standes materiell an der unteren
Grenze gelebt. Dazu hat er, wie Schiller, lange Zeit unter der Last
drückender Schulden geseufzt. Die Cleversulzbacher Jahre waren
die schlimmsten.

Die Schulden waren Darlehen und in gewissem Sinn die Vorschüsse, die er immer wieder von den Verlegern erbitten mußte.
Bürgschaften, die er für seine Brüder Karl und Adolf leistete,
verschlimmerten die Situation. Ein Brief an einen seiner Gläubiger, den Kaufmann Fecht in Stuttgart:

Cleversulzbach, den 10. Juli 1837
Verehrtester Herr!

Meine Absicht, Sie auf die von mir selbst bestimmte Zeit zu
befriedigen, war ebenso redlich als wohl gegründet. Ich hatte
hiebei eine literarische Einnahme im Auge und meine Aussicht
diesfalls ist auch bereits zum großen Teil realisiert. Allein inzwischen trat ein anderer Umstand ein, wodurch mir eine nicht
minder wichtige Pflicht nahe gelegt wird. Ich soll noch diesen
Sommer, d.h. in den nächsten Tagen, zu gründlicher Wiederher-

stellung meiner Gesundheit ein Bad gebrauchen: meine kranke Schwester macht die Kur mit und ich habe dadurch immer einen Aufwand von zweihundert Gulden. Im Ganzen betrüge meine Buchhändler-Einnahme (laut Kontrakt vom 2. Juli des Jahrs) – dreihundert Gulden. Hievon sind siebenundsiebzig Gulden für eine Schuld meines älteren Bruders längst verschrieben, durch deren Übernahme ich seine Existenz an dem Ort seiner Bestimmung allein möglich machte.

Können diese Umstände – über deren vollkommene Wahrheit ich weiter kein Wort hinzusetzen will, außer, daß ich mir erlaube einen Brief meines Freundes Dr. Mährlen in Stuttgart beizulegen – Sie zu gütiger Gewährung noch einer weiteren Frist bestimmen, so wär es gut und schön. Es wird mir nicht an Mitteln fehlen, mir auch künftig durch außerordentlichen Verdienst – und zwar mit neu befestigter Gesundheit in reicherem Maße als bisher – Etwas zu sammeln, wobei Sie und Ihr bisheriges Vertrauen mein erstes Augenmerk bleiben werden.

Ich sehe einer günstigen Antwort, wozu mir Ihre und Dero verehrten Frau Gemahlin bisher so freundschaftliche Gesinnungen die Hoffnung geben, hiermit entgegen und bin unter den achtungsvollsten Empfehlungen

Ihr ergebenster
Eduard Mörike Pfarrer.

Das ist ein achtenswerter Geschäftsbrief; der zahlungsunfähige Schuldner wahrt seine Würde. Es ist anzunehmen, daß Mörike in der Abfassung solcher Briefe nicht ungeübt war. Übrigens ist der Adressat noch im selben Jahr gestorben. Im Jahr darauf hat sich Mörike, wie schon erwähnt, mehrere Wochen in Stuttgart aufgehalten, hatte sich mit seinem Bruder Louis im Gasthof zur Sonne einquartiert. Nach ein paar Tagen des Wirtshauslebens leid, beziehen sie in der Gerberstrasse 10 ein sehr angenehmes Zimmer, richten sich behaglich ein, schwatzen noch mit der Vermieterin, einer Schuhmachersfrau, die beiläufig bemerkt: »Und wissen Sie, der reiche Kaufmann Fecht, der vorm Jahr am Nervenfieber so schnell starb, hat auch da gewohnt.« Die Brüder haben die Nacht wieder in der »Sonne« verbracht.

Im Jahr 1838 hatten Mörikes Schulden die Höhe von 1600 Gulden erreicht; das entsprach zweieinhalb Jahresgehältern. Daß er nicht ganz verzweifeln mußte, hatte er seinen Freunden zu danken. Die Freunde drängten bei den Verlegern auf Vorschüsse für ihn. Sie veranstalteten Geldsammlungen. Sie machten Geldgeschenke. Sie bürgten für ihn. Sie gaben Darlehen zu den freundschaftlichsten Bedingungen. So hat ihm Hartlaub, Mai 1840, auf einen Schlag 550 Gulden geliehen (damit stand der Dichter bei diesem treuesten Freund mit tausend Gulden in der Kreide). Mörike hat mit diesem Geld eine Vielzahl kleiner bissiger Gläubiger auszahlen können. Aus seinem Dankbrief an Hartlaub: »An den folgenden Tagen ward die Kanzlei auf meiner Stube aufgeschlagen, die Tür geriegelt, mit Louis und Klärchen gerechnet, gezählt, registriert und gepackt; den ganzen Tag roch es nach lauter Siegellack im Zimmer. Gottlob! nun sind (mit 550 Gulden) so an die vierzig Kerle totgeschlagen und wird mich ihrer keiner mehr beissen noch zwacken.« Und: »Nun hab ich erst den Mut zu rechnen und zu sparen, da Grund und Boden sichtbar ist.«

Handwerklich begabt, hat Mörike den Versuch unternommen, eine von ihm konstruierte Zauberlaterne oder Laterna magica (eine solche spielt im *Maler Nolten* eine Rolle) mit Hilfe eines Esslinger Optikers serienweise fertigen zu lassen und auf diesem Weg zu Geld zu kommen. Einen Gewinn von 800 Gulden hatte er sich ausgerechnet. Es ist aber nichts daraus geworden, so wenig wie aus späteren Versuchen dieser Art.

Von den Brüdern, besonders von den düsteren Geschicken Karls und Adolfs, ist wiederholt die Rede gewesen. Niemals hat ihr Mißgeschick das Leben Eduards so verfinstert wie in den Cleversulzbacher Jahren.

Karl hatte sein Jahr auf dem Asperg abgesessen. Man hatte ihm, beinahe zum Verwundern, eine Assistentenstelle bei der Abgeordnetenkammer gegeben, die er aber nach einiger Zeit ohne Kündigung verließ – töricht genug, denn wenig später reichte er ein

Gesuch um Wiedereinstellung in den Staatsdienst ein; vergeblich. Das war im Sommer 1834, als Eduard eben Pfarrer in Cleversulzbach geworden war. Gleichfalls abschlägig wurde im Herbst – Karl hatte sich inzwischen im Pfarrhaus eingenistet – ein Gesuch um interimistische Beschäftigung beim Innenministerium beschieden.

Eduards Zuneigung zu diesem Bruder hatte starke, tief in die Kindheit reichende Wurzeln. Trotzdem hat er die Hausgenossenschaft auf die Dauer als Last empfunden, zumal die Verwandtschaft daran Anstoß nahm. Einen Brief vom 6. April 1838 an Mährlen beginnt er unverblümt: »Wenn Du Geld hast, soll mirs lieb sein, ich habe keins.« Es ist dann die Rede von »unserem durch Karls Person bedeutend vermehrten Verbrauch«. Eigentlich sollte er sich mit seinen Geldnöten (er hatte hohe Anstellungsgebühren zu entrichten!) an die Verwandtschaft wenden, aber das wollte er »gerade jetzt, wo man mir die Beherbergung meines Bruders aufs Neue zum unerträglichsten Vorwurf machen würde, so unvermeidlich sie auch ist, um keinen Preis der Welt versuchen.«

Eduards Bemühungen, den Bruder bei einem Verlag unterzubringen, blieben erfolglos. Mit Unterbrechungen, aber immer wieder, wohnte Karl im Pfarrhaus. Die Arbeitslosigkeit, das müßige Umhersitzen, Umherschlendern führte in neue Verstrickungen. Im Herbst 1836 wird eine neue Untersuchung eingeleitet wegen versuchter Erpressung und Verleumdung (des Justizministers). Im Sommer 1837 wird Karl zu einem halben Jahr Festungshaft verurteilt, die er aber nicht gleich antreten muß. Er beschäftigt sich unterdessen mit musikalischen und theatralischen Projekten. Rührend ein Brief Eduards an den Bruder:

»Gestern erhielten wir Deine Briefe . . . und nun gleich meinen Glückwunsch zur neuen literarischen Fortüne. Das geht ja Schlag auf Schlag! Besonders freut mich, daß nun doch noch das Geburtstagslied und zwar so schön ausgestattet, herauskommt. Du wirst bald sehn, daß es vorzüglichen Beifall einerntet . . .«

Im folgenden Jahr sitzt Karl das halbe Jahr auf dem Asperg ab. Während dieser Zeit neigt sich das Schicksal des jüngeren Bruders

Adolf vollends in die Tiefe. Aber auch auf Karl wartet neues Unglück. Es wird ein weiteres Verfahren gegen ihn eingeleitet, diesmal wegen rein krimineller Vergehen. Er hatte ein altes Testament gefälscht, um an dem Reichtum des Neuenstädter Apothekers Karl Abraham Mörike teilzuhaben. Im Januar 1840 wird er wegen Urkundenfälschung und versuchter Erpressung zu dreieinhalb Jahren Arbeitshaus verurteilt und muß die Strafe unverzüglich antreten.

Arbeitshaus, das war etwas anderes als die Festung Hohenasperg, wo es im Biedermeier ganz leidlich zuging. Unter vorlauten Journalisten und Studenten, die sich duelliert hatten, war man nicht in der schlechtesten Gesellschaft. Das Arbeitshaus war ein Zuchthaus; in der Heimatstadt, zehn Minuten vom einstigen Elternhaus entfernt. Es kam alles zusammen: während der ersten Wochen, die Karl in dieser Anstalt verbrachte, war auch Adolf noch dort.

Am 17. April 1840 schreibt Mörike an seine Schwägerin, Karls Gattin Dorothea, die mit ihren drei Kindern unversorgt dastand: »Gesetzt aber, er sei vollkommen schuldig, so war es die Handlung eines Verzweifelten, die gleichwohl nur derjenige verzeihen kann, der Karls Grundwesen kennt, wie ich und Du es kennen. Ich habe dieses jederzeit für gut gehalten und halte es noch diese Stunde dafür, so, wie ich auch an der Wahrhaftigkeit seines religiösen Characters, selbst, wo er ans Bizarre grenzt, niemals gezweifelt habe ... Aus allem, was Du mir sagst und was Karl in feuriger Anerkennung dessen, was er an Dir hat, uns geschrieben, ersehe ich mit inniger Rührung, daß Deine Treue ihn in dieser schrecklichen Extremität nicht verlässt ... Das Herz muß einem brechen, ihn in seiner gegenwärtigen Lage zu denken. Diese Beschäftigung in dieser Gesellschaft! Der ganze Zustand, wo sich Ekel und Grauen überbieten! Dazu noch krank, und weiterhin die Furcht, auf Lebenszeit einen siechen Körper zu behalten, martern ihn, nicht anders als der abscheuliche Aufenthalt ...«

Er hat diesen Bruder wiederholt im Arbeitshaus besucht. Karl mußte seine ganze Strafe absitzen und verließ die Anstalt als ein entmutigter, lungenkranker Mann. Er ist fünf Jahre später gestorben. Unter den Versuchen, die er noch unternommen hat, ist der Plan zu einer Schrift *Über die Verbesserung des Gefängniswesens in Württemberg.*

Adolf hat in keiner Periode seines unsteten Lebens seiner Familie so viel Gram bereitet wie in den Jahren, in denen der Bruder Pfarrer in Cleversulzbach war. Schon zuvor hatte Eduard, der wahrlich nichts übrig hatte, ihm immer wieder Geld geliehen (1833 waren es 800 Gulden, für Eduard eine enorme Summe), zu Geschäftsgründungen, die nie zustande kamen. Als Pfarrer hat er, selbst hoch verschuldet, auch noch Adolfs Schulden bei jenem Kaufmann Fecht übernommen ...

Im Mai 1838 – Eduard war mit antiker Lyrik beschäftigt – muß sich im Pfarrhaus eine traurige Szene abgespielt haben. Adolf, eben wieder straffällig geworden, steht, entgegen einem Hausverbot vor der Tür – und wird abgewiesen. Was das den Pfarrherrn an Nervenkraft gekostet hat, was die Mutter, die Schwester empfunden haben, mag man sich ausdenken. Nach ein paar Wochen steht der Abgewiesene wieder auf der Schwelle und quartiert sich diesmal ein, für ein paar Tage; erscheint wenig später wieder, wird noch einmal aufgenommen und erkrankt. »Wie Wasser von Klippe zu Klippe geworfen« – noch vor Ende des Jahres wird er wegen betrügerischer Schulden, Unterschlagung und versuchter Wechselfälschung zu Arbeitshaus verurteilt; im folgenden Jahr noch einmal wegen ähnlicher Delikte. Dann, 1840, endet diese besonders düstere Periode in Adolf Mörikes Leben. Aus dem Arbeitshaus entlassen, nistet er sich wieder im Pfarrhaus zu Cleversulzbach ein und reist erst ab, als der Bruder mit Geld herausrückt – ein »Darlehen« mehr. Danach lockern sich die Beziehungen. Noch ein kurzer Besuch, noch ein Treffen der Brüder in Besigheim. – In den letzten dreißig Jahren seines Lebens ist Adolf offenbar nicht mehr mit dem Gesetz in Konflikt gekommen, aber Fortüne hat er nicht gehabt, wo immer er es probiert hat – in Frankreich, in Indien, in Norddeutschland; in Leipzig zehn Jahre seßhaft, als Klavierbauer bei Breitkopf & Härtel. Wenige Wochen vor des Dichterbruders Tod hat sich Adolf Mörike im Gardasee das Leben genommen.

Krankheiten, Geldsorgen und das Leid wegen zweier Brüder haben die Cleversulzbacher Jahre verfinstert. »Hier wohnt der Frieden auf der Schwell...« heißt es im »Alten Turmhahn«.

Geselliges

Nein, Cleversulzbach war keine glückselige Insel. Aber trotz aller Finsternisse, die hier Mörike streiften, ist es kein Jammertal gewesen. Auch auf dieser Lebensstufe bewährt sich Freundschaft als ein mächtiges, hilfreiches, tröstendes Element; erheiternd auch und spendend.

Als erster ist Wilhelm Hartlaub zu nennen, Pfarrer in Wermutshausen, oder richtiger Hartlaubs, denn der Urfreund hatte sich verheiratet und erfreute sich einer rasch wachsenden Schar von Kindern. Hartlaubs sind für Eduard Mörike so etwas wie die eigene Familie gewesen. »Küß Deiner lieben Frau Stirn, Mund und Augen von mir« – das gilt Frau Konstanze; ein andermal: »Sie ist mir jederzeit wie eine Braut erschienen.« Die Kinder werden nach Cleversulzbach ausgeliehen. Die älteste Tochter Agnes ist Mörikes besonderer Liebling:

> Gnes'chen, du sollst mich beerben
> Bis aufs letzte Ammonshorn.

Als Hartlaub nach einem Besuch in Cleversulzbach wieder abgereist war, schreibt ihm Mörike (am 12. August 1840):

»Es ist nun einmal wahr, und warum soll ich Dirs nicht wiederholen, da mich das Herz antreibt: ich weiß neben Bruder und Schwester kein andres Menschenkind, verlange auch nach keinem bei dem ich mich so wie bei Dir daheim befände, d. h. so innig in mir selber bleiben könnte. Du mutest mir nichts zu, was meinem Wesen nicht entspricht und wenn Du mich anmahnst und aufschüttelst, so ists nicht mehr noch weniger, als ich bei meiner kranken Ängstlichkeit und jener vis inertiae, die ich selbst an mir kenne, gar wohl brauchen kann.«

Cleversulzbach, Wermutshausen – Besuche herüber und hinüber. Ein Abend in Wermutshausen ist aufgehoben in dem Gedicht »An Wilhelm Hartlaub«. Diese Freundschaft hat eine besondere Dimension durch Hartlaubs musikalische Begabung. Mörike, der ein tiefes Bedürfnis nach Musik hatte, ohne sie auszuüben, war dem Freund ein dankbarer Zuhörer.

Durchs Fenster schien der helle Mond herein;
Du saßest am Klavier im Dämmerschein,
Versankst im Traumgewühl der Melodien,
Ich folgte dir an schwarzen Gründen hin,
Wo der Gesang versteckter Quellen klang,
Gleich Kinderstimmen, die der Wind verschlang.

Doch plötzlich war dein Spiel wie umgewandt,
Nur blauer Himmel schien noch ausgespannt,
Ein jeder Ton ein lang gehaltnes Schweigen.
Da fing das Firmament sich an zu neigen,
Und jäh daran herab der Sterne selig Heer
Glitt rieselnd in ein goldig Nebelmeer,
Bis Tropf' um Tropfen hell darin zerging,
Die alte Nacht den öden Raum umfing.

Und als du neu ein fröhlich Leben wecktest,
Die Finsternis mit jungem Lichte schrecktest,
War ich schon weit hinweg mit Sinn und Ohr,
Zuletzt warst du es selbst, in den ich mich verlor;
Mein Herz durchzückt' mit eins ein Freudenstrahl:
Dein ganzer Wert erschien mir auf einmal.
So wunderbar empfand ich es, so neu,
Daß noch bestehe Freundeslieb und Treu!
Daß uns so sicherer Gegenwart Genuß
Zusammenhält in Lebensüberfluß!

Ich sah dein hingesenktes Angesicht
Im Schatten halb und halb im klaren Licht;
Du ahntest nicht, wie mir der Busen schwoll,
Wie mir das Auge brennend überquoll.
Du endigtest; ich schwieg – Ach warum ist doch eben
Dem höchsten Glück kein Laut des Danks gegeben?

Da tritt dein Töchterchen mit Licht herein,
Ein ländlich Mahl versammelt Groß und Klein,
Vom nahen Kirchturm schallt das Nachtgeläut',
Verklingend so des Tages Lieblichkeit.

Justinus Kerner, achtzehn Jahre vor ihm und gleich ihm in Ludwigsburg geboren, war für Mörike seit den Kinderjahren ein Begriff. Kerners Gedichte und vielleicht noch mehr seine scheinbar anspruchslose Prosa haben ihn stark angezogen. Als ihn in jungen Jahren sein Augenleiden quälte, hat er sich um Rat und Hilfe an Kerner gewandt. Nun, in Cleversulzbach, war er ihm nahe; im einspännigen Wagen fuhr man bequem in zwei Stunden nach Weinsberg hinüber. Die erste Begegnung hat am 24. Dezember 1835 stattgefunden (»Heilig Abend« wurde damals noch nicht wichtig genommen), und es war Kerner, der nach Cleversulzbach fuhr. Es hat eine Reihe gegenseitiger Besuche gegeben. Allerdings nahm Mörike sich Zeit; erst im Mai 1839 hat er in Begleitung von Schwester Klara und Bruder Louis den ersten Besuch im Kernerhaus gemacht, dem weitere folgten, auch mit Übernachtung.

Als im Sommer 1837 Kerner mit seiner Tochter Marie zu Besuch gewesen war, schrieb ihm Mörike am folgenden Tag: »Als ich nach dem Abschied auf der Straße zwanzig Schritt von Ihnen weg war, da war mir, als müßt ich Ihnen beiden nochmal nachlaufen und wieder von vorne anfangen, mich an Ihnen zu erquicken.« Genau dasselbe hat auch der abgesetzte König Gustav IV. von Schweden, der letzte Wasa, beim Abschied von Kerner empfunden. Mörike nach einer anderen Begegnung: »Ich bin, so oft ich Sie gesehen, immer an Leib und Seele gestärkt, beruhigt und gesegnet.« – Nach jenem Sommerbesuch hat Mörike Kerners Tochter Marie sein Gedicht »Erzengel Michaels Feder« gewidmet. Er nennt es bei dieser Gelegenheit »eins meiner liebsten Gedichte«. Das verdient Beachtung, weil er in diesem Gedicht, wenn auch im Gewand einer erbaulichen Bekehrungslegende, ein jüdisches Schicksal behandelt hat; der Beachtung wert um so mehr, als nicht der künstlerische Rang dieses Werk dem Dichter besonders lieb machen konnte.

Justinus Kerner ist kein großer Dichter gewesen, aber eine durch und durch poetische Existenz. Und sein Haus in Weinsberg, schrankenlos gastfrei, war jahrzehntelang eines der merkwürdigsten in ganz Deutschland. Er war ein begnadeter Leib- und Seelenarzt, der Nachtseite des Lebens vertraut, selbst von Melancholie beschattet – »Ich soll in all dem Jammer heilen und bin der Kränkste, der keinen Arzt hat.« Von dem leichten Wein, der ringsum wuchs, hat er täglich ein Quantum von etwa drei Litern nötig gehabt. Einmal abgesehen von dem so gänzlich anders gearteten Ludwig Uhland, der Kerners Erzfreund durchs ganze Leben gewesen ist, kann man sich unter allen, die im Kernerhaus einkehrten, kaum einen denken, der diesen Dichter-Arzt so fragen und ihm so antworten konnte wie Mörike.

Gemeinsam war beiden das Interesse für Geistererscheinungen. Bei Mörike war das geweckt worden, weil es in seinem Pfarrhaus spukte; ziemlich harmlos mit Klopfen, Fall- und Rollgeräuschen und Lichterscheinungen; sie wurden von allen Hausgenossen, auch von der besonders skeptischen Mutter, wahrgenommen. Kerner verwandte viel Zeit auf die Erforschung des Übersinnlichen, indem er sowohl schriftliche Quellen sammelte, als auch Kranke beobachtete, monatelang in sein Haus einquartierte, die Geistererscheinungen hatten (darunter die berühmt gewordene Seherin von Prevorst). »Beispiele von voraussagenden Träumen, Vorgefühlen, Gesichten, Ahnungen, dem zweiten Gesicht (second sight) und besonders auch Beobachtungen aus dem Gebiet des Lebensmagnetismus und der magischen Heilungen« – so umreißt Kerner den Inhalt seiner Sammlung *Magikon*. Mörike dazu: »Ich habe alles mit dem lebhaftesten Interesse gelesen und mich dadurch in Vielem neu befestigt.« Dergestalt angeregt, hat er über die Spukerscheinungen in seinem Pfarrhaus für Kerner einen Bericht verfaßt. »Bei Tage müssen wir uns Gewalt antun, um uns nicht lustig darüber zu machen, bei Nacht gibt sich der Ernst von selbst« heißt es darin. Dem Bruder Karl, der sich eben wieder im Pfarrhaus aufhielt, sind die gröbsten Erscheinungen begegnet; er hat sie in Kanzleimanier genau beschrieben.

Eine Eigentümlichkeit hatten das Kernerhaus und Mörikes

Pfarrhaus gemeinsam: Beide, der Amtsarzt und der Pfarrer, protestantische Altwürttemberger, hatten sich ein der Jungfrau Maria geweihtes Zimmer eingerichtet. »Es ist schön, aber katholisch! Schwärmerisch!« Das war die Meinung von Mörikes Mutter.

Verwirrend sind Mörikes letzte Pfarramtsmonate, Frühling und Sommer 1843, von einer Affaire durchkreuzt, in der Justinus Kerner ihn um Hilfe gebeten und deretwegen er wiederholt nach Cleversulzbach geeilt ist. Die Affaire: das war eine Liebschaft zwischen Kerners Sohn Theobald und einer verheirateten Frau, Marie von Hügel. Die Liebenden hatten Mörike besucht, um Rat und Hilfe gebeten. Die Sache war so heikel wie möglich. Die von Hügel zählten zu den ersten Familien im Land. Justinus war gegen diese Verbindung seines Sohnes. Da Marie von Hügel sich kurz nach jenem Besuch im Pfarrhaus niederließ, sah sich Mörike in die Rolle eines Beschützers versetzt. Zudem erkrankte die junge Frau ernstlich, so daß ihr Besuch von einiger Dauer war.

Mörike in einem Brief an Freiherrn von Hügel (nach einer Schilderung ihres Krankheitszustands): »Ohne Zweifel haben stets erneute Gemütsbewegungen, von deren Tiefe und Heftigkeit wir Zeuge waren, zu diesem Sturme mitgewirkt. Wir fanden Frau v H nach erhaltenen Briefen dermaßen bald in Verzweiflung, bald in stille Tränen aufgelöst, daß uns ihr Anblick das innigste Mitleid abforderte . . .« Es folgen wohlüberlegte Bemerkungen über den künftigen Aufenthalt der Dame – Trennung der Gatten und Scheidung verstanden sich offenbar bereits von selbst.

Drei Wochen später ein Brief Mörikes an Justinus Kerner, der ihn bestürmt hatte, eine Verbindung Theobalds mit Frau von Hügel zu verhindern und dabei kaum verblümt vorgeschlagen hatte, Mörike möge doch selbst Marie heiraten . . . »In Bezug auf Theobald aber habe ich, was von Vernunft und natürlichem lebhaftem Ausdruck der Wahrheit irgend an mir ist, mich dermaßen erschöpft, daß jedes weitere Wort dies Alles nur matt machen würde und ich mir selbst gelobte, jetzt nicht mehr hierin zu reden, nachdem ich noch vorgestern mich beinah mit heftigerem Eifer, als mir nach meinem Verhältnis ziemen mag, darüber ausgesprochen hatte. Sie tun ja bei Gott, als wäre ich Vormund und wollen

überdies noch fast, daß ich ein grober sei!« Die vorhergegangene
Schilderung, wie Marie von Hügel ihr Gut aufsucht, um in Abwesenheit des Hausherrn ihre Kinder zu sehen, erinnert an Szenen
aus *Anna Karenina;* Klara Mörike hat sie dabei begleitet. Im
weiteren reagiert Mörike energisch auf Kerners Zumutung, er
möge an Theobalds Stelle treten. Sein Zorn ist um so heftiger, als
ihm die schutzbedürftige junge Frau nicht gleichgültig war. Sie
erinnerte ihn an seine jung verstorbene Jugendliebe Klärchen
Neuffer. Aber er war weit davon entfernt, selbst eine Figur in
diesem Spiel zu werden. – Die Affaire hat das Verhältnis zwischen
Kerner und Mörike nur vorübergehend getrübt. Über das Kernerhaus ist sie wie eine dunkle Wolke langsam dahingezogen. Theobald hat Marie geheiratet.

Hausgäste waren im Cleversulzbacher Pfarrhaus, außer den
Angehörigen der Familien Mörike und Hartlaub, nicht häufig. Als
Hermann Kurz – er hatte Mörikes Bekanntschaft in Ochsenwang
gesucht, und seither standen sie in literarischen Dingen in freundschaftlicher Verbindung – im Sommer 1840 von Weinsberg aus zu
einem längeren Besuch angesagt war, hat Mörike ihn in einem
Nachbardorf (»Der Weg nach Cleversulzbach meist durch den
Wald könnte nicht schöner sein«) in einem Gasthof untergebracht; nicht ohne sich an Ort und Stelle selbst unterrichtet zu
haben: »Sein vierunddreißiger Wein wird gelobt. Das Bier war
gestern nichts nutz.« Seine ausführliche briefliche Information des
Gastes ist ergänzt durch ein lateinisches Postskriptum »Amor
plebeius« betreffend – keinerlei Aussicht auf dörfliche Liebesfreu-
den. Von dieser Enttäuschung abgesehen muß es ein erfreulicher
Besuch gewesen sein. Die Tage waren noch dadurch belebt, daß
auch Kerner zusammen mit dem von Mörike verehrten (und
überschätzten) Dichter Karl Mayer ankutschiert kam. Kurz hat in
der Morgenfrühe des Abreisetags ein Dankgedicht an Mörike
geschrieben.

Mörikes geselliger Verkehr wurde immer wieder von Weinsberg her belebt. Am geheimnisvollen Frieden des Kernerhauses
hatte teil, wer immer es betrat: der trockene Uhland so gut wie der
schwer gefährdete Lenau, ein frischer, jägermäßiger junger Herr

wie Graf Alexander von Württemberg, Vetter des Königs, so gut wie kranke Bauersfrauen, mystisch gestimmte Schwärmer wie scharfsinnige Aufklärer – David Friedrich Strauß und sein streitbarer Freund Fritz Theodor Vischer. Es ist ein Zeichen von Kerners Strahlungskraft, daß diese beiden, die im biedermeierlichen Württemberg Ratio und Skepsis repräsentierten, sich hier, wo das Übersinnliche in der Luft lag, wohl gefühlt haben.

Strauß hatte mit seinem 1835 erschienenen *Leben Jesu* einen schweren Stein in den stillen Weiher der christlichen Frömmigkeit geworfen und mit diesem Buch, das eigentlich ein rein wissenschaftliches, textkritisches Werk ist, seine gesicherte Laufbahn (er war Repetent am Stift) jählings beendet. Der stille, in sich gekehrte Gelehrte, mit achtundzwanzig Jahren berufslos und auf sich selbst verwiesen, stand fassungslos dem haßerfüllten Geschrei der Orthodoxen und der Pietisten gegenüber. Neben ihm Freund Vischer, Hieb und Stich kampflustig erwidernd (tituliert die Widersacher »klebrige Backsteinkäs-Seele« und ähnlich).

Mörike, am 13. Dezember 1838 an Vischer:

»Du schreibst auch von den Straußischen Bewegungen. Ich sehe ihnen mit dem größten Anteil zu. Dasjenige, was er gemeiner Christenheit durch die Kritik der Evangelien nimmt, war freilich ihm und Dir und mir und Tausenden auf einem andern, primitivern Weg im voraus weggenommen und es könnte sich nur fragen, wie denn bei einem so landkundig werdenden theologischen Bankerott zuletzt der unvernünftige Haufe sich befinden und beruhigen werde? In meiner öffentlichen Stellung als Geistlicher habe ich jederzeit geglaubt, gewisse Dinge hergebrachtermaßen als ausgemacht und faktisch voraussetzen zu dürfen, ja zu müssen, und zwar teils nach dem Grundsatz von der Unmündigkeit des Volks, teils weil doch selbst auch der Gebildete und Wissende gern seine Andacht an die von Kindheit auf gewohnten Vorstellungen und Formen knüpfen mag; obwohl ich Dir gestehe, daß mir bei dieser Auskunft niemals ganz wohl und frei zumute war. Inzwischen ist Straußens Maxime, daß alle Forschung völlig unbekümmert um die Folgen ihre gerade Bahn fortschreiten müsse, auf keine Weise anzufechten. Er ist ein tapferer und feiner Geist und es ist eine Freude, ihn in den Streitschriften zu hören.«

Strauß ist also kein ganz einsamer Denker gewesen. Noch bevor das *Leben Jesu* erschienen war, ist Mörike in Gesprächen mit dem Freund Mährlen ganz ähnliche Wege gegangen. Ein langer Brief Mährlens an Mörike, der mit der Schilderung kritischer Bibellektüre beginnt, spricht das aus – Bibelstudium »in unserem denkgläubigen Jahrhundert«.

Mörike stand mit Strauß in freundschaftlicher Verbindung. Im Spätherbst 1838, bei seinem längeren Besuch in Stuttgart, traf er wiederholt mit ihm zusammen. In der *Revue des deux Mondes* stieß er auf einen Aufsatz aus der Feder von Quinet, der von Strauß, seinem Werk und seiner Persönlichkeit tief beeindruckt war – Mörike teilt die Lesefrucht unverzüglich Kerner mit.

Auch im Verkehr Mörikes mit Strauß bewährt sich das Kernerhaus als Drehscheibe. Strauß holt an einem Sommertag Mörike ab, man fährt nach Weinsberg, Mörike bleibt über Nacht. Ein andermal kommt Freund Kauffmann, der Musiker, nach Cleversulzbach und wandert mit Mörike nach Neuenstadt, zu den Apotheker-Verwandten, wo Strauß sie schon erwartet; Strauß mit seiner Frau, der geb. Schebest, der berühmten Sängerin vom Hoftheater.

Diese Ehe, nebenbei bemerkt, wurde zum größten Unglück im Leben des hochbegabten schwierigen Mannes, und sie steht auf seinem Schuldkonto. Der briefliche Austausch törichter Ratschläge mit Vischer, der auch besser Junggeselle geblieben wäre, ist peinlich zu lesen. Aber schlechte Ehen fangen selten schlecht an. Mörike hat das junge Paar, das in Sontheim bei Heilbronn wohnte, wiederholt besucht, einmal in Begleitung des Musiker-Freundes Kauffmann, der von der schönen Frau begeistert war. Sie sang Mörikes »Gärtner« (von Kauffmann vertont): »Es gab den Eindruck der Vollkommenheit und sättigte die Seele.« Der Dichter dankte, indem er zwei Zeilen wiederholte:

Der Sand, den ich streute,
Er blinket wie Gold.

In einem langen Brief an Hartlaub schildert er auch eine heitere häusliche Szene, wie Frau Strauß beim Sträublebacken in Schwierigkeiten gerät, und endlich fünf Menschen um den Herd stehen – sie, ihr Mann, Mörike nebst Schwester Klara und die Magd – und der Verfasser des *Leben Jesu* aus dem Buch *Die vollkommene Köchin* vorliest – »in dieser Not, denn das war sie ihr wirklich, erschien sie recht in ihrer Liebenswürdigkeit«.

Das Paar war noch jung verheiratet, »der ganze Ton war gegenseitig heiter, klar und unbefangen«. Aber am Abend kam es zu einem unguten Auftritt – »Strauß mochte nur froh sein, als endlich das Gefährt anfuhr; er richtete selbst die Laternen daran, denn es war eine dicke Regennacht«. Mörikes übernachten bei Kauffmann, »wo es recht ludwigsburgisch und vertraulich war«. Mörike kommt in dem Brief an Hartlaub noch einmal auf die Strauß'sche Ehe zurück: »Noch eine Bitte. Laßt von dem heikeln Punkt mit seiner Frau gegen keine Seele was heraus. Es kommt so leicht an böse Mäuler. Vielleicht kann auch noch alles gut werden. Sie würde mir bei einem Bruch in der Seele leid tun.« Sie.

Wenn von Eduard Mörikes geselligem, gesellschaftlichem Leben in jenen Jahren die Rede ist, muß der Apotheker Karl Abraham Mörike in Neuenstadt genannt werden, der mit seiner Frau Marie (»die schöne Kunstfigur«) ein für kleinstädtische Verhältnisse großartiges Haus hielt, in dem bei Festen Lohnbediente in Livree aufwarteten.

Nicht unterlassen sei endlich der Hinweis, daß der Pfarrer von Cleversulzbach zahlreiche Begegnungen, die ihm im Kernerhaus geboten wurden, nicht wahrgenommen hat – aus Kränklichkeit, Unlust, Unentschlossenheit, Bequemlichkeit, Scheu.

Idyll

Das Bild heißt im Griechischen eidos; eidyllion ist das Bildchen. Idyll bedeutet landschaftliche Schönheit, auch ländliche Einfachheit. Die poetische Verklärung beginnt bei Theokrit und Vergil. Unmöglich, über Cleversulzbach zu schreiben, ohne das Idyllische zu würdigen. Eduard Mörike hat das reinste, empfindsamste

Organ dafür besessen. Kaum ein Privatbrief aus jenen Jahren, in dem nicht wenigstens ein Hauch davon zu spüren wäre.

Aus Mörikes Hauskalender, Ende April 1836: »Starkes Gewitter. Weiße Tauben im Flug auf schwarz gewittrigem Hintergrund. Zugleich ruft der Kukuk aus dem hellgrünen Wald. Sturm, wilder Wolkenzug; es fliegt mit Kirschbaumblüte.«

»Ich sitze viel im Garten unter dem grünen Schirm, ein Buch vor mir, in das ich zwei Minuten hineinsehe, um alsbald wieder in meine eigenen Grillen zu verfallen. Oder ich stecke mich in einen hohen Zuckerschefen-Wald und belausche ein Kindergespräch am Gartenhag, wobei einem das Herz vor Freuden lacht. Gestern Abend sangen zwei Mädchen:

> Regen-Regentropfen,
> Buben muß man klopfen,
> D' Maidlin muß man schonen
> Wie die Ziteronen.

Dabei donnerte es von fern, die Rosen dufteten, und durch den Hag durch schimmerten die blechernen Zierraten der Kirchhofkreuze hell herüber.«

Das ist aus einem Brief an Hermann Kurz, Juni 1838.

Aus Briefen an Hartlaub:

»Ich machte nämlich, um recht still an Dich zu denken, des Nachmittags einen Spaziergang in den Wald. Die Sonne schien, und ein Gewitter, das uns drohte, war ohne einen Tropfen Regen vorübergezogen. Ich weiß nicht, hab ich Dir jene offene Stelle im Walde gezeigt, wo einst ein See gelegen war? Jetzt wächst ein schönes Gras darauf, das man nur eben frisch abgemäht hatte. Der Platz ist ein längliches Viereck, ein ziemlich vertieftes, doch ganz ebenes Bette. An der vordern schmalen Seite, wo man herkommt, ist ein dammartig aufgeworfner, mit dichtem Moos überzogener Hügel, worauf die schönste Buche steht. Da setzte ich mich nieder, hing meinen Träumereien nach, indes die Amsel musizierte, und zog zuletzt ein Buch [hervor], welches wir ehmals beide gleich sehr liebten. Ich mag wohl lange fortgelesen haben; am Ende aber schlief ich ein.«

Und zwei Jahre später, am Hartlaubs 36. Geburtstag, 29. Mai 1840:

»An Deinem Geburtstag
Nachmittags 2 Uhr im Walde, auf der Höhe, unweit dem Eichenportal

Nach Tisch, als ich sanitatis causa noch meine vier Gläser des kältesten Prießnitzers getrunken, ging ich, vorerst noch ohne Klärchen, hier heraus, an Dich, Geliebtester, zu denken. Der Tag ist herrlich, sonnenhell, durch Wolken hie und da auf das Angenehmste gedämpft. Im Walde oben angelangt und warm vom Gehen, lockte mich einer der schönen, kühlen Buchengänge noch ein Stück tiefer hinein, wo sich die Strömungen des Wohlgeruchs mit jedem Schritt vermehrten. (Eine Amsel ließ es sich mit ihrem Gesang, welcher durch seine Selbstzufriedenheit von jeher etwas rührend Komisches für mich hatte, sehr ernst sein, und der Gedanke, daß sie sich nicht belauscht glaube, daß sie mein Zuhören beschämen würde, zwang mir ein inniges Lachen ab.)«

»Die schönste Buche« – Jahre später ist sie in einem Gedicht verewigt worden.

Ganz verborgen im Wald kenn ich ein Plätzchen, da stehet
    Eine Buche, man sieht schöner im Bilde sie nicht.
Rein und glatt, in gediegenem Wuchs erhebt sie sich einzeln,
    Keiner der Nachbarn rührt ihr an den seidenen Schmuck.
Rings, soweit sein Gezweig der stattliche Baum ausbreitet,
    Grünet der Rasen, das Aug still zu erquicken, umher;
Gleich nach allen Seiten umzirkt er den Stamm in der Mitte;
    Kunstlos schuf die Natur selber dies liebliche Rund.
Zartes Gebüsch umkränzet es erst; hochstämmige Bäume,
    Folgend in dichtem Gedräng, wehren dem himmlischen
                                                    [Blau.
Neben der dunkleren Fülle des Eichbaums wieget die Birke
    Ihr jungfräuliches Haupt schüchtern im goldenen Licht.
Nur wo, verdeckt vom Felsen, der Fußsteig jäh sich
                                            [hinabschlingt,
    Lässet die Hellung mich ahnen das offene Feld.

– Als ich unlängst einsam, von neuen Gestalten des
                                  [Sommers
  Ab dem Pfade gelockt, dort im Gebüsch mich verlor,
Führt' ein freundlicher Geist, des Hains auflauschende
                                  [Gottheit,
  Hier mich zum erstenmal, plötzlich, den Staunenden,
                                  [ein.
Welch Entzücken! Es war um die hohe Stunde des Mittags,
  Lautlos alles, es schwieg selber der Vogel im Laub.
Und ich zauderte noch, auf den zierlichen Teppich zu
                                  [treten;
  Festlich empfing er den Fuß, leise beschritt ich ihn nur.
Jetzo gelehnt an den Stamm (er trägt sein breites Gewölbe
  Nicht zu hoch), ließ ich rundum die Augen ergehn,
Wo den beschatteten Kreis die feurig strahlende Sonne,
  Fast gleich messend umher, säumte mit blendendem
                                  [Rand.
Aber ich stand und rührte mich nicht; dämonischer Stille,
  Unergründlicher Ruh lauschte mein innerer Sinn.
Eingeschlossen mit dir in diesem sonnigen Zauber-
  Gürtel, o Einsamkeit, fühlt ich und dachte nur dich!

Präziseste Anschauung, Ehrfurcht vor dem Schönen – beides.
Leuchtende Bilder in Gegenwart und Rückschau. Die Zeit
heilt, läutert das Durchlittene. Ungefähr ein Jahr nach dem Fort-
gang von Cleversulzbach entsteht das Gedicht »Ach nur einmal
im Leben«, in dem das melodische Pförtchen des Pfarrgartens den
Ton angibt – eines der Zeugnisse von des Dichters Mozart-Nähe.

Im Fenster jenes alt verblichnen Gartensaals
Die Harfe, die, vom leisen Windhauch angeregt,
Lang ausgezogne Töne traurig wechseln läßt
In ungepflegter Spätherbst-Blumen-Einsamkeit,
Ist schön zu hören einen langen Nachmittag.
Nicht völlig unwert ihrer holden Nachbarschaft
Stöhnt auf dem grauen Zwingerturm die Fahne dort,
Wenn stürmischer oft die Wolken ziehen überhin.

In meinem Garten aber (hieß' er nur noch mein!)
Ging so ein Hinterpförtchen frei ins Feld hinaus,
Abseits vom Dorf. Wie manches liebe Mal stieß ich
Den Riegel auf an der geschwärzten Gattertür
Und bog das überhängende Gesträuch zurück,
Indem sie sich auf rostgen Angeln schwer gedreht! –
Die Tür nun, musikalisch mannigfach begabt,
Für ihre Jahre noch ein ganz annehmlicher
Sopran (wenn sie nicht eben wetterlaunisch war),
Verriet mir eines Tages – plötzlich, wie es schien,
Erweckt aus einer lieblichen Erinnerung –
Ein schöneres Empfinden, höhere Fähigkeit.
Ich öffne sie gewohnter Weise, da beginnt
Sie zärtlich eine Arie, die mein Ohr sogleich
Bekannt ansprach. Wie? rief ich staunend: träum ich denn?
War das nicht »Ach nur einmal noch im Leben« ganz?
Aus Titus, wenn mir recht ist? – Alsbald ließ ich sie
Die Stelle wiederholen; und ich irrte nicht!
Denn langsamer, bestimmter, seelenvoller nun
Da capo sang die Alte: »Ach nur einmal noch!«
Die fünf, sechs ersten Noten nämlich, weiter kaum,
Hingegen war auch dieser Anfang tadellos.
– Und was, frug ich nach einer kurzen Stille sie,
Was denn noch einmal? Sprich, woher, Elegische,
Hast du das Lied? Ging etwa denn zu deiner Zeit
(Die neunziger Jahre meint ich) hier ein schönes Kind,
Des Pfarrers Enkeltochter, sittsam aus und ein,
Und hörtest du sie durch das offne Fenster oft
Am grünlackierten, goldbeblümten Pantalon
Hellstimmig singen? Des gestrengen Mütterchens
Gedenkst du auch, der Hausfrau, die so reinlich stets
Den Garten hielt, gleichwie sie selber war, wann sie
Nach schwülem Tag am Abend ihren Kohl begoß,
Derweil der Pfarrherr ein paar Freunden aus der Stadt,
Die eben weggegangen, das Geleite gab;
Er hatte sie bewirtet in der Laube dort,

Ein lieber Mann, redseliger Weitschweifigkeit.
Vorbei ist nun das alles und kehrt nimmer so!
Wir Jüngern heutzutage treibens ungefähr
Zwar gleichermaßen, wackre Leute ebenfalls;
Doch besser dünkt ja allen was vergangen ist.
Es kommt die Zeit, da werden wir auch ferne weg
Gezogen sein, den Garten lassend und das Haus.
Dann wünschest du nächst jenen Alten uns zurück,
Und schmückt vielleicht ein treues Herz vom Dorf einmal,
Mein denkend und der Meinen, im Vorübergehn
Dein morsches Holz mit hellem Ackerblumenkranz.

Hinter der bald erwachten Sehnsucht nach dem Pfarrhausgarten –
»hieß er nur noch mein!« – schimmert das Ludwigsburger Rokoko, dessen Abglanz über seiner Kindheit lag.

Das berühmte Dokument seiner Cleversulzbacher Zeit ist die Idylle vom alten Turmhahn. Das war zunächst nur ein kleines Gelegenheitsgedicht – buchstäblich »aus Gelegenheit der Kirchthurm-Renovation im Juni 1840« geschrieben. Der Anfangsvers lautete ursprünglich:

»Zu Klepperfeld im Unterland
Wohl an die hundert Jahr ich stand.«

Zu Cleversulzbach im Unterland
Hundertunddreizehn Jahr ich stand,
Auf dem Kirchenturm ein guter Hahn,
Als ein Zierat und Wetterfahn.
In Sturm und Wind und Regennacht
Hab ich allzeit das Dorf bewacht.
Manch falber Blitz hat mich gestreift,
Der Frost mein' roten Kamm bereift,
Auch manchen lieben Sommertag,
Da man gern Schatten haben mag,
Hat mir die Sonne unverwandt
Auf meinen goldigen Leib gebrannt.
So ward ich schwarz für Alter ganz,

Und weg ist aller Glitz und Glanz.
Da haben sie mich denn zuletzt
Veracht't und schmählich abgesetzt.
Meinthalb! so ist der Welt ihr Lauf,
Jetzt tun sie einen andern 'nauf.
Stolzier, prachtier und dreh dich nur!
Dir macht der Wind noch andre Cour.

Dabei blieb es jahrelang. In Mergentheim hat Mörike den Faden weitergesponnen, aber erst in Stuttgart, zwölf Jahre später, ist das Gedicht zu dem geworden, was es ist: die idyllische Verklärung des Alltags und Sonntags in einem ländlichen Pfarrhaus. Es ist ein Gedicht von großer Art geworden. Man sollte über dem Idyllischen, Behagen Ausströmenden nicht übersehen, mit welch hoher Kunst dies gestaltet ist; Gerhard Storz spricht anschaulich von der »Kameraführung« des Dichters. Ist es auch ein Zeugnis von Mörikes Leben in Cleversulzbach? – Ja und nein. Gewiß ist es gesättigt von eigenem Erleben. Aber es ist auch ein rückwärts gerichtetes Wunschbild – so hätte es sein können, sein sollen! Geläuterte Leidenszeit, verklärte Erinnerung.

Ade, o Tal, du Berg und Tal!
Rebhügel, Wälder allzumal!
Herzlieber Turm und Kirchendach,
Kirchhof und Steglein übern Bach!
Du Brunnen, dahin spat und früh
Öchslein springen, Schaf' und Küh,
Hans hinterdrein kommt mit dem Stecken,
Und Bastes Evlein auf dem Schecken!
– Ihr Störch und Schwalben, grobe Spatzen,
Euch soll ich nimmer hören schwatzen!
Lieb deucht mir jedes Drecklein itzt,
Damit ihr ehrlich mich beschmitzt.
Ade, Hochwürden, Ihr Herr Pfarr,
Schulmeister auch, du armer Narr!
Aus ist, was mich gefreut so lang,
Geläut und Orgel, Sang und Klang.

Von meiner Höh so sang ich dort,
Und hätt noch lang gesungen fort,
Da kam so ein krummer Teufelshöcker,
Ich schätz, es war der Schieferdecker,
Packt mich, kriegt nach manch hartem Stoß
Mich richtig von der Stange los.
Mein alt preßhafter Leib schier brach,
Da er mit mir fuhr ab dem Dach
Und bei den Glocken schnurrt hinein;
Die glotzten sehr verwundert drein,
Regt' ihnen doch weiter nicht den Mut,
Dachten eben, wir hangen gut.

Jetzt tät man mich mit altem Eisen
Dem Meister Hufschmied überweisen;
Der zahlt zween Batzen und meint Wunder,
Wieviel es wär für solchen Plunder.
Und also ich selben Mittag
Betrübt vor seiner Hütte lag.
Ein Bäumlein – es war Maienzeit –
Schneeweiße Blüten auf mich streut,
Hühner gackeln um mich her,
Unachtend, was das für ein Vetter wär.
Da geht mein Pfarrherr nun vorbei,
Grüßt den Meister und lächelt: Ei,
Wärs so weit mit uns, armer Hahn?
Andrees, was fangt Ihr mit ihm an?
Ihr könnt ihn weder sieden noch braten,
Mir aber müßt es schlimm geraten,
Einen alten Kirchendiener gut
Nicht zu nehmen in Schutz und Hut.
Kommt! tragt ihn mir gleich vor ins Haus,
Trinket ein kühl Glas Wein mit aus.

Der rußig Lümmel, schnell bedacht,
Nimmt mich vom Boden auf und lacht.

Es fehlt' nicht viel, so tat ich frei
Gen Himmel einen Freudenschrei.
Im Pfarrhaus ob dem fremden Gast
War groß und klein erschrocken fast;
Bald aber in jedem Angesicht
Ging auf ein rechtes Freudenlicht.
Frau, Magd und Knecht, Mägdlein und Buben,
Den großen Göckel in der Stuben
Mit siebenfacher Stimmen Schall
Begrüßen, begucken, betasten all.
Der Gottesmann drauf mildiglich
Mit eignen Händen trägt er mich
Nach seinem Zimmer, Stiegen auf,
Nachpolteret der ganze Hauf.

Hier wohnt der Frieden auf der Schwell!
In den geweißten Wänden hell
Sogleich empfing mich sondre Luft,
Bücher- und Gelahrtenduft,
Gerani- und Resedaschmack,
Auch ein Rüchlein Rauchtabak.
(Dies war mir all noch unbekannt.)
Ein alter Ofen aber stand
In der Ecke linkerhand.
Recht als ein Turn tät er sich strecken
Mit seinem Gipfel bis zur Decken,
Mit Säulwerk, Blumwerk, kraus und spitz –
O anmutsvoller Ruhesitz!
Zu öberst auf dem kleinen Kranz
Der Schmied mich auf ein Stänglein pflanzt'. . .

Seit daß ich hier bin dünket mir
Die Winterszeit die schönste schier.
Wie sanft ist aller Tage Fluß
Bis zum geliebten Wochenschluß!
– Freitag zu Nacht, noch um die Neune,
Bei seiner Lampen Trost alleine,

Mein Herr fangt an sein Predigtlein
Studieren; anderst mags nicht sein;
Eine Weil am Ofen brütend steht,
Unruhig hin und dannen geht:
Sein Text ihm schon die Adern reget;
Drauf er sein Werk zu Faden schläget.
Inmittelst einmal auch etwan
Hat er ein Fenster aufgetan –
Ah, Sternenlüfteschwall wie rein
Mit Haufen dringet zu mir ein!

Den Verrenberg ich schimmern seh,
Den Schäferbühel dick mit Schnee!

Zu schreiben endlich er sich setzet,
Ein Blättlein nimmt, die Feder netzet,
Zeichnet sein Alpha und sein O
Über dem Exordio.
Und ich von meinem Postament
Kein Aug ab meinem Herrlein wend;
Seh, wie er, mit Blicken steif ins Licht,
Sinnt, prüfet jedes Worts Gewicht,
Einmal sacht eine Prise greifet,
Vom Docht den roten Butzen streifet;
Auch dann und wann zieht er vor sich
Ein Sprüchlein an vernehmentlich,
So ich mit vorgerecktem Kopf
Begierlich bringe gleich zu Kropf.
Gemachsam kämen wir also
Bis Anfang Applicatio.

Indes der Wächter Elfe schreit.
Mein Herr denkt: es ist Schlafenszeit;
Ruckt seinen Stuhl und nimmt das Licht;
Gut Nacht, Herr Pfarr! – Er hört es nicht.

Im Finstern wär ich denn allein.
Das ist mir eben keine Pein.

Ich hör in der Registratur
Erst eine Weil die Totenuhr,
Lache den Marder heimlich aus,
Der scharrt sich müd am Hühnerhaus;
Windweben um das Dächlein stieben;
Ich höre, wie im Wald da drüben –
Man heißet es im Vogeltrost –
Der grimmig Winter sich erbost,
Ein Eichlein spalt't jähling mit Knallen,
Eine Buche, daß die Täler schallen.

– Du meine Güt, da lobt man sich
So frommen Ofen dankbarlich!
Er wärmelt halt die Nacht so hin,
Es ist ein wahrer Segen drin.
– Jetzt, denk ich, sind wohl hie und dort
Spitzbuben aus auf Raub und Mord;
Denk, was eine schöne Sach es ist,
Brave Schloß und Riegel zu jeder Frist!
Was ich wollt machen herentgegen,
Wenn ich eine Leiter hört anlegen;
Und sonst was so Gedanken sind;
Ein warmes Schweißlein mir entrinnt.
Um zwei, gottlob, und um die drei
Glänzet empor ein Hahnenschrei,
Um fünfe, mit der Morgenglocken,
Mein Herz sich hebet unerschrocken,
Ja voller Freuden auf es springt,
Als der Wächter endlich singt:
Wohlauf, im Namen Jesu Christ!
Der helle Tag erschienen ist!

Ein Stündlein drauf, wenn mir die Sporen
Bereits ein wenig steif gefroren,
Rasselt die Lis' im Ofen, brummt,
Bis's Feuer angeht, saust und summt.
Dann von der Küch 'rauf, gar nicht übel,

Die Supp ich wittre, Schmalz und Zwiebel.
Endlich, gewaschen und geklärt,
Mein Herr sich frisch zur Arbeit kehrt.

Am Samstag muß ein Pfarrer fein
Daheim in seiner Klause sein,
Nicht visiteln, herumkutschieren,
Seine Faß einbrennen, sonst hantieren.
Meiner hat selten solch Gelust.
Einmal – Ihr sagts nicht weiter just –
Zimmert' er den ganzen Nachmittag
Dem Fritz an einem Meisenschlag.
Dort an dem Tisch, und schwatzt' und schmaucht',
Mich alten Tropf kurzweilt' es auch.

Jetzt ist der liebe Sonntag da.
Es läut't zur Kirchen fern und nah.
Man orgelt schon; mir wird dabei,
Als säß ich in der Sakristei.
Es ist kein Mensch im ganzen Haus;
Ein Mücklein hör ich, eine Maus.
Die Sonne sich ins Fenster schleicht,
Zwischen die Kaktusstöck hinstreicht
Zum kleinen Pult von Nußbaumholz,
Eines alten Schreinermeisters Stolz;
Beschaut sich was da liegt umher,
Konkordanz und Kinderlehr,
Oblatenschachtel, Amtssigill,
Im Tintenfaß sich spiegeln will,
Zuteuerst Sand und Grus besicht,
Sich an dem Federmesser sticht
Und gleitet übern Armstuhl frank
Hinüber an den Bücherschrank.
Da stehn in Pergament und Leder
Vornan die frommen Schwabenväter:
Andreä, Bengel, Rieger zween,
Samt *Ötinger* sind da zu sehn.

Wie sie die goldnen Namen liest,
Noch goldener ihr Mund sie küßt,
Wie sie rührt an *Hillers* Harfenspiel –
Horch! klingt es nicht? so fehlt nicht viel.

Inmittelst läuft ein Spinnlein zart
An mir hinauf nach seiner Art,
Und hängt sein Netz, ohn erst zu fragen,
Mir zwischen Schnabel auf und Kragen.
Ich rühr mich nicht aus meiner Ruh,
Schau ihm eine ganze Weile zu,
Darüber ist es wohl geglückt,
Daß ich ein wenig eingenickt. –
Nun sagt, ob es in Dorf und Stadt
Ein alter Kirchhahn besser hat?

Ein Wunsch im stillen dann und wann
Kommt einen freilich wohl noch an.
Im Sommer stünd ich gern da draus
Bisweilen auf dem Taubenhaus,
Wo dicht dabei der Garten blüht,
Man auch ein Stück vom Flecken sieht.
Dann in der schönen Winterzeit,
Als zum Exempel eben heut:
Ich sag es grad – da haben wir
Gar einen wackern Schlitten hier,
Grün, gelb und schwarz; – er ward verwichen
Erst wieder sauber angestrichen:
Vorn auf dem Bogen brüstet sich
Ein fremder Vogel hoffärtig –
Wenn man mich etwas putzen wollt,
Nicht, daß es drum viel kosten sollt,
Ich stünd so gut dort als wie der
Und machet niemand nicht Unehr!
– Narr! denk ich wieder, du hast dein Teil!
Willst du noch jetzo werden geil?
Mich wundert, ob dir nicht gefiel',

Daß man, der Welt zum Spott und Ziel,
Deinen warmen Ofen gar zuletzt
Mitsamt dir auf die Läufe setzt',
Daß auf dem Gsims da um dich säß
Mann, Weib und Kind, der ganze Käs!
Du alter Scherb, schämst du dich nicht,
Auf Eitelkeit zu sein erpicht?
Geh in dich, nimm dein Ende wahr!
Wirst nicht noch einmal hundert Jahr.

ZUR RUHE GESETZT

Die Pensionierung

Am 29. November 1842 war Mörike vom Konsistorium aufgefordert worden, um seine Pensionierung auf unbestimmte Zeit zu bitten, sofern er seinen Amtsgeschäften ohne Vikarshilfe nicht nachkommen könne. Ein halbes Jahr später reagiert Mörike entsprechend; eine Untersuchung durch Dr. Elsässer war vorausgegangen. In diesem Pensionsgesuch schildert er sein physisches und nervliches Unvermögen, ohne Gehilfen seinen Pflichten als Pfarrer einer kleinen Gemeinde nachzukommen:

»Ein allgemeines Schwächegefühl, das mich seit Jahren eigentlich nie verlassen hat und sich bei jeder Art von länger fortgesetzter Anstrengung, vornehmlich bei der physisch geistigen der öffentlichen Rede, zeigte, ist kürzlich in Folge meiner neu übernommenen ungeteilten Amtstätigkeit in erhöhtem Grade eingetreten. Vermehrter Blutandrang nach dem Kopfe, Schwindel, Kopfschmerz, ein heftiges, nicht selten die Sprache hinderndes Herzklopfen und gegen das Ende ein auffallender Nachlaß der Kräfte waren die Anzeigen, die meine neuesten Vorträge und kirchlichen Verrichtungen teils begleiteten, teils ihnen folgten; besonders auch macht eine, mehr nur im Anfang meiner Krankheit bemerklich gewesene Schwäche der rechten Seite des Körpers, zumal im Fuße, sich ganz neuerdings wieder sehr fühlbar ...«

Im Weiteren finden sich die traurigen Sätze:

»Ich bin ohne Vermögen und habe an den Opfern, die ich meiner Familie als Sohn und Bruder gebracht, noch jetzt zu tragen. Ob und wie weit ich imstande sein werde, künftig, neben der Sorge für meine körperliche Wiederherstellung, durch Privatarbeiten etwas für meine Subsistenz zu tun, ist höchst zweifelhaft. In dem nächsten Jahre aber habe ich mir davon entweder nichts, oder mit Benützung einzelner Stunden nur sehr wenig zu versprechen.«

Mit Entschließung vom 17. Juli wurde dem Gesuch entsprochen. Der errechnete Pensionsanspruch von 275 Gulden und 15 Kreuzern (nach der Zahl der Dienstjahre hatte Mörike keinen gesetzlichen Pensionsanspruch) wurde auf den Mindestsatz von 280 Gulden erhöht – umgerechnet entspricht das einer Jahrespension von ungefähr 6000 DM oder 500 DM monatlich. Im September übergab Mörike das Amt an seinen ehemaligen Vikar Haueisen und zog aus, nach vorausgegangener Versteigerung unnötigen Mobiliars.

In dem bereits wegen der Affaire Theobalds mit Marie von Hügel erwähnten Brief an Justinus Kerner, vom 29. Juli, heißt es: »Sie mißbilligen meinen Entschluß, mein Amt . . . niederzulegen. Ein ernstlicher Versuch, es allein wieder auf mich zu nehmen, hat aber, wie ich Ihnen sagte, einen so auffallend schlimmen Erfolg für meine Gesundheit gehabt, daß Elsässer keinen Augenblick länger anstand, zu jenem Schritt zu raten. Soll ich denn wohl mein Leben nutzlos aufopfern? Denn über kurz oder lang sänk ich dann auf ein Neues hin, um nicht mehr aufzustehn. Sie halten meine Krankheit teils für Hypochondrie, teils für Abneigung gegen den geistlichen Stand. Vergebens werd ich Sie versichern, daß ich diesen Beruf, obschon es vielleicht einen andern gab, für den ich mehr geschaffen war, gleichwohl, was die ersten inneren Bedingungen und die Sache selbst betrifft, um die es sich darin handelt, mit erneuter Liebe ergriffen und Alles abgewiesen hatte, was ich von meiner anderweitigen Tendenz mit diesem Amte nicht vereinigen kann. Befragen Sie nur Freund Strauß darüber, der mich auf den Punkt kennt.«

Sehr überzeugend klingt, was er da von seiner Einstellung zum Pfarrberuf schreibt, nicht. Und er fügt, gereizt und ängstlich, hinzu: »Was mich nun aber Ihrerseits besorgt machen könnte, das ist, daß Sie sich etwa gegen Andere leicht auf eine Weise äußern möchten, die mir bei meinen Vorgesetzten schaden muß.«

Wenig später, in einem Brief an Lohbauer, beteuert er ebenfalls, »daß meine Gesundheit mich nötigt mein Amt auf eine Zeitlang ganz niederzulegen. Ich kann das Predigen nicht vertragen. (Die hie und da schon ausgesprochene Vermutung, als ob mich ein inneres Mißverhältnis zum Christentum hiezu bewege, ist ein völlig grundloser und dummer Verdacht.) In Kurzem verlaß ich den hiesigen Ort...«

Nun war zweifellos Mörikes physisch-nervliche Verfassung ausschlaggebend für das Ausscheiden aus dem Pfarrdienst. Aber so grundlos und dumm ist der Gedanke nicht, daß Zweifel an seiner Berufung zum geistlichen Amt mitschwangen. »Alles, nur nicht Geistlicher!« – an diesen Aufschrei aus der Vikarszeit sei erinnert, an das frühzeitige Ausbrechen aus der Laufbahn. Und als er damals zurückkehrte in den Dienst, war es nicht die Liebe zum Pfarrberuf, sondern die Vorstellung, daß seine poetischen Pläne nirgends besser gedeihen könnten als in der Dachstube eines württembergischen Pfarrhauses. Und, David Friedrich Strauß beipflichtend, hat er das Wort vom »landkundig werdenden theologischen Bankrott« gesprochen.

Wermutshausen und Hall

Mörike und die Schwester Klara mußten das Pfarrhaus räumen. Sie zogen einstweilen nach Wermutshausen zu Hartlaubs. Die Urfreundschaft bewährte sich. Klara reiste alsbald weiter nach Mergentheim, um dort für einige Wochen Marie von Hügel beizustehen. Eduard verbringt im Schoß der vertrauten Familie eine geruhsame Zeit. Anfangs gedachte er wohl etwas für seine Gesundheit zu tun – morgens nüchtern Mineralwasser und anschließend ausgedehnte Spaziergänge – »Konstanze ist so nachsichtig, mir mein Frühstück warm zu halten« –, aber dieser Eifer scheint nicht von langer Dauer gewesen zu sein. Beschauliche Gespräche bei Kaffee und langen Pfeifen, gegen Abend läßt sich der Freund auf dem Klavier hören. Das Sammeln von Petrefakten, seit je eine stille Leidenschaft, rückt in der Muße dieser Zeit und der folgenden Jahre zur Haupt-Nebenbeschäftigung auf. Nebenbei gesagt: dazu bedarf es eines scharfen Blickes; das Sammeln von Versteinerungen kann als Beweis gelten, daß Mörike mit der Brille seine Sehschwäche ausgleichen konnte.

Bei aller Liebe durfte die Hartlaubsche Gastfreundschaft nicht auf lange Dauer in Anspruch genommen werden. Im Lauf des

Winters entschließt sich Mörike für den Wohnsitz in Schwäbisch Hall. Eine Wohnung findet sich, in der Oberen Herrengasse 57 (heute 7) im zweiten Stock. Am 15. April 1844 erfolgte der Umzug. Hall heißt Schwäbisch Hall, weil es nach der Reichseinteilung unter Maximilian I. als Exklave zum Schwäbischen Kreis zählte, ist aber eine Stadt fränkischer Mundart (von 1834 bis 1851 hat Mörike im fränkischen Sprachbereich gelebt). Eine alte Reichsstadt von stolzer Schönheit: »Dieses Hall ist so über alle Maßen schön, wie es sich stufenförmig am Steilhang aufbaut überm schäumenden Lauf des Kochers, daß man beinah Gefahr läuft, gegen Rothenburg ob der Tauber ungerecht zu werden – die Einzelheiten sind in Hall durchweg bedeutender, es ist geräumiger, freier . . .« so Hofmiller, ein kunstsinniger Bayer. Denkt man sich Mörike 1844 in Hall, so darf man nicht übersehen, daß die Stadt erst seit einem Menschenalter württembergisch geworden war; daß alle älteren Leute die reichsstädtische Herrlichkeit in ihrer Jugend noch erlebt hatten.

Der Dichter, dem es an Sensibilität für Geschichtliches nicht fehlte, war sich dessen bewußt. Er studierte die *Chronica* der Reichsstadt Hall von 1550, die *Historia Hallensis* von Sagittarius (1746). Die Grundlage für die Bedeutung der Stadt war durch viele Jahrhunderte das Salz. Mörike, Wahrheit und Dichtung anmutig verwirrend, schreibt in einem Brief an die neunjährige Agnes Hartlaub: »Es ist fürwahr ein höchst merkwürdiger Ort, und kann wohl einer hundert Meilen reisen, eh er dergleichen antrifft! Alles von Salz, doch sinds die vornehmsten Gebäude als: das Rathaus, der große Marktbrunnen mit der Bildsäul von Lots Weib und besonders die prächtige Sankt Michaelskirche, gleichsam ein ganz kristallines Naturwerk, nur an den Wetterseiten etwas grau, welches ihr recht gut lässet. Man hat von ihr auch kleine Salzmodelle, die der Meßner verkauft; darin die allerkleinsten Teile von Bildhauerarbeit, als: Laubwerk, Knäufe, Spitzen und so fort sehr niedlich nachgebildet sind. Ich werde Dir ehstens eines schicken. Ich hörte gestern den Herrn Domprediger Salzmann in dieser schönen Kirche predigen.« Salz also auch im Namen des Pfarrherrn. Es stünden da freilich auch Häuser aus Stein, er habe sie mit der Zunge betastet und probiert.»Hingegen sonst ist dieser Gottesgabe ein unerschöpflicher Reichtum in dem Erdboden hier herum niedergelegt ... Da lernt man sich recht beugen vor den Wundern der Schöpfung.«

Behaglich, ganz aufs Bleiben gestimmt, ist auch der Brief an die Schwester Klara (die auf Besuch in Neuenstadt war) vom 19. April 1844. Er mußte sich für einige Tage selbst versorgen, und beschreibt genau, wie er seine »Bukskin« – Lederhosen eigenhändig gereinigt habe. Die altertümliche Wohnung behagt ihm, trotz der Ratten, die oberhalb ihren Lärm vollführen. »Bevor ich Wasser trinke und ausgehe, durchmeß ich ein paarmal das große leere Zimmer. Es freut mich jedesmal, so oft ich es öffne. Wie schön wirds sein, wenn Du einräumst und wie verlangts die stumpfnasige Flora auf dem Deckenbild, Dir ihre Blumen in Dein blondes Haar zu streun! Sehnst Du Dich auch ein wenig!«

Er lebt seiner Gesundheit; Trinkkuren, Solbäder, magnetische Behandlung. Empfängt Besuch, Hartlaubs vor allem, und macht kleine Reisen, Familienbesuche. Schon im Sommer ist ihm klar geworden, daß er in Hall nicht bleiben wird. »Das Klima« ist schuld daran.

Muße in Mergentheim

Der Taubergrund und in seiner Mitte die Stadt Mergentheim erfreuen sich eines milden Klimas. Das hat Mörike den Platz empfohlen, der ihm schon von einer Badkur her in angenehmer Erinnerung war und zudem den Vorteil hatte, daß es von dort nach Wermutshausen nicht weit war. Am 1. November 1844 erfolgte der Umzug. Für die Dauer von fast sieben Jahren bleibt Mörike hier ansässig.

»Mergentheim, 24 Stunden von Stuttgart und 8 Stunden von Würzburg, in dem gesegneten und durch ein sehr mildes Klima begünstigten Tauberthale, mit schönen Umgebungen, hat eine Badanstalt und 2 Mineralquellen, welche 1000 bis 1200 Schritte vom Städtchen entfernt, aus Muschelkalk kommen, und im J. 1826 aufgefunden wurden. Das Wasser ist hell, farblos, wenig perlend, ohne Geruch und von salzig bitterem Geschmack . . . Getrunken wirkt das Wasser auflösend, harntreibend, die Verdauung befördernd, und die Thätigkeit des Darmkanals durch Vermehrung des Stuhlgangs anregend. Besonders nützlich zeigt es sich . . . bei krankhaft erhöhter Venosität des Unterleibs, daher vor allem bei Anschoppungen und Physconien, bei Hypochondrie, bei Hämorrhoidalleiden, Krankheiten der Drüsen und lymphatischen Gefäße . . .« So liest man in einer Übersicht über Württembergs Heil- und Mineralquellen aus dem Jahr 1841.

Anders als die zahlreichen Bäder Altwürttembergs – Wildbad, Teinach, Cannstatt, Göppingen, Boll, um nur die wichtigsten zu nennen – hat das Mergentheimer Bad keine ins 18. und 17. Jahrhundert zurückreichende gesellschaftliche Tradition. Erst in der Biedermeierzeit wurde ein Schäfer aufmerksam, wie die Tiere sich zu einer Quelle drängten, die er probierte und für stark mineralisch befand. Der Mann meldete die Entdeckung seiner Obrigkeit, und es ist das Verdienst des Oberamtsarztes Christian Friedrich Bauer, daß die Sache allen Widerständen, natürlichen und bürokratischen, zum Trotz energisch in Angriff genommen wurde. Schon wenige Jahre später standen zwei stattliche Gebäude, das eine mit einem dorischen Portikus geziert, als »Badhaus« zwischen Wiesen und Weinbergen. Im Jahr 1834 fanden sich bereits 144 auswärtige Gäste zur Kur ein.

Als Mörike hierher kam, hatte das Städtchen ungefähr viertausend Einwohner, durchweg Katholiken; die Protestanten waren eine kleine Minderheit neu Zugezogener, an Zahl von der alteingesessenen Judenschaft nicht sehr unterschieden. Bis 1809 hatten hier die Herren vom Deutschen Orden regiert, die Hoch- und Deutschmeister. Nirgends sonst war der Unmut über den Verlust der Selbständigkeit infolge der Napoleonischen Flurbereinigung so heftig wie hier. Zwei Jahre lang erinnerte ein aufgepflanzter Galgen daran, daß Widerstand gegen den württembergischen König den Tod bedeuten konnte. Doch hatte die neue Regierung bei der Auswahl von Beamten und Militärs in dieser entlegenen Provinz eine glückliche Hand. Nach einiger Zeit war man loyal württembergisch, freilich dabei gut katholisch und deshalb, wie in

Ellwangen, wie im Oberland, etwas fideler als im lutherischen Altwürttemberg.

> Ein Städtlein blüht im Taubergrund,
> Das lob und preis ich alle Stund:
> Da lebt es sich so feine.

So beginnt ein Gelegenheitsgedicht; das Leben in dieser anmutigen kleinen Stadt hat dem Dichter behagt. Aber, »24 Stunden von Stuttgart« bot sich ihm keinerlei Beschäftigung, mit der er seinen Finanzen – Schulden, geringes Ruhegehalt, ungewisse literarische Einkünfte – hätte aufhelfen können; eine Hauptquelle für die Rastlosigkeit dieses Ruhebedürftigen.

Mörike war noch kein halbes Jahr in Mergentheim, als von seinem Freund Bauer ein Brief eintraf, der ihm wie Manna in der Wüste erschien. Die Verbindung zu Bauer, dem nächsten Freund aus der Zeit von Orplid und Peregrina, war nie abgerissen. Bauer lebte in Stuttgart, angestellt erst am Katharinenstift, dann als Professor am Gymnasium, und als Dramatiker, Historiker, Editor ungemein tätig, bei seinen vielfältigen Verbindungen immer auch auf das Wohl Eduards bedacht. Nun, am 31. März 1845, eröffnete er ihm ein Angebot und Aussichten, die Mörikes Wünschen vollkommen entsprachen.

Es hatte sich in Stuttgart ein großer Kreis von literarisch interessierten »Frauenzimmern« zusammengefunden, vor dem Bauer an jedem Samstag sprach. Nun hatte er von seinem Freund Eduard berichtet, Gedichte und ein Stück aus dem *Nolten* vorgetragen, mit dem Erfolg, daß sich unter den davon unterrichteten Ehemännern eine Art Komitee gebildet hatte – an der Spitze der einflußreiche Rechtskonsulent Rödinger –, das gewillt war, dem Dichter zu helfen. Er sollte eingeladen, eine Geldsammlung sollte veranstaltet werden, Bauer wollte in seinem Haus (»das stillste und ländlichste von Stuttgart«, außerhalb des Königstors gelegen) eine Wohnung besorgen. Es solle dann auch für ihn »eine mit wenig Geschäft verbundene«, aber einträgliche Stelle gesucht werden. Sympathie und Förderung seien ihm gewiß, »denn die guten Stuttgarter, welche den Gedanken gefaßt haben, beabsichtigen weder Mehr noch Weniger, als einem leidenden Dichter ein freieres Daseyn zu verschaffen«.

Der Brief hat ein Nachwort, ein Dokument der Freundschaft, das zeigt, wie gut Bauer seinen Eduard kannte: »Noch eins! Wenn dir die Sache nicht einleuchtet, so schreibe mir ja ganz geradezu, daß du dich nicht entschließen könnest: Gründe für das Nein sind unnöthig, und daß dirs von den guten Stuttgartern Niemand übel nimmt, dafür werden dann ich mit meiner Frau sorgen; denn wir wissen schon, daß dich auch eine Stimmung abhalten könnte, in die sich nicht gerade Jedermann zu versetzen im Stande ist. Wenn du so ganz wie andre Leute wärest, hättest du auch den Nolten nicht geschrieben. Dieselben Stuttgarter würden dir zu einem andern Dienste dennoch willig seyn. Nur fragt es sich, ob die Gelegenheit dazu so bald wiederkehren würde.«

Diesmal zögert Mörike mit der Antwort nicht. »Ich kann Dir nicht aussprechen, in welche Bewegung Dein Brief . . . mich versetzte. Ein Beschluß so reiner, herzlicher Teilnahme an meiner Person, wie er von einem Kreis vorzüglicher Menschen in Deinem guten Stuttgart gefaßt wurde, konnte ich wahrlich als Erfolg des Wenigen, was ich auf dem bewußten Feld geleistet habe, mir nimmer träumen lassen . . .« Er kommt dann zur Sache. Mergentheim sei ihm und der Schwester »sehr lieb und wichtig, jedoch nur in zweierlei Rücksicht: in Betracht der Gesundheit und der Hartlaubischen Nähe«. Aber eine selbst bescheidene Stellung in Stuttgart werde ihn zur Übersiedlung bewegen.

Es ist auffällig, daß Mörike unter den Einrichtungen der Residenz, bei denen eine Mitarbeit in Frage käme, nicht die Bibliotheken an die erste Stelle rückt, sondern das Naturalienkabinett, »da eine Neigung für diese Gegenstände, wie Du weißt, in meinem Wesen ist, und ich seit bald zwei Jahren mich viel mit Geologie und Petrefaktenkunde abgegeben habe. Wieviel es bei der Pflege eines solchen Kabinet immer aufs Neue zu kompletieren, systematisch zu ordnen, zu vergleichen, bezeichnen, katalogisieren gibt, wie unendliche Aufmerksamkeit und Zeit dies Alles . . . erfordert, weiß ich aus eigener Anschauung und Erfahrung. Auch meine Übung im Zeichnen dürfte . . . hier von Nutzen sein.«

Im weiteren Verlauf dieses langen Briefes geht Mörike auf seine Geldsorgen ein. Die dürftige Pension reiche nicht aus; bei sparsamstem Wirtschaften ergebe sich ein Jahresdefizit von 200 Gulden. Und: »Meine Schulden, welche sich in Wahrheit ursprünglich ganz allein von übelbelohnten Opfern zu Gunsten meiner Brüder mit geleisteten Bürgschaften usw. herschreiben, belaufen sich noch auf 1500 Gulden ... Ich habe in vier Jahren viele Posten abgezahlt und z.B. den Erlös aus einer vor meinem Abgang von Cleversulzbach gehaltenen Versteigerung mit 221 Gulden darauf verwendet ...« Endlich: »Wie zufrieden könnte ich sein mit einem Zuwachs von ein paar hundert Gulden jährlichen Gehalt, in der Mitte der lieben Stuttgarter, in Deinem nahen Umgang, lieber Bauer, und der übrigen Freunde!«

Die Bemühungen der Freunde haben sich auf die Bibliothek konzentriert. Das Ergebnis: der Bescheid, »es seyen auf des Königs Bibliothek gegenwärtig so viele Leute, daß man sie nicht alle beschäftigen könne«; und »es stehe vor der Hand nichts Einschlägiges überhaupt offen«. Und bald wird auch die aufs Naturalienkabinett gespannte Hoffnung enttäuscht.

Ein Jahr danach ist Bauer gestorben. In einem Nachruf im *Schwäbischen Merkur* (Kronik) wird der Verbundenheit des Toten mit Mörike gedacht. In seiner Tübinger Zeit habe sich Bauer von der Theologie der Poesie zugewandt, »deren Liebe durch die Gemeinschaft mit den neuen Freunden Wilhelm Waiblinger und Eduard Mörike mächtig in ihm angeregt wurde«. Die Freundschaft mit Waiblinger sei nicht von Dauer gewesen: »Desto inniger wurde aber der Bund, den er mit Mörike schloß und Hr. Archidiakonus, jetzt Dekan Pressel ahnte damals gewiß nicht von Weitem, daß sein Gartenhäuschen auf dem Österberg der Schauplatz war, wo die beiden Poeten Bauer und Mörike nächtlicher Weile ihre Mysterien feierten, in welchen die Phantasmagorien der von ihnen geschaffenen Mythen von Orplid entstanden ...« Der Nachruf endet: »Wer hätte sich von einem so herrlichen Menschen auch nur bei flüchtigster Berührung nicht angezogen gefühlt.« Bauer war der erste unter den Freunden, der Mörike im Tod vorausging.

Die Fruchtlosigkeit der Bemühungen der Stuttgarter Freunde haben auf Mörikes ganz private Pläne niederschlagend gewirkt. Er hatte sich mit Heiratsabsichten getragen. Noch in der Cleversulzbacher Zeit hatte er mit Otto Schmidlin, Pfarrer im nahen Bürg, Bekanntschaft geschlossen und sich in dessen Schwägerin Friederike Faber verliebt. Er hat es wie einen Stachel mit sich nach Wermutshausen, nach Hall, nach Mergentheim getragen. Im Februar 1845 hat er die Absicht, Friederike Faber zu heiraten, mit Freunden und mit ihrer Familie besprochen. Die Bemühungen um eine Anstellung in Stuttgart sind mit dieser Eheabsicht eng verknüpft. Anfang April spricht er seine Hoffnung auf finanzielle Sicherung und ein familiäres Glück an der Seite Friederikes offen aus. Klara, die Schwester, an Karoline Schmidlin: »Wie oft stelle ich mir Deiner geliebten Schwester Bild vor und vergleiche es mit Eduards Wesen und gemütlichem Bedürfnis und komme immer wieder auf die Überzeugung, daß es kein schöneres Verhältnis geben könnte, daß ihm in jeder Hinsicht ein schöneres Leben aufginge und daß er durch ein Herz, das niemand besser kennt als ich, sie ganz ausfüllen könnte. Das fühlt und weiß er alles selbst und ich war Zeuge seines inneren heftigen Widerstreits, als er eine zeitlang fürchtete, er werde nie sein Ziel erreichen. Nun hat er wieder weit mehr Vertrauen und ebenso ich selbst.« Aber wenig später war diese Hoffnung begraben.

Eigenartig, wie Mörike in eben diesem Sommer warmherzige Briefe an seine Neuenstädter Verwandte Marie schreibt, die Frau des Apothekers Karl Abraham Mörike, »die schöne Kunstfigur«, die zudem eine bezaubernde Singstimme besaß. Es ist wohl kein Zufall, daß er im Gram über eine verwelkte Liebeshoffnung sich an sie wendet, die er als Ehefrau seines Vetters geistweis anschwärmen durfte. Ihr hatte schon vor Jahren das Gedicht gegolten:

In ein freundliches Städtchen tret ich ein,
In den Straßen liegt roter Abendschein.
Aus einem offnen Fenster eben,
Über den reichsten Blumenflor
Hinweg, hört man Goldglockentöne schweben,

Und *eine* Stimme scheint ein Nachtigallenchor,
Daß die Blüten beben,
Daß die Lüfte leben,
Daß in höherem Rot die Rosen leuchten vor.

Lang hielt ich staunend, lustbeklommen.
Wie ich hinaus vors Tor gekommen,
Ich weiß es wahrlich selber nicht.
Ach hier, wie liegt die Welt so licht!
Der Himmel wogt in purpurnem Gewühle,
Rückwärts die Stadt in goldnem Rauch;
Wie rauscht der Erlenbach, wie rauscht im Grund die
                                        [Mühle!
Ich bin wie trunken, irrgeführt –
O Muse, du hast mein Herz berührt
Mit einem Liebeshauch!

Zu der Zeit, als er auf Friederike Faber hoffte und sie aufgab, als er
sich mit Briefen an die schöne Kunstfigur tröstete, hat Mörike
seine künftige Frau, Margarete Speeth, kennengelernt.

Die ersten Mergentheimer Jahre haben das Werk des Dichters
bedeutend gemehrt. Eine besondere Rolle spielt *Die Idylle vom
Bodensee,* ein auch dem Umfang nach ungewöhnliches Werk in
sieben Gesängen; ein Spaß zwischen einem Fischer und einem
Schneider, eine Glockenlegende, eingefangen, eingetaucht in Duft
und Farben der Bodenseelandschaft. Das Epos ist die späte, reife
Frucht einer Reise, die der Dichter fünf Jahre zuvor, im Früh-
herbst 1840 an den See und in die schweizerische Nachbarschaft
gemacht hatte. Glanz und Weite des Sees, ein nie zuvor geschautes
Bild, nie zuvor geatmete Luft, blieben unvergessen. So beginnt der
erste Gesang der *Idylle vom Bodensee:*

Dicht am Gestade des Sees, im Kleefeld, steht ein verlaßnes
Kirchlein, unter den Höhn, die, mit Obst und Reben
                                        [bewachsen,
Halb das benachbarte Kloster und völlig das Dörfchen
                                        [verstecken,

Jenes gewerbsame, das weitfahrende Schiffe beherbergt.
Uralt ist die Kapelle; durch ihre gebrochenen Fenster
Streichet der Wind und die Distel gedeiht auf der Schwelle
[des Pförtleins;
Kaum noch hält sich das Dach mit gekrümmtem First, ein
[willkommner
Schutz vor plötzlichem Regen dem Landmann oder dem
[Wandrer.
Aber noch freut sich das Türmchen in schlanker Höhe den
[weiten
See zu beschauen den ganzen Tag und segelnde Schiffe,
Und jenseits, am Ufer gestreckt, so Städte wie Dörfer,
Fern, doch deutlich dem Aug, im Glanz durchsichtiger
[Lüfte.
Aber im Grund wie schimmern die Berge! wie hebet der
[Säntis
Silberklar in himmlischer Ruh die gewaltigen Schultern!

In der Glockenlegende ist eine noch ältere Erinnerung des Dichters aufgehoben. In einem Brief an den Freund Kauffmann vom
Herbst 1828, voll von Erinnerungen an die Stiftszeit, heißt es: »Ich
sah alle die Plätzchen und heimlichen Gänge wieder, die seit Jahr
und Tag nicht geläutete Glocke, die wir so gern gestohlen hätten
... sie hing wie im Traume da, ohne mehr zu wissen, daß eine
Stimme in ihrem Metall schlafe; ich schlug sie leicht an, und sie
erschrak über sich selber, wie auch ich über diesen Ton aus alten
Zeiten innerlich zusammenfuhr.« In der *Idylle* erwacht eine ver-
hexte Glocke, als sie mit Weihwasser besprengt wird:

Wie wenn zur Frühlingszeit im Gärtlein hinter dem Hause,
An der rebenumzogenen Wand, der sonnigen, etwan
Seine Bienen der Bauer behorcht im Korbe, zu wissen,
Ob sich bereits der Schwarm, und schon in der summenden
[Menge
Hell mit feinem Getön stoßweise die Königin dutet,
Werbend um Anhang unter dem Volk, und lauter und
[lauter

180

Unablässig sie ruft, so sang von selber die Glocke,
Vom holdseligen Klange berührt des liebsten der Namen,
So auch horchten die Männer und horchten mit Lächeln die
[Frauen.

Mörike in einem späteren Brief an Storm: »So setzen sie alle …
voraus, die Bodensee-Idylle beruhe auf Geschichtchen; da doch
die gedoppelte Fabel, sowohl von der Kapelle und der Glocke als
von Gertrud und ihrer Bestrafung, ganz auf meine Rechnung
kommt.«

Die *Idylle vom Bodensee* hat dem Dichter Ehrungen und Anerkennung gebracht, die ihm bisher so spärlich zuteil geworden
waren. Der württembergische Kronprinz Karl bedankte sich für
ein ihm gewidmetes Exemplar mit einem Brillantring – das erste
Zeichen von Anteilnahme aus dem Königshaus. (Mörike hat den
Ring verkauft, was an und für sich kein Zeichen arger Armut ist –
denn zu diesem Zweck wurden solche Geschenke gemacht.) Eine
bedeutsame Ehrung war die Verleihung des Tiedge-Preises, auf
Vorschlag von Jacob Grimm, der die Idylle »das beste in den
letzten fünf Jahren erschienene Gedicht« genannt hat. Eine rüh-
mende Rezension in der *Bremer Zeitung* hat Mörike hoch erfreut;
nicht weniger die Anerkennung Ludwig Uhlands: »Es hat mir
lange nichts so ungetrübten poetischen Genuß gewährt.«

Tiefe Genugtuung hat Mörike ein Brief von Goethes Schwie-
gertochter Ottilie bereitet, die ihm Ende 1847 (sie war damals
einundfünfzig Jahre alt) geschrieben hat. Wahrscheinlich ist sie
durch Adolf Stahr in Oldenburg, Mörikes rührigsten Propagandi-
sten in Norddeutschland, auf den stillen schwäbischen Poeten
aufmerksam gemacht worden; Stahr schrieb auch in der *Bremer
Zeitung*. Mörikes Dankbrief an die Frau, die dem alten Goethe so
nahestand, ist von einer Vertraulichkeit, die aus der Tiefe einer
quasi familiären Verbundenheit quillt. Ottilie hatte ihren Brief
vom Krankenlager aus geschrieben und bemerkt »krank sein heißt
ausruhen«. »Ich habe, glauben Sie es nur, mir diese Worte indessen mehr als einmal, wie einen neugefundenen Trost, im Stillen
wiederholt« antwortet Mörike. Und er geht näher auf diesen

Gedanken ein: »Das Fleckchen Sonne, das dem Vogel die Ecke seines Käfigs wärmt, wer weiß, obs ihn nicht inniger ergötzt als die Fülle in der Freiheit draußen täte. Eine unverhoffte Freude aber, wie Ihr Briefchen für mich war, erleuchtet und erweitert wohl mit Einmal auch den ganzen Gesichtskreis auf Wochen oder Monate.«

Ottilie hatte ihm zu einer Reise nach Italien geraten. Er erwähnt die Hindernisse, die dem entgegenstünden, und wird dabei sehr mitteilsam, nicht ohne Wehleidigkeit: »Mein Übel ist ein Nervenleiden, das mir ein schwerer Krankheitsfall zurückgelassen hat und dessen wegen ich mein Amt als Prediger habe aufgeben müssen. Seit ungefähr drei Jahren lebe ich mit einer guten Schwester hier in Mergentheim, einem freundlichen Städtchen, von einer kleinen Pension und dem zufälligen Ertrag literarischer Arbeiten, die allerdings seit längerer Zeit stille stehn, auf dem schlichtesten Fuße, und habe selbst bei dieser engen Lebensweise nichts vermißt, so lang ich mein Talent noch einigermaßen zu meinem Vorteil nutzen konnte. Wills Gott, so kommen wohl auch wieder beßre Tage ...«

Die *Idylle vom Bodensee* ist die langsam gereifte Frucht einer Reise. So ist auch das Gedicht »Am Rheinfall« entstanden:

Halte dein Herz, o Wanderer, fest in gewaltigen Händen!
    Mir entstürzte vor Lust zitternd das meinige fast.
Rastlos donnernde Massen auf donnernde Massen
                                    [geworfen,
    Ohr und Auge wohin retten sie sich im Tumult?
Wahrlich, den eigenen Wutschrei hörete nicht der Gigant
                                    [hier,
    Läg er, vom Himmel gestürzt, unten am Felsen
                                    [gekrümmt!
Rosse der Götter, im Schwung, eins über dem Rücken des
                                    [andern,
    Stürmen herunter und streun silberne Mähnen umher;
Herrliche Leiber, unzählbare, folgen sich, nimmer
                                    [dieselben,

Ewig dieselbigen – wer wartet das Ende wohl aus?
Angst umzieht dir den Busen mit eins, und, *wie* du es
[denkest,
Über das Haupt stürzt dir krachend das
[Himmelsgewölb!

Unter den Elementen hatte der Dichter ein besonders inniges
Verhältnis zum Wasser; seelisch und leiblich. Es sei an frühe
Gedichte erinnert:

Zeigt mir die urbemoosten Wasserzellen,
Aus denen euer ewigs Leben rollt . . .

Dir biet ich denn, begierge Wassersäule,
Die nackte Brust . . . (»Besuch in Urach«)

Im gleichen Jahr (1828): »O Fluß, mein Fluß, im Morgenstrahl!«
Die Reise zum Bodensee hat ihm ein ganz neuartiges Naturer-
lebnis beschert; das Wort vom »schwäbischen Meer« hatte schon
einen Sinn, als die meisten Süddeutschen nie in ihrem Leben das
offene Meer erblickten. Die ganze *Idylle* scheint vom Atem der
großen Wasserfläche angehaucht. Und wie hat der Dichter den
Eindruck der niederstürzenden Wassermassen des Rheinfalls eingefangen!
Die frühe Mergentheimer Zeit hat Früchte getragen. Zwei Früh-
jahrsgedichte:

Im Park

Sieh, der Kastanie kindliches Laub hängt noch wie der
[feuchte
Flügel des Papillons, wenn er die Hülle verließ;
Aber in laulicher Nacht der kürzeste Regen entfaltet
Leise die Fächer und deckt schnelle den luftigen Gang.
– Du magst eilen, o himmlischer Frühling, oder verweilen,
Immer dem trunkenen Sinn fliehst du, ein Wunder, vorbei.

ZITRONENFALTER IM APRIL

Grausame Frühlingssonne,
Du weckst mich vor der Zeit,
Dem nur in Maienwonne
Die zarte Kost gedeiht!
Ist nicht ein liebes Mädchen hier,
Das auf der Rosenlippe mir
Ein Tröpfchen Honig beut,
So muß ich jämmerlich vergehn
Und wird der Mai mich nimmer sehn
In meinem gelben Kleid.

Dieser fruchtbaren Periode entstammen auch zwei Gedichte ganz anderer Art: »Inschrift auf eine Uhr mit den drei Horen« und

AUF EINE LAMPE

Noch unverrückt, o schöne Lampe, schmückest du,
An leichten Ketten zierlich aufgehangen hier,
Die Decke des nun fast vergeßnen Lustgemachs.
Auf deiner weißen Marmorschale, deren Rand
Der Efeukranz von goldengrünem Erz umflicht,
Schlingt fröhlich eine Kinderschar den Ringelreihn.
Wie reizend alles! lachend, und ein sanfter Geist
Des Ernstes doch ergossen um die ganze Form –
Ein Kunstgebild der echten Art. Wer achtet sein?
Was aber schön ist, selig scheint es in ihm selbst.

Dieses Gedicht ist beinahe ein Lieblingsgegenstand der Philologen und nicht nur dieser geworden. So hat es zu einem Briefwechsel zwischen Steiger und Heidegger geführt (wobei Heidegger auf die hier wirkende ursprüngliche Bedeutung des Worts »scheinen« hingewiesen hat). Die präzise Schilderung einer Hängelampe, die gar nicht jedermanns Geschmack sein muß, ist eingetaucht in eine stille Traurigkeit – »Noch«, so beginnt das Gedicht, und »Wer achtet sein?« heißt es gegen Ende, vor der Schlußzeile – »Was aber schön ist, selig scheint es in ihm selbst«.

Eduard Mörike ist ein aufmerksamer Zeitungsleser gewesen. Im Februar 1848 haben ihn die Nachrichten aus Frankreich, der Sturz Louis Philippes, die Ausrufung der Republik, stark bewegt. Kaum eine Woche verging, da brannte es ganz in der Nähe – in Niederstetten, Wermutshausen benachbart, stürmten wild gewordene Bauern die fürstliche Kanzlei und brannten sie nieder, um die verhaßten Fronen und Lasten aus der Welt zu schaffen. Noch ärger rumorte es im Badischen, fast vor den Toren Mergentheims. Das Städtchen befand sich in heller Aufregung, die Bürger wurden bewaffnet, Wertsachen in den Kellern versteckt. Der *Schwäbische Merkur* (Kronik) ließ sich unter dem 9. März aus Mergentheim berichten:

»Die von vielen so sehr gefürchtete Nacht von gestern auf heute ist ruhig verlaufen, und wir hoffen bei den getroffenen Maßregeln ein gleiches auch für die künftigen Tage, obwohl die badischen Rotten es auf das hiesige Hospital abgesehen haben sollen, welches in der badischen Nachbarschaft einige Gefälle (Gülten u. a.) zu beziehen hat. Denn dies ist der Grundcharakter dieser Auftritte im Allgemeinen, daß sie gegen die Feudallasten gerichtet sind . . .« Der Berichterstatter spricht weiter von den Krawallen, die sich an manchen Orten, zum Entsetzen der führenden demokratischen Köpfe, auch gegen die Juden richteten: ». . . wie auch hinter den gestern erwähnten Judenverfolgungen nicht bloß die Rache für vermeintliche oder wirkliche Übervorteilung, sondern ein gutes Stück Kommunismus steckt, der sein Handwerk mit einer unglaublichen Offenheit betreibt, den geraubten Wein auf offener Straße verschmaust . . . ›es sei eigentlich ihr Eigentum‹ . . .«

Ein Brief Mörikes, am 10. März an Hartlaubs gerichtet, lautet ganz ähnlich, klingt übrigens nicht besonders furchtsam. Doch erwähnt er: »Ein redlicher und gescheiter Mann, ein Handwerker und gar kein Hasenfuß, mit dem ich gestern lang vertraulich sprach, gab mir indeß ganz unzweideutig zu verstehn, daß Stadt und Umgebung weit Schlimmeres verberge, als ›die Herren‹ sich einbilden könnten.«

Margarethe Speeth, damals längst vertraute Hausgenossin, hat diesen Brief ergänzt. Sie schildert die unruhige Nacht, die überdies finster und stürmisch war, das andauernde »Wer da« – Rufen. »Wir haben schon ernstlich daran gedacht, ob es nicht gut sei, da Eduard in seiner gegenwärtigen Gesundheitslage sehr ausgesetzt wäre, die Gegend zu verlassen, und wir haben bereits unser Bestes heute Nacht schon verpackt, natürlich aber warten wir eine immerhin mögliche bessere Wendung der Dinge noch ab. Der Haupttrost ist: daß das Gesindel nur schlecht oder gar nicht bewaffnet sei. Man hat um Militär gebeten . . .«

In Stuttgart wird das gemäßigt liberale »März-Kabinett« Römer eingesetzt. Hartlaub an Mörike: »Haben wir nicht, liebster Freund, so manches liebe Mal den Merkur in den Händen, die Unveränderlichkeit der Welt unbegreiflich gefunden und allen Glauben an eine Änderung verloren? jetzt müssen wir uns gemeinschaftlich drüber freuen, daß die Herrschaft des Eigennutzes, der Selbstsucht, der schlechten Klugheit endlich in ihrer lächerlichen Unmacht und Nichtigkeit erscheint! Ist denn nicht Alles was einen Menschen bewegen kann, in dieser kurzen Zeit aufgeregt worden? Lachen und Weinen, Begeisterung, Zorn bis zur Wut, Liebe und Freude? und das köstliche Sträuben und Spreizen der Herren, als man sie von ihrer Höhe herabzog! Die herrlichen Phrasen, mit denen sie jetzt noch das Volk abspeisen zu können meinten!« Das ist um so beachtlicher, als keine drei Wochen vergangen waren seit dem Aufruhr im benachbarten Niederstetten, von dem er dem Freund berichtet hatte – »schauerliche Feuerzeichen«.

Mörike an Hartlaub, am 24. März: »Unter allen diesen Schrekken, Sorgen und Erwägungen bin ich doch durch den Sturm der Weltbegebenheiten mit jeder Zeitung wieder völlig hingerissen, über die Not des Augenblicks und das Ängstliche meines eignen Daseins bis zu der freudigsten Resignation erhoben worden. Wie wäre es anders möglich! Wer hat sich in diesen paar Wochen nicht größer als sein ganzes Leben lang empfunden! Und doch überfällt mich zuweilen der Schmerz, daß ich krank sein soll und bleiben werde, jetzt mit verdoppeltem Stachel!«

»Ungeheurer Umschwung in ganz Deutschland« notiert er in

seinen Hauskalender – »Ich lebe von einem Tag zum andern fast nur in den Zeitungen«. Und die Zeitungsleser waren nicht schlecht informiert. Blättert man im *Schwäbischen Merkur* (den Mörike regelmäßig gelesen hat), so muß man die klare Information und die gute Sprache bewundern. In der Nummer vom 1. März findet sich, über zehn Spalten, ein brillant geschriebener Bericht aus Paris. Noch am gleichen Tag erschien ein Extrablatt mit der Meldung, die badische Regierung habe der Abgeordnetenkammer zugesagt, sie werde Gesetzentwürfe über vollkommene Pressefreiheit, Schwurgerichte und Volksbewaffnung vorlegen. So nahe lag Karlsruhe bei Paris! Daß die welterschütternden Ereignisse den heimatlichen Bereich ergriffen hatten – dieses elektrisierende Bewußtsein spiegelt sich in zahllosen Zeugnissen jener Wochen, vom Manifest des Königs bis zu den Lokalnachrichten.

Im Mai waren die Wahlen zur Nationalversammlung in der Paulskirche. Merkwürdigerweise standen in dem wenig bedeutenden, von den süddeutschen Hauptstädten entlegenen Mergentheim zwei der bedeutensten liberalen Politiker einander gegenüber – Friedrich Bassermann und Robert Mohl. Bassermann von Mannheim hatte sich im badischen Landtag als einer der hellsten Köpfe des Liberalismus bewährt, in der letzten Zeit vorsichtig gemäßigt, »mit der Freiheit Ordnung und Gesetz gepaart«. Mohl, aus einer altangesehenen Stuttgarter Familie, hatte sich mit der heimischen Regierung überworfen und eine Professur in Heidelberg angenommen. In seiner politischen Einstellung unterschied er sich kaum von seinem Gegenkandidaten. Beide (Bassermann wurde in einem anderen Wahlkreis gewählt) wurden in Frankfurt Mitglieder des sogenannten Reichskabinetts, Kollegen, die einander geschätzt haben. Doch der Wahlkampf in Mergentheim wurde von ihren jeweiligen Anhängern nicht ohne Gehässigkeit ausgetragen. Mörike, der für Bassermann war, in einem Brief an die in Stuttgart weilenden Klara und Margarethe:

»Am Sonntag Abend fuhr Professor Robert Mohl von Heidelberg, als eingeladener Bewerber wegen Frankfurt, unter Vivatruf hier ein; am Ostermontag gingen viele Wagen und Chaisen, mit deutschen Fahnen geschmückt, zur Volksversammlung nach Niederstetten; sie sammelten sich vor dem Hirsch; ich sah mit der Mama vom Eckzimmer zu... Die Versammlung war im Schloßgarten zu Stetten, die breite Steintreppe war die Tribüne. *Mohl* hatte zwar die Mehrzahl auf seiner Seite, fand aber, wie sich hoffen ließ, viel Widerstand, zumal durch die Pfarrer, die man nur nicht zu Worte kommen ließ. Seine Verteidigung und Erklärung soll unbestimmt, zweideutig, ohne Kraft gewesen sein; dennoch ist kaum zu zweifeln, daß seine Wahl durchgesetzt wird. – Seit gestern weht zu Ehren dieser Angelegenheiten eine große, schwarzrotgelbe Fahne vom Kranz des Stadtkirchtums herab, zwei kleinere vom Rathausaltan; große Gruppen Wähler vom Land stehn auf dem Markt zwischen den Kramständen umher...

Habt Ihr Gelegenheit von den hiesigen Bezirkswahlen zu sprechen, so könnt Ihr versichern, *daß nur Mergentheim für Robert Mohl, die Mehrzahl der übrigen Wähler jedoch entschieden für Bassermann ist.* Die wenigen hiesigen Anhänger des letzteren, namentlich Hofrat Krauß, Stadtpfarrer Wüst, Notar Fleiner, Diemar werden schlimm angesehn; gestern hieß es, sie würden Katzenmusik erhalten; ist das nicht abscheulich? Weil drei oder sechs angesehne Bürger einen eigenmächtig voreiligen Mißgriff durch Einladung des verdächtigen Heidelberger Professors getan, so halten sie's für Ehrensache, diese Wahl um jeden Preis durchzusetzen...«

In Mörikes Bekanntenkreis wirkte das »tolle Jahr« höchst unterschiedlich. Ludwig Uhland wurde der wohl volkstümlichste Abgeordnete in der Paulskirche. Vischer nahm ebenfalls seinen Platz dort ein, gewissenhaft arbeitend, aber frühzeitig von einem nur zu berechtigten Pessimismus erfüllt. Strauß, von seinem Freund Vischer aufs dringlichste genötigt, hatte sich in Ludwigsburg zur Wahl gestellt, fiel aber zu seiner kaum verhüllten Erleichterung durch; unverblümt bekennt er, ihm sei »unter dem alten Polizeistaat viel wohler, wo man doch Ruhe auf den Straßen hatte«. Ähnlich dachte Justinus Kerner, dem sein revolutionsbegeisterter Sohn Theobald reichlich Kummer bescherte; als im Jahr 1849 erneut Unruhen ausbrachen, floh Justinus geradezu an die Nordsee. So kann man sagen, daß Mörike, so wenig er sich persönlich zu engagieren vermochte, eindeutiger auf der Seite der Freiheit stand als manche seiner Freunde. »Man fühlt es jetzt beinah als etwas Schmähliches, in der hohen Bewegung der heutigen Tage viel von der eigenen Person zu reden und zu klagen« (am 30. Juni 1848 an Karl Mayer).

Gleichfalls an Mayer hat Mörike Ende Juni 1849, als der badische Aufstand blutig niedergeschlagen wurde, den Satz geschrieben: »Ich möchte wissen, ob Sie für die deutsche Sache noch irgend eine andere Hoffnung sehen, als die auf einer neuen Revolution beruht? Kaum!«

Gretchen

Am 29. März 1845 hat Mörike in Mergentheim eine neue Wohnung bezogen, »am mittleren Marktplatz« (heute Am Markt 5). Der Hauseigentümer war Valentin von Speeth, ein invalider Offizier, persönlich geadelt, der mit seiner Frau, einem Sohn Wilhelm und einer Tochter Margarethe den ersten Stock bewohnte. Die Familie war katholisch, in Mergentheim das normale. Der Hausherr, Veteran vom Rußlandfeldzug 1812, war bei Borodino dabei gewesen; er zählte zu den wenigen Württembergern, die jenen Feldzug überlebt hatten. Seiner Ehe – der zweiten Ehe seiner Frau Josephine – waren elf Kinder entsprossen, von denen neun jung gestorben waren. Der Sohn Wilhelm war ein Taugenichts; die Tochter Margarethe eine anmutige, nicht ungebildete Jungfrau, siebenundzwanzig Jahre alt, als die neuen Mieter einzogen. Mit der ziemlich gleichaltrigen Klara hat sie sich von Anfang an gut verstanden, die beiden wurden vertraute Freundinnen, und Eduard war bald der Dritte im Bunde.

Der Wohnungswechsel, der den Lebenslauf des Dichters entscheidend beeinflussen sollte, erfolgte zu der Zeit, als er in Friederike Faber verliebt war und sich mit Heiratsabsichten trug. Diese Hoffnung mußte er im Frühsommer jenes Jahres begraben.

Mörike hat in Cleversulzbach ein Gedicht »Wald-Idylle« geschrieben. Dem Dichterpfarrer begegnet im Wald ein Bauernmäd-

chen aus dem Nachbardorf, er kommt mit ihm ins Gespräch, und
da steigt in seinem Herzen der Wunsch auf –

> Wär ich ein Jäger, ein Hirt, wär ich ein Bauer geboren,
>   Trüg ich Knüttel und Beil, wärst, Margarete, mein Weib!
> Nie da beklagt ich die Hitze des Tags, ich wollte mich
>   [herzlich
>   Auch der rauheren Kost, wenn *du* sie brächtest, erfreun.
> O wie herrlich begegnete jeglichen Morgen die Sonne
>   Mir, und das Abendrot über dem reifenden Feld!
> Balsam würde mein Blut im frischen Kusse des Weibes,
>   Kraftvoll blühte mein Haus, doppelt, in Kindern empor.

Das Gedicht, an den vertrauten Freund Mährlen gerichtet, ist ein
Ausdruck der Sehnsucht des Genialen, Schwierigen nach Glück
im »einfachen Leben«. Mörike hat an der Seite Gretchens ein
solches Glück nicht gefunden. Ob er mit einer anderen Frau sehr
viel besser gefahren wäre? Unüberlegt, überstürzt war diese Heirat nicht. Im Frühjahr 1845 haben sie sich kennengelernt; im
Spätjahr 1851 war die Hochzeit. Fast die ganze Mergentheimer Zeit
liegt dazwischen.

Er hatte sich alsbald verliebt. Zu ihrem Geburtstag hat er die
Verse geschrieben:

> Früh, schon vor der Morgenröte
> Fühlt ich, Liebste, deinen Tag,
> Küßte dich, o Margarete,
> Wie man Engel küssen mag;
> Dann vor unsres Städtchens Toren
> Riefens hundert Stimmen mir:
> »Dir, auch dir ist sie geboren,
> Wie vor Tausenden du ihr!«

Das war am 10. Juni, dreiundvierzig Tage nach dem Einzug in das
Speeth'sche Haus. In dem gleichen Sommer hat er innige Verse an
seine Schwester gerichtet – »Nach der ich früh und spät ...«
(wurde bereits zitiert). Sie bildeten für eine gute Weile ein Kleeblatt
– Eduard, Klärchen, Gretchen.

Gretchens Vater, der alte Offizier, starb am 10. August. Er hat in seinen letzten Lebenstagen den Mieter Mörike gebeten, sich seiner Tochter anzunehmen. Das war nicht ins Leere gesprochen. – Es ist auffällig, daß man aus Mörikes Feder kaum eine Bemerkung über diesen alten Haudegen findet. In früheren und späteren Jahren erwähnt er Begegnungen mit alten Männern, die den Kaiser Napoleon nur einmal gesehen hatten. Hier, in dem Haus am Marktplatz zu Mergentheim, wohnte er bei einem Kriegshelden, der in sechs napoleonischen Feldzügen dreizehn Sturmangriffe mitgemacht hatte, der zweimal Murat, dem Schwager des Kaisers, das Leben gerettet hatte, der von Ney auf dem Schlachtfeld von Borodino mit dem Kreuz der Ehrenlegion ausgezeichnet worden war, in Gegenwart Napoleons, der den Hauptmann von Speeth scharf ansah und den Hut lüftete . . . Sollte der alte Herr ihm nichts davon erzählt haben?

Gretchen, durch ihre früh verstorbenen Geschwister mit dem Tod vertraut, brach nach dem Ende des Vaters, dem viele Wochen anstrengender Pflege vorausgegangen waren, zusammen, »wie ein bis auf den Tod gejagtes und verletztes Reh« – so Mörike an Hartlaubs. Mitleid nährt die Verliebtheit. »Eine schlanke mittelgroße Gestalt mit schwarzen Haaren und dunklen, melancholisch blickenden Augen«, so hat Marie Bauer die Jungfer Speeth geschildert. »Liebes Hirschlein« hat Mörike sie bisweilen in Briefen angesprochen – großäugig, scheu, fluchtbereit. Klärchen Neuffer, Luise Rau waren anders – für Augenblicke mag ihn Gretchen an Peregrina erinnert haben. Ein Element der Bindung an dieses Mädchen war sein Glaube an geheime Seelenkräfte. Ziemlich im Anfang ihrer Bekanntschaft hatte Mörike ein seltsames Erlebnis.

»Einst in der Nacht – es mochte elf Uhr sein, ich hatte schon einige Zeit und zwar in vollkommener Ruhe geschlafen – erweckte mich ein plötzliches Gefühl, als wenn mir kalte, schwere Tropfen gewaltsam in das Gesicht gespritzt würden; ich glaubte ihren Fall zugleich auf dem Deckbett zu hören. Ich fühlte nach der Nässe auf der Haut, auf Kissen und Decke umher: da aber alles durchaus trocken war, beruhigte ich mich mit dem Gedanken, es müsse Einbildung gewesen sein, obwohl ich nie mit soviel Schein der Wirklichkeit geträumt zu haben glaubte. Den andern Tag erzählte ich die Sache in Gegenwart der Freundin (Margarethe) ... Sie hatte jene Nacht bei ihrem Vater, der an einer schmerzhaften Krankheit dem Tod entgegenging, zu wachen, verweilte aber zur gedachten Stunde noch allein auf ihrem Zimmer. In einer ungewöhnlich erhöhten Stimmung, begünstigt durch die Einsamkeit und die tiefe nächtliche Stille, verrichtete sie ihr Gebet, in welches sie nächst ihren Angehörigen auch uns einschloß. Zuletzt griff sie, als Katholikin, nach dem geweihten Wasser und sprengte, was sie sonst nie tat, für jedes einzelne besonders, der Reihe nach und in der Richtung, wo die Lagerstätte eines jeden war, einige Tropfen in die Luft. Hiernach erklärte sich das Rätsel einfach aus einem momentanen Fernsehen der Seele im schlafenden, völlig gesunden Zustand.«

Merkwürdig, daß er sechzehn Jahre später, als Gretchens weiches Gesicht längst spitzig und verkniffen aussah, dieses Erlebnis in der Zeitschrift *Freya* hat drucken lassen.

Gretchen war eine gute Katholikin. Als junger Mensch hatte Mörike bei Besuchen in Oberschwaben das Mystische und das Lebensfrohe des katholischen Wesens liebgewonnen, und diese Neigung hat ihn sein Leben hindurch begleitet, ohne daß er je den Gedanken erwogen hat, zu konvertieren. Hier in Mergentheim trieb er es mit seiner Sympathie ein wenig zu weit; jedenfalls nach der Meinung des evangelischen Stadtpfarrers Wüst, der zornig an Hartlaub berichtete, Mörike und seine Schwester pflegten katholische Bräuche (zum Beispiel: die Fenster zur Fronleichnamsprozession zu schmücken). Nicht so sehr das, als Mörikes Neigung zu Gretchen Speeth und die spätere Heirat haben einen kältenden Schatten über die tief verwurzelte Freundschaft mit Hartlaubs geworfen.

Wenn Gretchen verreist war, nach Bamberg, wo ihre Mutter wohnte, oder in anderen Familienangelegenheiten nach München, hat Mörike ihr bezaubernde Briefe geschrieben, in denen Verliebtheit jedoch nur leise anklingt; sie sind auf einen anderen Ton gestimmt, als die Briefe an Luise Rau; doch war er glücklich, sich mitteilen zu können. Kaum war sie, März 1847, abgereist, schreibt er: »Dies ist ein kleiner Streifen Welt [Landkärtchen Mergentheim-Bamberg] und doch wie viel ist er für die, welche an beiden Enden wohnen! Was zwischen diesen beiden Enden liegt, ist nichts als eine leere Fläche mit einer sicheren Verbindungslinie, auf der nicht nur unsere Briefe und Gedanken, nein auch wir selber uns persönlich erreichen können! Indem ich aber dieses schreibe, ist unser bestes Gretchen noch mitten unterwegs begriffen, und ungefähr kann ich den Punkt bezeichnen, auf welchem der – heute gegen Schnee und Wind verschlossene – Glaswagen in diesem Augenblicke rollen mag. Heut in der Frühe erhielten wir bereits die treusten, liebevollsten Zeilen mit einem rührenden Gruß . . . Wie ähnlich waren sich doch unsere Empfindungen in Bezug auf die Wertlosigkeit unseres Abschieds! Kaum waren Sie hinweg, so fiel's auch mir schon auf und lastete mir längere Zeit schwer auf dem Herzen. Wie aber alles wohl erklärlich ist, und ich Sie deshalb im Geringsten nicht mißverstanden hatte, so seh ich nun zu meinem großen Trost, daß Sie darin auch unsrerseits nichts Befremdliches fanden. Nach Verfluß der ersten Stunden, wo unsere Gemüter vergeblich um Ruhe und Fassung arbeiteten, besann ich mich, zufolge eines alterprobten richtigen Instinktes, auf irgendein zweckmäßiges Geschäft, – sei es mit Ordnung durcheinander liegender Papiere oder Rechnungen, sei es mit Tilgung einer alten halbvergessenen Korrespondenzschuld und dergleichen . . .«

Und gleich am nächsten Tag: »Nun hat unser geliebtes Gretchen schon ihre erste Nacht in Bamberg zugebracht . . .«

Ein andermal, Juli 1846, Gretchen ist in München, beschreibt er Zurüstung und Genuß eines Fußbades, das er gemeinsam mit seiner Schwester gehabt hat (ein eindrucksvolles Zeugnis, wie sparsam man im Biedermeier mit Wasser umgegangen ist!):

»Ich ließ zu einem Fußbad für uns beide zwei Flaschen Wasser in die Sonne tragen, nach eineinhalb Stunden waren sie heiß und ich konnte nach diesem Thermometer auf die Hitze schließen, von welcher unsre liebste Freundin zu leiden haben müsse. Klärchen, ehe sie das Wasser in ihre Schüssel ausgoß, sagte in ganzem Ernst wehmütig: ›Ach, das tät meinem Gretchen jetzt auch wohl, wenn sie es mit mir hätte! Ich mag es fast nicht brauchen.‹ (Was für unbedeutende Dinge erzähle ich Ihnen, liebstes Herz! Aber in Kleinigkeiten zeigt sich ja eben das zumeist, was Ihnen wichtig ist.) . . .« Und:

»Bestes, süßestes Gretchen« heißt es weiter:

»Wenn Sie aber in Ihrem stillen Zimmerchen allein bei Licht unsere Briefe zum zweitenmal lesen, da wünschte ich, Sie möchten etwas dem Ähnliches empfinden, was gestern mich im Innersten bewegte, als ich allein noch spät um neun Uhr, über den Taubersteg kommend, eine Zeitlang an das Geländer gelehnt, mich verweilte und das schöne schlängelnde Mondlicht im Wasser beschaute. Da dachte ich mit schmerzlichem Heimweh an unser Gretchen und hätte gerne gewußt, wo sie in diesem Augenblick sei, auf was ihr Blick sich richte, was sie denke?! Adieu, adieu!«

In einem drei Wochen später geschriebenen Brief finden sich Bilder wie aus der Laterna magica:

»Ich sitze am bekannten Pult im gelben Zimmerchen, das ich mein Lebenlang nicht lassen möchte. Es ist nach diesen vielen heißen Tagen, wo der Marktplatz stets im grellsten Lichte stand und man kaum einen Laden öffnen durfte, der Himmel heut einmal etwas umhüllt, doch ohne Regenaussicht, morgenfrischlich, und diese stille Tagesfärbung gibt der Seele einen bestimmten Ton, ladet zur Ruhe und zur Sammlung unsrer verborgnen Kräfte ein.

Auf der Straße gehen ohne Lärm verschiedene Menschen ihrer Arbeit nach, das alte kleine Männchen, das Fabelmännchen, wie wir es als nannten, mit dem übergroßen Hut und langem blauen Rock bis an die Knöchel, macht seine winzigen Schrittlein, wobei kein Knie gebogen wird, in grader Linie über das Pflaster; eh er von dem Portal an Gassers Haus bis an die Rathausecke kommt, kann ich bequem so eine ganze Seite schreiben und dazwischen hinein einmal nach Klärchen sehn, die ihr vertrenntes schwarzes Kleid soeben in der Küche wascht. Ein fremder Herr im Straußen drüben singt von Zeit zu Zeit eine großartige Theater-Roulade; ein Güterwagen steht gepackt unter seinen Fenstern. Das Alles sind Ihnen bekannte Szenen . . .«

An dieser Stelle sei dem Biographen ein literarischer Seitenblick erlaubt. In Fontanes Roman *Irrungen, Wirrungen* findet sich ein ganz ähnlich empfundenes Bild: »Und nun trat er durch die Gittertür auf die Straße. Hier sah er, unter der grünen Kastanienlaube hin, abwechselnd auf das Tor und dann wieder nach dem Tiergarten zu, wo sich, wie auf einem Camera obscura-Glase, die Menschen und Fuhrwerke geräuschlos hin und her bewegten. ›Wie schön. Es ist doch wohl eine der besten Welten.‹«

Der Preis, den Eduard Mörike für das verletzbare Glück mit seiner neuen Freundin und späteren Ehefrau zu zahlen hatte, war eine lange während Belastung seiner Freundschaft mit Wilhelm und Constanze Hartlaub; eine Beschattung seines Lebens, die um so schmerzlicher war, als zu der Zeit Ludwig Bauer plötzlich starb. Mergentheim und Wermutshausen liegen nah beieinander. Die Bekanntschaft zwischen Hartlaubs und Margarethe Speeth war bald hergestellt, hat aber nicht zu gegenseitiger Sympathie geführt.

Im Juni 1845 war bei Hartlaubs ein Junge zur Welt gekommen, Eduard; das Kind hat nur zwei Jahre gelebt. Der Freund war Pate. Ein Patengeschenk, des Dichters alter Kindersäbel, wurde von etwas wehmütigen Versen begleitet. Ein eigner Sohn –

... er bleibt nur gar zu lange aus!
Am Ende, fürcht ich ernstlich, kommt er nimmermehr;
Sah ich doch selbst die Mutter bis zur Stunde nicht!

Das war ein deutliches versöhnliches Zeichen. Etwas später, am 18. Dezember 1845, schreibt Eduard an Wilhelm Hartlaub:

»Mein liebster Freund!

Ich hätte nie gedacht, daß eine Meinungsverschiedenheit in einer Sache, bei der ich die Idee der Freundschaft völlig unangetastet weiß, bis dahin sollte gehen können, daß wir, wenn auch nur auf kurze Zeit, verlegen sein könnten, was ein Teil dem anderen zu sagen habe und was zu tun sei, um glücklich über den Strom wegzukommen, dessen anderes Ufer im Anfang mir so nah gelegen schien!

Ihr haltet da das Innere für angegriffen oder preisgegeben, wo wir nur eine äußere vorübergehende Störung beklagen. Ich mag die Sache überdenken wie ich will, so fehlt Ihr auf zweierlei Weise: einmal durch Mangel an Vertraun auf uns und dann darin, daß Ihr der dritten Person gegenüber nicht dasjenige Maß von allgemeiner Liebe und Menschlichkeit eintreten laßt, das unter solchen Umständen geboten ist. Ich meinte, dieser außerordentliche Fall wäre uns allen zu einer Aufgabe gemacht, die wir nur durch vereinte Herzenskräfte lösen können: – wie? dies zu besprechen schien vorerst der lieben Konstanze Erscheinung uns eine nicht genug zu preisende Gelegenheit: ich forderte direkt verschiedenemale dazu auf, allein es war zu deutlich, daß sie in Gretchen nichts weiter als ein bis zur Verzweiflung eigensinnig verwöhntes Geschöpf vom zweideutigen Charakter erblicken wollte, und daß man den Knoten auf jede Gefahr zu zerhauen habe, oder die ältern Freunde geradezu von sich lasse! –

Ich habe mich mit diesem Wenigen ganz ausgesprochen und weiß nicht weiter. Nur das glaubt noch, daß mir in dieser Zeit der Spannung und persönlichen Entbehrung so zu Mute ist, als wenn einer sein Haus von der Hauptseite dachlos und Wind und Wetter bloßgestellt weiß.

Klärchen hat Euern Glückwunsch zum 10. Dezember empfangen. Sie ist unglücklich genug, jetzt nichts darauf erwidern zu können. Was sie sagen möchte, – so meint sie – habe jetzt keinen Wert für Euch und finde keinen Wiederklang.

Ich bin mit unveränderlicher Liebe

Ewig Euer getreuer Eduard«

Die Freundschaft war schwer belastet, ist aber nicht zerbrochen. Es gibt aus den folgenden Jahren Briefe, die den Schatten kaum ahnen lassen; es ist auch von Geschenken Hartlaubs die Rede, z.B. von einer »herrlichen Papiersendung«. Die Ursache der Verstimmung liegt gewiß nicht in Mörikes doch beinahe spielerischer Neigung zum Katholizismus; sie ist bei Wilhelm und besonders bei Constanze eher in des Dichters Heiratsplänen überhaupt zu suchen; daß Gretchen Katholikin, daß sie Hartlaubs unsympathisch war, kommt hinzu. Hartlaubs durften sich lange Jahre als des Dichters Familie fühlen. Das ging nun zu Ende, und das haben sie als bittere Enttäuschung empfunden.

Bei allem Kummer über Dissonanzen ist die Verbindung keineswegs abgerissen. Hartlaub bleibt der altvertraute Gesprächspartner. An ihn ist der Stoßseufzer gerichtet (als Mörike wieder einmal von einem Vielgeschäftigen wegen einer poetischen Blumenlese angegangen worden war): »Es ist doch wahrlich zum Erschrecken, was Alles wirklich schreibt und dichtet! So arg war doch die Affenschande mit dem Musendienst in Kammern und Unzucht noch zu keiner Zeit!« – Aufhellungen spiegeln sich in Briefen wie dem vom 2. Juli 1847, als Mörike wieder einmal eine Badkur gebrauchte – das hatte er in Mergentheim bequem vor der Tür – und deren gute Wirkung genoß:

»Ich brachte jenen ganzen Nachmittag von zwei Uhr bis Abends acht in einem der offnen Gartenhäuschen zu, wohin ich mir so eine rot gepolsterte Ruhbank und ein paar Bettkissen, zur Kopf- und Rückenunterlage tragen lasse. So auch gestern wieder. Mit welchem innigen Vergnügen trat ich einmal vor das Gebüsch, hinaus, wo die Äcker anfangen, und übersah, im Sonnenschein, die offene Gegend! Das hochgewachsene, dichte, von schmalen Wegen durchschlängelte Buschwerk, meist aus Birken bestehend, ist wenig von Gästen besucht und mir durch Schatten und Licht, mannigfaltigen Vogelgesang, wilde Kräuter und Geruch in der Tat kein übler Ersatz für den Wald. Auch habe ich Jasmin und Rosen in den frühern Sommern kaum je so gründlich ausgekostet und bewundert als in dieser begnügten Beschränkung von heuer. Die Nachtigallen wollen jetzt aufhören, zuweilen vernimmt man noch eine vom Hofgarten herüber.«

Eine Zeit lang hat es so ausgesehen, als sollten alle auf Gretchen gerichteten Absichten sich verflüchtigen, und damit auch die Wolken über dem Verhältnis zum Wermutshauser Pfarrhaus. Frau Speeth, die im Witwenstand in Bamberg lebte, wünschte ihre Tochter bei sich zu haben. Nun hat Mörike keine Hemmungen, die Freunde auf dem laufenden zu halten. Am 12. Februar 1847: »Un-

ser hiesiges häusliches Leben ist durch die Aussicht und die Vor-
bereitungen auf Gretchens Abreise gar sehr zerrissen, unruhvoll
und bänglich. Übrigens ist, ganz wie Du schreibst, der Schmerz,
sie (wenigstens auf lange) zu verlieren, gegenwärtig noch durch
eine Art von Unglauben, ob es denn möglich sei, verhüllt.« Wenig
später: »Klärchen steckt bis über die Ohren im Gewühl des letzten
Packgeschäfts für Gretchen.« Ein paar Tage danach greift die
Schwester selbst zur Feder und berichtet nach Wermutshausen:
»Wir haben indessen auch viel durchgemacht, der schwerste Tag,
Gretchens Abreise, wäre nun auch überstanden – letzten Montag
früh 7 Uhr hat die teure Freundin uns verlassen. Liebe Freunde!
ihr könnt wohl denken, wie uns alle dieser Abschied ergriffen
hat . . .«

Die Sache sah ernsthaft aus, das Haus wurde zum Verkauf
angeboten. Aber Gretchen blieb nicht bei der Mutter. Sie war bald
weitergereist zu einer Tante nach München und hatte sich von
dort gemeldet, krank und jammervoll. Das gute Klärchen reiste
schleunigst zu ihr, und Ende Mai kamen sie miteinander wieder in
Mergentheim an. Eduard und Gretchen schienen doch füreinan-
der bestimmt.

Die alte Freundschaft war über diesen Ereignissen wieder so
weit ins Lot gekommen, daß Eduard einen langen Besuch in
Wermutshausen macht, mit Klärchen und, zeitweilig, auch Gretchen. Dieses gewagte Experiment ist nicht ganz gelungen. Eduard
läßt es sich wohl sein, liegt halbe Tage an der frischen Luft im
Gartenhaus und liest Jean Pauls *Siebenkäs.* Gretchen, kränklich
und reizbar, hält es eine Weile aus (das gastliche Pfarrhaus hat
wiederholt auch ihren nichtsnutzigen Bruder Wilhelm beherbergt), reist dann aber ab, am Tag von Eduards Geburtstag, Verstimmung hinterlassend. Aber nicht nur Eduard, sondern sogar
Wilhelm Hartlaub senden ihr so freundliche Briefe nach, daß sie
noch einmal für ein paar Tage zurückkehrt . . . Bald sollte neues
Gewölk aufziehen.

In die spätere Mergentheimer Zeit fallen zwei Reisen. Den
Herbst des Jahres 1850 verbringen Mörike und seine Schwester
bei dem Bruder Ludwig (Louis), der auf dem »Pürkel-Gut« bei

Regensburg von Thurn und Taxis als Verwalter eingesetzt war. Es ist Eduards längster Aufenthalt »außer Land« gewesen. Anders als Karl und Adolf hatte Louis dem Dichter-Bruder wenig Kummer, aber bei seinen häufigen Besuchen manche Freude bereitet; eine behagliche, aber doch nicht beständige Natur; bisweilen des Geldes bedürftig, aber spendabel, wenn er genug hatte. Vielseitiger Geschäftsmann, hat er es nirgends lange ausgehalten. Nun also war er Verwalter eines großen fürstlichen Guts. Eduard vermerkt: »Da dem Verwalter zwei glatte, gutgenährte Chaisenpferde, Braunen, samt einer Droschke und einem geschlossenen Wagen privatim zur Verfügung stehen, so könnt Ihr Euch vorstellen, daß davon zu Besuchen in der Stadt und Umgebung nicht selten Gebrauch gemacht wird.«

Regensburg, durch Jahrhunderte Sitz der Reichstage, hat ihn in seiner altertümlichen Atmosphäre angezogen: »Die ineinandergewirrten, geräuschvollen, rauchigen Gäßchen gegen die Donau zu, die eigentümlichen Streittürme mancher ehemaligen, zur Burg dadurch geschaffenen Patrizierwohnungen, mitten unter den übrigen Häusern, viereckig, hoch, mit Zinnen und zierlichen gotischen Fenstern . . .« Besonders hat es ihm die große Donaubrücke angetan: »Das Treiben der Menschen, Fuhrleute, Reiter, Spazierenden und Gaffer aller Art auf dieser Brücke hört nie auf, ist aber, wenn man erst sein sicheres Plätzchen auf einem Sims der Mauer hat, nicht lästig und erhöht nur die Schönheit des Ganzen. Man sieht die Dampfschiffe kommen und landen, den eisernen Kranen am Ufer arbeiten, die Bamberger Schiffer Getreide einnehmen, Kehlheimer Steinplatten versenden; dann unter der Brücke einen Kreis von zwanzig Zimmerleuten einen riesenhaften Pflock durch eine Stoßmaschine in das Wasser treiben, sieht dort ein Mühlrad gehen und hier ein großes Fischernetz einsenken. Die Donau ist in diesen Tagen stark geschwollen, gelblicher Farbe, macht Wirbel von der schönsten Sorte . .« So in einem langen Erzählbrief an Hartlaubs. Das Interesse für Technisches wird bei Mörike immer wieder sichtbar.

Aber es wollte keine rechte Freude aufkommen. Es entging ihm nicht, daß der Bruder, wiewohl er das Gut in guter Ordnung hielt, nicht zur Zufriedenheit seiner hochadligen Herrschaft wirtschaftete. Mit der Schwägerin vertrugen sich Eduard und Klara nicht gut. Endlich (noch einmal aus dem Brief an Hartlaubs): »Kannst Du es glauben, lieber Freund, daß ich hier noch wenig, im Grund noch nie, was man vergnügt heißt, habe sein können?! Wo in der Welt könnt ich auch dieses sein, bei stündlichem Mangel an allem Gesundheitsgefühl? Der Gram liegt überall im Hinterhalt, und je lauter die Aufforderung zum Genuß in einem Kreis von Menschen an mich ergeht, um desto tiefer fühl ich, was mir fehlt.«

Mörike hatte anfangs gehofft, der Freund werde ihn in Regensburg besuchen. Daraus ist nichts geworden. Es muß inzwischen eine ernsthafte Verstimmung eingetreten sein. Kurz nach der Rückkehr aus Bayern: »Mir ists ein großer Schmerz, mein teuerster Wilhelm, daß wir so zu einander stehen sollen! ein innerlich schwärender Stachel, der mich den Tag über bei tausend Anlässen peinigt, wovon oft niemand was, auch Klärchen nicht, ahnt . . .« Am Ende: »Lebt wohl, geliebteste Freunde, und erkennt mich wieder!«

Im Frühjahr 1851 hat der Dichter der *Idylle vom Bodensee* diese Landschaft noch einmal genossen. Etwa acht Wochen hat er sich mit der Schwester unweit Konstanz aufgehalten, in Egelshofen, einem »reinlichen Dorf auf dem Saume der Schweiz«. Als »sonnenhaft« war die ländliche Wohnung im Konstanzer Tagblatt empfohlen worden. Der Hausherr stellte Intarsien her, was Mörike höchlich interessierte und seine Lust dazu weckte: »In acht Tagen wollt ich Jung, Gesell und Meister sein!« »Zwischen den weißbehängten Zweigen der nächsten gewaltigen Bäume hindurch sieht man stellenweise die alte braune Stadt mit dem lichtgrauen Münster samt dem See.« Ringsum Gärten mit blühenden Obstbäumen, Weinberge, Hecken voll Bienengesumm. Noch einmal genießt er Farbenspiel und Wellenschlag des Sees. Kleine Spazierfarten führen ihn in die Umgebung, auf die Reichenau, nach Gottlieben (die »Krone« einer der wenigen noch bestehenden Gasthöfe, in denen Mörike nachweislich eingekehrt ist). Hätte er eine gemächliche Kutschfahrt in südlicher Richtung gemacht, so hätte er nach Wilen kommen können, und wenn es der Zufall gewollt hätte, so wäre er dort der Frau Maria Kohler begegnet, seiner Peregrina von einst.

Die Ursache seiner Reise war die Einsicht, »daß wir, sowohl in ökonomischer als in persönlicher Rücksicht auf die bisherige Weise in Mergentheim unmöglich fortleben können« (brieflich an Hartlaub). Es war Klaras Idee, man solle in Konstanz eine Pension für kleine Mädchen einrichten; mit einer Französin zum Sprachunterricht, einem Klavierlehrer aus der Stadt – (sollte Eduard den Kindern – sieben bis vierzehn! – Literaturunterricht erteilen?). Nun, diese Bemühungen sind ohne Ergebnis geblieben, es hätte auch nichts Gescheites dabei herauskommen können. Das Projekt zeigt, daß Klärchens gesunder Menschenverstand mehr auf das Naheliegende und Gewöhnte gerichtet war.

Indessen wurde mit Freunden und Gönnern in Stuttgart korrespondiert, die bemüht waren, dem Dichter eine Existenz zu verschaffen. Die Hoffnungen auf eine Bibliothekarstelle erwiesen sich wiederum als aussichtslos, aber andere Möglichkeiten zeichneten sich ab. Im Juni kam Mörike selbst nach Stuttgart, nahm eine Wohnung (die er schon nach einer Woche wieder wechselte) und sah sich mit Hilfe von Verwandten und Freunden selbst um. Literarische, editorische Pläne und ein regelmäßiger Broterwerb – er geht dem nach, straßauf, straßab; kränklich, nervös, vergrämt. Unter solchen Umständen ist die Urform eines seiner schönsten Gedichte entstanden:

> Ein Tännlein grünet wo,
> Wer weiß, im Walde . . .

Die ursprüngliche Überschrift: »Grabgedanken«.

Als tatkräftiger Helfer in all den Nöten erweist sich Karl Wolff, ein Freund Bauers aus Seminarzeiten und seit 1843 Vorsteher des Katharinenstifts, der angesehenen höheren Mädchenschule. Wolff macht ihm das Angebot, Literaturstunden zu übernehmen. Mörike lehnt zunächst ab, sagt aber nach einiger Zeit doch zu. Am 1. Oktober wird er als »Lehrer der teutschen Literatur« für ein Jahresgehalt von 50 Gulden provisorisch angestellt; er übernimmt die Verpflichtung, in einer Klasse der Oberstufe jeden Mittwoch von elf bis zwölf eine Unterrichtsstunde zu halten.

Unter den literarischen Vorschlägen, die ihm in jener Zeit gemacht wurden, ist ein kurioser von Vischer. Nach jahrelangem Schweigen hatte Mörike die freundschaftliche Verbindung zu ihm wieder aufgenommen. Vischer, dem Mörikes Liebe zu Shakespeare bekannt war, hat ihm einen für den Gebrauch der Damen »vernünftig castrierten Shakespeare« vorgeschlagen ... Mörike hat dankend abgelehnt, seine Kenntnisse des Englischen seien unzureichend, auch täte ihm »das blutige Geschäft selbst leid«. Doch hat er noch im Herbst »auf mehrfache Anfragen« Vorträge »aus einer Reihe größerer und kleinerer Dichterwerke, namentlich Shakespearischer Stücke« angekündigt, die nach seiner endgültigen Übersiedlung nach Stuttgart auch zustande gekommen sind; in dem vornehmen »oberen Museum« zu bevorzugter Zeit, Samstag abend um sechs.

Hinter all der quälenden Geschäftigkeit in den Monaten Juni bis November 1851 stand der Entschluß, nun endlich zu heiraten. Torschlußpanik? Wohl nicht, wenngleich das Wort Panik für seine Empfindungen in manchen Stunden zutreffen mag. Wenn er, in der zitierten Briefstelle, meinte, er könne auf die bisherige Weise unmöglich fortleben, so war das nicht zuletzt das Gefühl für Wohlanständigkeit, das ihn bewegte; die ungeordnete Art, wie er mit Schwester und Freundin hauste, schickte sich eben nicht. Sogar Hartlaub riet nun zur Eheschließung: »Was würden die Stuttgarter sagen, wenn Mörike außer seiner Schwester noch ein lediges Frauenzimmer mitbrächte?«

So steuerte er sein schwankendes Schifflein in den Hafen der Ehe mit der Freundin – obwohl die gegenseitige Zuneigung im Lauf der Jahre nicht gewachsen, sondern eher zu einer lieben Gewohnheit geworden war; obwohl die Freundschaft zwischen Klärchen und Gretchen, die ja eine Ursache war, neuerdings schmerzliche Risse aufwies; Klärchens hingebende Hilfsbereitschaft löste bisweilen launische, gereizte Reaktionen aus. Fast unglaublich, aber gut bezeugt, wie Mörike vor dem Gang zum Traualtar, erklärt: »Klärchen, ich will's doch lieber bleiben lassen!«

Ein pensionierter evangelischer Pfarrer heiratete eine Katholikin. Das geltende Recht stand dem nicht im Wege. In dem Buch *Recht und Brauch der evangelisch-lutherischen Kirche in Württemberg* von Prälat Hauber heißt es ausdrücklich: »Dem Eingehen einer gemischten Ehe überhaupt steht kein gesetzliches Hindernis im Wege, und bedarf es, wenn sonst alle gesetzlichen Erfordernisse vorhanden sind, keiner Dispensation dazu.« Das war auch dem evangelischen Stadtpfarrer bekannt, der an den katholischen Sympathien Mörikes ein Ärgernis genommen hatte, und der nun, am 25. November 1851 in der Abenddämmerung die Trauung von Eduard und Margarethe vollzog. Fatal mutet es an, daß Mörike sich am Tag zuvor bei Wüst 400 Gulden geliehen hatte. – Gleich nach der Hochzeit zog das Paar, mit Klärchen, nach Stuttgart und nahm in der Hospitalstraße 36 Wohnung.

Zu Beginn seiner Neigung zu dem Mädchen, das nun seine Frau war, hatte er das mystisch durchglühte Gedicht »Neue Liebe« geschrieben. Es beginnt:

Kann auch ein Mensch des andern auf der Erde
Ganz, wie er möchte, sein?
– In langer Nacht bedacht ich mirs und mußte sagen, nein!

LEBEN IN STUTTGART

Die Stadt

Im Alter von siebenundvierzig Jahren hat sich Mörike in Stuttgart niedergelassen. Die Stadt ist bis zu seinem Tode sein Lebensmittelpunkt geblieben, wenngleich er in seinen Altersjahren zeitweilig in Lorch und Nürtingen gewohnt hat. Versetzen wir uns in Mörikes Milieu, so ist es das Stuttgart der 1850er, 1860er Jahre.

Die königliche Haupt- und Residenzstadt – aber unter den Königsstädten Europas (vom Balkan einmal abgesehen) bei weitem die bescheidenste und kleinste. Um in Deutschland zu bleiben: Stuttgart stand hinter Dresden und München weit zurück; eher war es Karlsruhe und Darmstadt zu vergleichen, die es unter Napoleon nicht zu Königswürden gebracht hatten.

Immerhin hatte sich die Einwohnerzahl seit der Zeit, als Mörike hier das Gymnasium besucht hatte, mehr als verdoppelt und im Jahr 1855, Berg, Gablenberg und Heslach inbegriffen, 50 000 überschritten. Die Zunahme beruhte weniger auf der durch die noch hohe Kindersterblichkeit gebremste natürliche Vermehrung als auf dem Zuzug aus ganz Württemberg. Das hatte auch zur Folge, daß Stuttgart nicht mehr eine rein protestantische Stadt war. Konnte man zu Beginn des Jahrhunderts die Katholiken noch beinahe an den Fingern abzählen, so bildeten sie nun fast ein Zehntel der Bevölkerung; allein in den Jahren zwischen 1846 und 1852 war ihre Zahl von 1719 auf rund 4500 emporgeschnellt; ihre Kirche, 1806 von der Solitude in die Stadt versetzt, hatte den repräsentativen Platz, den sie noch heute hat. Zugenommen, wenngleich auf sehr bescheidener Stufe, hatte auch die Zahl der Israeliten; es waren 126 im Jahr 1832; 330 im Jahr 1852; etliche hatten sich taufen lassen – es wäre sonst nicht der Bankier Benedikt Leutnant der berittenen Stadtgarde geworden.

Residenz, Beamtenstadt, Garnison – Bürgerstadt mit ländlichem Einschlag. Zwar erinnerten sich nur noch die Alten an die Zeit, als der Hirt mit Hornsignalen die Kühe und Säue der Bürger versammelte, um sie durchs Tor in die Wälder zu treiben. Aber der Stuttgarter Urberuf, der Weingärtnerstand, hatte noch große Bedeutung. In dem Handbuch der Haupt- und Residenzstadt füllt die Beschreibung der Weinlagen, der »Halden« dreizehn Seiten. Da liest man: »Diemershalden, außerhalb des Esslingerthors, oberhalb den Sündern, stoßen auf die sogenannte Gänshaide, beim ehemaligen Hochgericht, bestehen aus Weinbergen und Baumgütern, liegen sommerig, geben einen guten Wein . . .« Oder: »Hasenberg obere und untere, außerhalb des Calwerthors, zunächst an der Hasenberger nach Calw führenden Chaussee rechts. Die Güter bestehen theils aus Weinbergen, theils aus Baumgütern und liegen winterig . . . Der Wein ist hier mittelmäßig.« Weiteres aus diesem Handbuch:

»Der Weinbau wird sehr stark und von Seite der über tausend Köpfe zählenden Gilde der Weingärtner mit außerordentlichem Fleiße und der größten Ausdauer, wenn es auch ein Fehljahr gegeben hat, betrieben. Durch die große Aufmerksamkeit, welche schon seit mehreren Jahren der Veredlung der Rebensorten geschenkt wird, hat sich der Weinhandel bei uns auf eine bedeutende Höhe geschwungen, und den lebhaftesten Verkehr in unserer Hauptstadt während der Weinlese hervorgerufen. Um diese Zeit sind die Straßen mit Weinwägen aus allen Theilen des Landes bedeckt, und an manchen Tagen passieren deren wohl gegen 1000 teils gefüllte, teils leere mit dem lustigen Geklingel der Glocken an den Pferden, unsere Thore.«

Auch in der sehr präzisen Beschreibung des Stadtdirektionsbezirks Stuttgart von 1856 ist die Zunft der Weingärtner noch mit über tausend Köpfen angegeben. Der Fläche nach war der Weinbau seit 1712 (2800 Morgen!) zurückgegangen, die ungünstigen Halden wurden nach und nach aufgegeben. Zwar hatten die Märzgesetze von 1848 manche alte Lasten, die den Weingärtnerstand drückten, beseitigt. Trotzdem lebten nicht wenige am Rand der Armut, mußten im ererbten oder gepachteten Weinberg hart um ihr Brot arbeiten, abhängig dabei von Sonne, Regen, Frost. Als wichtigen Nebenverdienst trieben viele Weingärtner Gemüsebau; den besorgten meistens ihre Frauen und Kinder.

Ein großer Teil der Bürgerschaft gehörte dem Handwerkerstand an. Auffällig ist die hohe Zahl der Bäcker – 75 – auf 515 Einwohner ein Bäckermeister (in München einer auf 900, in Berlin auf 1300, in Wien auf 1750 Einwohner). Vischer, mit seinem scharfen Mundwerk, machte diesen Stand geradezu verantwortlich für die Luft der Stadt:

> Die Luft in unsrer Kesselmulden
> Will es einmal nicht anders dulden:
> Sie riecht durchaus nach Mehl und Brei
> Und alles wird zur Beckerei.

Es gab 85 Metzger; 143 Schneider; 144 Schuhmacher. Es gab noch Seifensieder, Kammacher, Tuchscherer, Zinngießer. Die hohe Zahl der Buchbinder (47) hat mit der Rolle Stuttgarts als Verlags- und Buchhandelsplatz zu tun – wovon noch Näheres zu sagen sein wird.

Das Fabrikwesen stand hier noch in den ersten Anfängen. Das Wort wurde zumeist auf größere Handwerksbetriebe mit Anfängen von Arbeitsteilung angewendet – da gab es die Fabrikation von mechanischen und optischen Instrumenten, von Hüten und Baumwollwaren, Bier und Schokolade; es gab eine große Zuckerfabrik; aus der Möbelherstellung und dem Instrumentenbau hatte sich eine hervorragende Klavierfabrikation entwickelt. Nichts kennzeichnet aber den bescheidenen Stand der Stuttgarter Industrie besser als die Zahl von 14 Dampfmaschinen (1853), die zusammen 80 bis 90 PS entwickelten – so gut wie Null verglichen mit dem Umfang, den das Dampfmaschinenwesen damals in England bereits erreicht hatte.

Gab es in Stuttgart ein Proletariat? Nicht eigentlich, aber arme Leute genug. Die ernährten sich kümmerlich als Taglöhner, Holzspälter, Wagenspanner, Leichenträger, Nachtwächter; als Wäscherin, Büglerin, Näherin, Fabrikarbeiterin, Leichenwäscherin. An schrägen Vögeln hat es auch nicht gefehlt. Der Journalist Griesinger, ein scharfer Beobachter des spätbiedermeierlichen Stuttgart, beschreibt den Typ des »Gelegenheitsmachers«, der sich besonders an Fremde heranmacht und ihnen seine zweifelhaften Dienste anbietet, nicht zuletzt Mädchenbekanntschaften vermittelt. So überliefert dieser Chronist auch den Lebenslauf eines öffentlichen Stuttgarter Mädchens: »Da liegt sie nun auf dem Siechbette des Katharinenhospitals, bleich und abgezehrt und stieren Blicks ... und war doch einmal als junges Ding so hoffnungsvoll in die Residenz gekommen.«

Die Stadt war noch auf den leicht gewellten, vom Nesenbach spärlich bewässerten Talboden beschränkt und erst an wenigen Stellen auf den Fuß der Hügel gebaut, die sie in einem sanften Oval umgeben. Die Höhen ringsum waren mit Reben bedeckt und mit Baumgärten, die meist für den Obstanbau genutzt wurden; auf den Höhen der Wald, Laubwald zumeist. So rühmen alle Ortsbeschreibungen mit Recht die Vielzahl schöner Spaziergänge und die unzähligen Aussichtspunkte in der nächsten Umgebung. Besonders beliebt zum Spazierengehen, Reiten und Fahren waren die Anlagen, die sich vom Residenzschloß bis zum Neckar hinunter zogen und die unlängst, schon auf Cannstatter Merkung, durch das »königliche Landhaus« Rosenstein und die im maurischen Stil erbaute »Wilhelma« ganz neue Akzente gewonnen hatten. Auch der Kronprinz Karl hatte sich in dieser Gegend sein ländliches Schloß, heute Villa Berg genannt, bauen lassen.

War also an der Lage der Stadt und an ihrer Umgebung von Einheimischen und Fremden viel zu rühmen, so fallen die Urteile über die Stadt selber zurückhaltender aus. Hebbel schreibt in einem Brief an Mörike (Wien, 21. September 1857): »So liegt denn Ihre schöne Stadt in ihrer unendlichen Obstblüten-Pracht wie ein Traum hinter mir« – urteilt jedoch in einem Reisebrief aus Paris, 9. November 1860, an Christine Hebbel: »Es ist ein eignes Ding mit diesen kleinen Residenzen; wenn man hineinfährt und die breiten Straßen, die stattlichen Häuser erblickt, glaubt man Wunder was erwarten zu dürfen; klopft man dann aber an, so ist Nichts zu Hause, die Museen stehen leer, in den Archiven werden die Jahrgänge alter Zeitungen aufbewahrt und die Straßen sind für die Unsichtbaren angelegt ...«

Für das Residenzschloß (das Neue Schloß) gilt Goethes Urteil: anständig, breit und frei – nicht mehr, nicht weniger. Das Alte Schloß, das Goethe nur als Theaterkulisse gelten ließ, wollte

König Wilhelm (Regierungszeit 1816 bis 1864) gar abreißen lassen und sah erst davon ab, als ihm die Kosten vorgerechnet wurden. Den Bürgern und den Besuchern war die alte Burg lieb und wert, und auf dem angrenzenden Platz stand seit 1839 Thorwaldsens Schiller-Denkmal wie ein heimlicher Mittelpunkt der Stadt: »Steigt man in einer Residenz ab, so ist die erste Frage gewöhnlich: Wo ist das Residenzschloß? Jetzt wird auch häufig gefragt: wo ist das Schiller-Denkmal?« (Handbuch von 1841). Gleich dahinter aber beginnt die alte Stadt:

> Im Kerne Bürger-Nahrungsgraus,
> Krumm-enge Gäßchen, spitze Giebeln,
> Beschränkter Markt, Kohl, Rüben, Zwiebeln …
> (Goethe, *Faust*, Zweiter Teil).

Man empfand diese alten Quartiere als nicht mehr ganz passend, und die Stadtdirektionsbeschreibung urteilt über das Stadtbild vorsichtig: »Seit den neueren Verschönerungen kann Stuttgart mit seinen Umgebungen vielmehr den schöneren Städten beigezählt werden …«

Gesellschaft und Geselligkeit

Stuttgart war eine königliche Residenz auf bescheidenem Fuß. Wilhelm, 1781 geboren und seit 1816 König, war ein selbstbewußter Herr, legte aber auf zeremoniöse Pracht keinen besonderen Wert und hatte auch nicht viel Geld dafür übrig. Aus der Ära seines Vaters gab es noch Hofämter mit pompösen Namen: Erb-Reichs-Marschall, Erb-Reichs-Ober-Hofmeister, Erb-Reichs-Ober-Kämmerer, Erb-Reichs-Panner; aber die Träger dieser Titel, mediatisierte Fürsten, lebten auf ihren Schlössern im Oberland und im Hohenlohischen. In Stuttgart saßen die Mitglieder des Oberhofrats, schlichte Adlige, die auch etwas zu tun hatten. Die meisten Hofämter waren mit realen Aufgaben verbunden: Domänenkammer, Bauamt, Gartenamt, Stallmeisterei, Hofbibliothek, Hoftheater. – Die Zahl des im Residenzschloß dienenden Personals entsprach eher dem eines mittelgroßen Hotels als dem eines königlichen Haushalts.

Vermehrt wurde die höfische Gesellschaft durch die Gesandten: außer Österreich und Preußen waren fünf weitere Bundesstaaten vertreten; von fremden Mächten: Rußland, Frankreich, Großbritannien und die Niederlande. Das waren ruhige Posten. Die drei Ministerien, die Obergerichte, die militärischen Stäbe hatten ihren Sitz in der Hauptstadt, die Landstände versammelten sich hier zu ihren Sessionen. Im Parlament, in Justiz und Staatsverwaltung und natürlich in den Kirchen und den bürgerlichen Kollegien, war die altwürttembergische Ehrbarkeit, der große Kreis untereinander versippter Familien reichlich vertreten – die Köstlin, Stockmayer, Gutbrod, Schott, Gmelin, Steudel, Kapff, Rümelin, Moser, Mosthaf, Pfizer, Zeller, Flatt, Klaiber – und wie sie alle hießen und heißen. Mörike war kein Fremder unter ihnen.

Die wichtigste Begegnungsstätte von bürgerlicher und Hofgesellschaft war das Hoftheater. Es war in den fünfziger, sechziger Jahren nicht mehr dasselbe, in dem der junge Mörike sich begeistert hatte, obwohl es noch an der gleichen Stelle und in denselben Grundmauern stand, dem Residenzschloß benachbart. Aber die karg gegliederte Fassade ließ nun nichts mehr von der heiteren Pracht des alten Lusthauses erkennen. Dagegen war das Innere beim Umbau, Mitte der vierziger Jahre, großzügig der Neuzeit angepaßt worden, mit 1900 Sitzplätzen (bei einer Einwohnerzahl von noch nicht 50000!), mit einer modernen Heizanlage und Gasbeleuchtung. Das Prunkstück war ein riesiger aus Paris bezogener Kronleuchter mit 272 Gasflammen. – Leider wurde Provinztheater gespielt unter der Ägide des Hoftheaterintendanten von Gall, den man 1846 von Oldenburg geholt hatte und der das Haus bis 1869 leitete. König Wilhelm war dem Theater gewogen, bevorzugte aber für seine Person Ballett und Posse. Seine besondere Gunst gehörte der Schauspielerin Amalie von Stubenrauch, einer bayrischen Offizierstochter, die 22jährig zu einem Gastspiel nach Stuttgart gekommen war, ein prachtvolles Weibsbild, eine nicht unbedeutende Schauspielerin. Sie wurde und blieb die vertraute Freundin des Königs bis zu dessen Tod; sie war beizeiten von der Bühne abgetreten, regierte aber lange Zeit ins Theater hinein. – Gall hatte mit guten Vorsätzen angefangen, erwies sich aber je länger je mehr als unfähig. Als Karl König geworden war, hoffte man auf einen Auftrieb fürs Hoftheater, denn er war ein nicht ungebildeter Mann. Doch nützte das gar nichts, weil seine bildschöne und energische Gemahlin Olga, eine russische Kaisertochter, nichts fürs Theater übrig hatte.

So hatte Eduard Mörike während seiner langen Stuttgarter Jahre ein Theater von mittelmäßigem Zuschnitt. Er war ein so begeisterungsfähiger wie kritischer Besucher. Nach einer Aufführung des *Don Juan* rühmt er in einem Brief an Hartlaub: »Die Prager Sängerin Meyer ist eine Donna Anna gewesen, wie sie, weiß Gott, kein Dichter und kein Musiker, auch selbst der Selige nicht, sich vollkommener denken könnte: höchst natürlich, stark und edel – ohne alle Theatermanier.« Die Titelrolle hatte Schützky gesungen, gleichfalls aus Böhmen, ein markiger Baßbariton. Mörike beschreibt ihn: »wie gefroren, hausknechtmäßige Stimme (deren Stärke man hier sehr bewundert). Wo er sich biegsam wie eine Schlange winden oder wie ein Mauerbrecher anrennen soll (im ersten Finale) steht er wie eine in den Boden gespickte Gabel da . . .«

In einer anderen Aufführung derselben Oper saß Mörike neben seinem Freunde Kauffmann, der seine Beobachtungen in einem Brief an Strauß mitteilte: »Als die Ouverture begann, fingen 2 Frauenzimmer hinter uns laut zu schwätzen an. ›Das gehört schon zum Stück‹ sagte E. M. mit wispel'scher Gebärde u. Höflichkeit zu ihnen. Aber die Gänse schnatterten fort. Nun legte er des Buchdruckers Gesicht an und rief ihnen mit schnarrendem Ton zu: Send se doch still! Das half! Sie schwiegen, nur eine wagte noch ein verwundertes: ›Potz!‹ Aber um die Ouverture wars geschehen. Die Aufführung war gut u. wir kamen recht ins Geleise: Die neuen Dekorationen wollten M. nicht gefallen. Sein Nachtessen hielt Don Juan in einem prunkvollen Saale, was E. M. zu der Bemerkung veranlaßte (im prokuratorschen Tone): »Der Don Juan muß doch noch Geld han.« – Nichts in der Musik und auf dem Theater hat Mörike so ergriffen wie diese Mozart-Oper;

sie erinnerte ihn an den Tod seines Bruders August, sie setzt den Schlußakkord in seiner Mozart-Novelle. Aber die Zeugnisse von seinem Theaterbesuch zeigen, daß er dabei nicht in Rührung zerflossen ist.

Ein anderer gesellschaftlicher Treffpunkt war das »obere Museum«, wobei sich das »obere« nicht auf die Lage des sehr ansehnlichen Hauses in der Kanzleistraße, sondern auf die obere Gesellschaftsschicht bezog; Klassenbewußtsein, von keinerlei Gewissensbissen getrübt. Das Haus wurde von der Museumsgesellschaft unterhalten, die aus einer Lesegesellschaft hervorgegangen war; sie zählte im Jahr 1853 fast tausend Mitglieder, was sowohl ein Zeichen für die Stuttgarter »Neigung zur Association« (Stadtdirektionsbezirks-Beschreibung) ist, als auch ein Beweis, daß die »obere« bürgerliche Schicht nicht exclusiv dünn war. Es war eine Gesellschaft des Honoratiorenstandes (für den »Bürger- und Gewerbestand« war die »Bürger-Gesellschaft« da). Familienangehörige eingerechnet gehörte nahezu der zehnte Teil der Einwohnerschaft zum »oberen Museum«. Für sommerliche Veranstaltungen hatte die Gesellschaft die »Silberburg« erworben und betrieb sie als exklusives Gartenlokal – der in der Nähe gelegene Koppenhöfersche Biergarten stand jedermann offen.

Den Kern dieser Gesellschaft »für wissenschaftliche und gesellschaftliche Unterhaltung gebildeter Männer« bildeten namhafte Literaten wie der jung verstorbene Hauff, Kurz, Auerbach, Gerok, Menzel (dank Heines Spott der Nachwelt erhalten), Hackländer, Sekretär des Kronprinzen, David Friedrich Strauß, der Verleger Hallberger; auch der in Tübingen lebende Uhland war Mitglied. Im Lesesaal der Gesellschaft lagen 85 deutsche, 6 französische und 4 englische Zeitschriften aus. Veranstaltet wurden wissenschaftliche und belletristische Lesungen, Bälle und Konzerte.

Mörike war nicht Mitglied; das mag in seiner Abneigung gegen organisierte Geselligkeit und Menschenansammlungen begründet gewesen sein, vielleicht auch in der Höhe des Beitrags (16 Gulden jährlich); doch war er in diesem Kreis wohlbekannt und geschätzt. Er hatte sich kaum in Stuttgart niedergelassen, als er Vorlesungen für Damen ankündigte, die er im oberen Museum während des Winters durchführte. Es waren neun Shakespeare gewidmete Vorlesungen: *Hamlet, Was ihr wollt, Macbeth, Romeo und Julia.* Diese Lese-Abende, günstig auf den Samstag gelegt, waren gut besucht. Zu Beginn der nächsten Wintersaison inserierte Mörike in der *Schwäbischen Kronik:* »Freundlichen Wünschen, die mir zugekommen sind, dankbar und gerne Folge leistend, will ich den Winter über Vorlesungen für Damen, und zwar aus dem Gebiet der deutschen poetischen Literatur, an dem bekannten Orte halten. Listen zur Unterzeichnung, welche zugleich das Nähere besagen, sind bei Herrn Rektor Wolff, Fräulein Charlotte Späth und Frau Prof. Klaiber (Hospitalstrasse 36) niedergelegt.« (Wolff war Leiter des Katharinenstifts; Charlotte Späth war die vertraute Freundin von Eduards früh verstorbener Schwester Luise gewesen und hatte den Bruder nicht aus den Augen verloren; Sophie Klaiber war eine Schwester des Märchendichters Hauff, ihr Sohn Julius ist Mörike in seinen Altersjahren nahe gestanden.) Der zweite Vorlesungszyklus war vor allem Goethe gewidmet; nicht nur Lesungen aus seinen Werken, sondern auch Betrachtungen, etwa über seine Geschichtsauffassung. Mörike hat aber auch aus seinem *Hutzelmännlein* vorgelesen; aus Theokrit; aus Hebel, *Der Statthalter von Schopfheim:*

> Vetter Hans-Jerg, s dunnert, es dunderet ehnen am Rhiistrom, un es gitt e Wetter! ...

Wie mag Mörike, der vorzüglich vorzutragen wußte, mit dem Alemannischen zu Streich gekommen sein?

Von Stuttgarts musikalischen Gesellschaften wirkte der »Liederkranz« besonders stark in die Öffentlichkeit. Im Jahr 1851 hatte er 520 Mitglieder, »worunter 104 singende«. Der Liederkranz betätigte sich wirkungsvoll an den Schiller-Ehrungen, die aufeinander folgten; sein Geburtstag im November und sein Todestag im Mai waren regelmäßig Feiertage des Liederkranzes. Mörike, kein Sangesbruder, aber durch die Vertonungen vieler seiner Gedichte den Sängern zugetan, stand mit dem Liederkranz auf freundschaftlichem Fuß. Einmal hat er mit seiner Frau die Neujahrsfeier besucht. Im Mai 1855, als der fünfzigsten Wiederkehr von Schillers Todestag gedacht wurde, hat der Liederkranz Mörike und Kerner zu Ehrenmitgliedern ernannt.

Exklusiver war der Künstlerverein »Bergwerk«, 1850 gegründet, Nachfolger der ganz ähnlichen Vereinigung »Die Glocke«. Hackländer, Sekretär, auch Maître de Plaisir des Kronprinzen, spielte in beiden eine führende Rolle, ebenso wie in der Museumsgesellschaft. Solche Künstlervereinigungen, in ihren Bräuchen spürbar von der Freimaurerei angeweht, waren typische Zeiterscheinungen – man denke an Fontanes Erinnerungen an den »Tunnel über der Spree«. Mörike kam gegen Ende des Jahres 1853 als Gast ins »Bergwerk« und in den folgenden Wochen öfters. Auf der Dreikönigsfeier wurde er zum »Ehrenknappen« ernannt und bat gutgelaunt um die Bergmannstaufe. An zweien solcher Abende hat er vorgetragen, das erstemal aus Theokrit, ein andermal sein Gedicht »Häusliche Szene« (»Schläfst du schon, Rike?« – »Noch nicht« . . .) Aber nach kurzer Zeit hatte er das künstlich-künstlerische Treiben satt. Als »Ehrenknappe« blieb er der Gesellschaft verbunden – Freundlichkeit auf Distanz.

Er bedurfte der organisierten Geselligkeit kaum. Der Familien- und Freundeskreis in Stuttgart war weitläufig genug und ging je länger desto mehr über seine Kraft. Überblickt man diese Zeit, die fünfziger und sechziger Jahre, so ist das Nachlassen der Teilnahme am Besuche machen und Besuche empfangen unverkennbar. Zu Beginn hat er sich mit Freunden, besonders mit Mährlen, zu abendlicher Kneiperei getroffen. Das hörte nach und nach auf. Im sechsten Stuttgarter Jahr nennt er sich einmal »einsam und gesellschaftsflüchtig wie nie zuvor«. Solche Bemerkungen, bei Mörike nicht eben selten, dürfen weder übersehen noch allzu wörtlich genommen werden. Was er sich an geselliger Anregung versagt, wird ihm durch den täglichen Umgang mit seinen Kindern ersetzt.

Wie Lichtblicke hat er die Gegenwart liebenswerter Frauen und Mädchen genossen.

Wie manchen Morgen, frisch und wohlgemut,
Im lichten Sommerkleid, Feldblumen auf dem Hut,

Trat sie bei uns, die edle Freundin, ein,
Und wie sie kam, da war es Sonnenschein!
Als ob sie weiter gar nicht wollte oder wüßte,
Nur daß sie jedermann zur Freude da sein müßte ...

So beginnt das Hochzeitscarmen für Luise Walther, geborene von Breitschwert, eine Stieftochter Wolffs; Mörike hat sie kennengelernt, als sie ein junges Mädchen war. Sie konnte vorzüglich Silhouetten schneiden, hat eine Bilderfolge zum *Hutzelmännlein* gefertigt, unzählige Porträts geschnitten. Sie war ein zierliches Persönchen, fast winzig neben ihrem himmellangen Gatten. In Mörikes Familienkreis hat sie wie ein guter Geist gewirkt.

Familienleben

»Mein bestes Glück liegt innerhalb des Hauses« – das steht in einem Brief Mörikes an Vischer aus dem Jahr 1861. Es war ein Wunschbild, wie die Idylle von Cleversulzbach eines gewesen war, und doch wäre der Satz nicht geschrieben worden, wenn er nicht Phasen der Ruhe und des Behagens genossen hätte. »Innerhalb des Hauses« – welchen Hauses? Er hat in Stuttgart nicht weniger als zehn Wohnungen innegehabt; die wichtigsten, in denen er es jeweils einige Jahre ausgehalten hat: Hospitalstraße 36 – Alleenstraße 9 – Militärstraße 51 – Kanzleistraße 8. Wer diese altertümlichen, unschönen, dabei nicht unbehaglichen Stuttgarter Miethäuser noch gekannt hat, mit ihren ausgetretenen gebohnerten Stiegenhäusern, mit ihrer Aromenmischung aus reinlichen, aber wenig gelüfteten Stuben, Küchen- und Abtrittsgerüchen, Duft aus Äpfelkammern und beizendem Krautgeschmack vom Keller her, der wird sich unschwer ins Stuttgarter Milieu des Dichters versetzen können, ohne eine andere Phantasie als die erinnernde bemühen zu müssen.

Von einer seiner Wohnungen haben wir von Mörikes Hand eine Beschreibung, von der in der Kanzleistraße, die er von 1864 bis 1871 (mit Unterbrechungen) innegehabt hat: Vier geräumige Zimmer, wovon »Eduards Zimmer« das kleinste, braun tapeziert;

der Schreibtisch ans Sofa gerückt; ein kleiner Tisch, ein alter Lehn-
sessel, Kleiderschrank und Ofen haben auch noch Platz. Das
Zimmer liegt nach Osten, die Aussicht öffnet sich »auf die Uh-
landshöhe, den roten Steinbruch am Kanonenweg und das Schieß-
haus – über lauter Dächer hinweg, das Theater mit dem vergolde-
ten fliegenden Engel«, dann verstellt der Giebel des Nachbarhauses
den Blick, »Kamine, Blitzableiter und allerlei Sperchemwerk«.
Neben Eduards das sehr geräumige »blaue Zimmer« mit dem
Eßtisch, hinter einer spanischen Wand die Betten Klaras und der
beiden kleinen Mädchen. Es folgt das spärlich möblierte »bunt
blumige Zimmer« und das gelb tapezierte Elternschlafzimmer mit
»Aussicht die ganze Länge der Calwer Straße bis zum Alten
Postplatz hinauf. Im Hintergrund Weinberge mit Hoffmanns
Schweizerhäuschen.« Die Küche öffnet sich gegen den Hof »mit
Brunnen, Laube, Schaukel und der Vergolderwerkstatt«. Der
Gang, »etwas dunkel«, ist durch Schränke verengt; der Abtritt vor
der Glastür im Stiegenhaus.

Um den häuslichen Frieden war es von Anbeginn schwierig
bestellt. Denn wie selbstverständlich hielt die Schwester, im Einklang mit dem Bruder, an dem »Kleeblatt« fest. Elf Tage vor der
Hochzeit hat Eduard von Stuttgart aus einen beschwörenden
Brief an Gretchen geschrieben:

».. . Daß Du neben den wirklichen Nöten und Plackereien, die
Du hast, auch noch mitunter durch Besorgnisse darüber ange-
fochten sein solltest, wie wir die Gegenwart und Zukunft – sofern
sie durch unsere Dreiheit bedingt ist – ansehen, das, liebster
Schatz, ist mir um Deinetwillen sehr, sehr arg, obgleich wohl zu
begreifen ist, wie Du in Deiner Einsamkeit solcher Gedanken
Dich nicht jederzeit erwehren kannst. Ganz einfach sage ich denn
mit aller der Wahrhaftigkeit, die zwischen ein paar treuen Seelen
walten muß: nie, keinen Augenblick ist auch nur ein Schatten, ein
Tausendteilchen von Reue, vergleichender Reflexion oder dergleichen an mir und Klara vorbeigestreift. Wenn wir Dir nicht direkt
auf eine solche Frage Antwort gaben, so kommt dies einzig nur
daher, daß sie gar keinen Raum und keinen Punkt der Anknüp-
fung in uns gefunden hat. Doch indirekt mußt Du auf jeder Seite

unsrer Briefe Erwiederung darauf in vollem Maße finden. Nein, nein, geliebtes Gretchen! wie ich *Dir selbst* dergleichen Skrupel nicht zutraue, so miß nur unsre Liebe keck mit dem Maßstab der Deinen in jedem Moment, jetzt und alle, alle Zukunft! Hörst Du das? und glaubst Du das?

Ach, wären wir nur einmal beieinander, um wie viel besser und geschwinder werden wir das Alles abgetan haben, was uns von innen oder außen stören und beengen kann. Gottlob, die Zeit ist nahe, äußerst nahe!

Nur noch die paar Steine, die uns im Wege liegen, überschritten, und dann hat man doch ungeteilte Bahn vor sich! Es wird mehr Ruhe und Gleichmäßigkeit auch in mein hiesiges Leben kommen, als bisher möglich war . . .«

Fast gleichzeitig, noch vor der Abreise zur Hochzeit, ist das erst viele Jahre später vollendete Gedicht »Erinna an Sappho« in den Grundzügen entstanden – »Vielfach sind zum Hades die Pfade«. Todesahnung – »Und das eigene Todesgeschick erwog ich . . .« Und wenige Wochen später, »jung« verheiratet, hat er dann das Gedicht »Häusliche Szene« geschrieben, in dem ein sehr harmloser nächtlicher Ehestreit – wegen der Essigfabrikation des Mannes, die der Hausfrau im Weg ist – zum heiteren Ende geführt wird. Dieses Gedicht, wenige Tage nach der Hochzeit, könnte als Beweis gelten, daß dem Dichter das neue Eheleben gut bekommen ist.

»Nun so hat mich schon lang nichts mehr so gefreut wie das! Stell ich mir den Menschen als vermähte Krotte auf dem Kanapee vor und der fliegt inzwischen frei und frisch am Bodensee herum, geht auf Freiersfüßen und will ein neu Leben anfangen!« Mit solchen brieflichen Worten hat Vischer Mörikes späte Heirat kommentiert. Derber kann man Wohlwollen nicht ausdrücken; die »vermähte Krott« (von der Sense verletzte Kröte) auf dem Kanapee ist eine unheimliche Karikatur des untätigen, kränkelnden, verletzbaren Poeten. Immerhin, den schneidigen Vischer hat's gefreut. Zusammen mit Strauß und Mährlen schenkt er zur Hochzeit eine Lampe.

Es war wohl kein schlechter Anfang, wiewohl der Kindersegen

erst Jahre später eintraf, als die Mutter eine Enddreißigerin war – nach damaligen Verhältnissen und Begriffen eine alternde Frau. Man kann das Verhältnis der Gatten zueinander am ehesten nach den Briefen beurteilen; doch ist auch dabei Vorsicht geboten. Bedenkt man die Wohlerzogenheit beider, bedenkt man, daß Briefe zumal aus jener Zeit ein überhöhtes Maß an Freundlichkeit aufweisen, daß sie selten erkennen lassen, was an Kümmernissen und Groll ausgetragen oder verschluckt worden ist, so wird deutlich, daß man auch solche Quellen mit Vorsicht bewerten muß. Erhellend sind manchmal scheinbar nebensächliche Bemerkungen. Selbst Floskeln können aufschlußreich sein. Wenn Mörike im elften Ehejahr einen Brief mit den Worten beendet »noch tausend Küsse … Dein treuester Eduard«, so ist das mehr als eine Redensart, zeigt zum mindesten, daß seine zärtlichen Gefühle noch nicht ganz erloschen waren.

Weil diese Ehe in Bruch und Schutt endete, ist man geneigt, den Anfängen des Übels Aufmerksamkeit zu schenken. Und freilich bedarf es da keines langen Suchens. Das Verhältnis zwischen den Schwägerinnen war zeitweilig unerträglich, so daß Klara auf Wochen, Monate auswich, meistens zu Hartlaubs. Der Erzfreund war nun Pfarrer in Wimsheim, am Rand des Schwarzwalds. Der Aufenthalt dort war für Klärchen erholsam, aber wenig geeignet, ihr Verhältnis zu Gretchen zu glätten. Hartlaubs sahen sich in ihrer Bedeutung für Eduard durch seine Ehe zurückgesetzt. Eifersucht ließ sie die Schatten im Charakter Gretchens in aller Schärfe erkennen: ihre Selbstbezogenheit trotz allem Pflichtgefühl; das Spitzige in ihrem Wesen, das aus der Decke konventioneller Wohlanständigkeit hervorstach. Hartlaubs haben auch unentwegt am Katholischen Anstoß genommen, im Gegensatz zu Eduard, der in diesem Punkt mühelos tolerant war; auch Klara war in der Konfessionsfrage friedlich.

Ungeachtet der tiefen Abneigung von Wilhelm und Constanze Hartlaub gegen Eduards Frau blieb die Erzfreundschaft bestehen. Hartlaub war nicht selten in Stuttgart bei Mörikes zu Gast. Das ging natürlich nicht immer gut. Einmal schlägt Hartlaub dem Freund vor, man solle sich lieber in Ludwigsburg treffen: »Ich kann und darf nicht zu Euch, dessen bin ich gewiß geworden, – Gretchen muß denken, was tut er denn schon wieder da? ... sie kann äußerlich, wenns hoch kommt, freundlich sein, innerlich bin ich ihr kein willkommener Gast! Der letzte Strauß ist noch zu neu, da muß erst wieder Gras drüber wachsen...« Einmal schreibt Klara der Schwägerin: »Gretchen, Gretchen, so weit hast Du es gebracht, dass unsere treuesten Freunde unser Haus meiden müssen. Vorhin hab ichs dem l. Eduard mitgeteilt (er liegt noch immer im Bett!), er seufzte tief auf und sagte: das ist leidig!«

Mörike hat auf seine konfliktscheue Art reagiert. Brieflichen Äußerungen Klaras könnte man entnehmen, daß die Gereiztheit seiner Frau sich manchmal ihm gegenüber schärfer entlud als gegen die Schwägerin. – Im Frühsommer 1859 hat sich Mörike mit Klärchen und der zweieinhalbjährigen Tochter Marie in Wimsheim bei Hartlaubs aufgehalten. Von dort ein friedlich-heiterer Brief an seine Frau:

»Ich sitze, nach einer unguten Nacht, im obern Grasgarten unter einem schattigen Baum auf dem Kinderbänkchen, um im Schreiben die stärkende Luft einzuatmen. Clara, gleichfalls mit dem Bleistift beschäftigt, mir gegenüber unter einem andern Baum, ein breiter Streifen Sonne zwischen uns, worin Mariele [Mörike] und Annele mit ihren Strohhüten sitzen und spielen. – Ich will Dir heut hauptsächlich ein Musterkärtchen von Deinem Herzblatt schicken und fange ohne Weiteres an, wie mir die Dinge einfallen.

Am Samstag morgens 10 Uhr zogen wir zu Vieren, nämlich Clara, ich, Marie H. [Hartlaub], mit dem Kind, welches von einem Schulbuben im bedeckten Korbwäglein gefahren wurde, nach dem sogenannten »Abgrund«, einem sehr schönen einsamen Waldplatz unweit der Tiefenbronner Straße, nur eine Viertelstunde von hier. Wir hatten Schinken, hartgesottene Eier, Most, Sitzpolster mit hinausgenommen und hielten unter den herrlichen Tannen Mittag. Wie oft mußte ich denken, wenn doch mein Gretchen nur über diese Stunden bei uns wäre und die Fanny mit! Ich tat rein nichts als vegetieren, ein Buch, Papier und Bleistift das ich eingesteckt, wurde nicht angerührt.

Von 1 Uhr schlief das Kind, gegen Mücken und Schnacken um

und um beschirmt, ein Stündlein im Wagen. Marie H. [Hartlaub] brachte von Zeit zu Zeit einen Strauß Erdbeeren und auch die Kleine pflückte dergleichen mit unendlichem Vergnügen da und dort. Um 5 Uhr Abends brachte Constanze den Kaffee herausgetragen, ging aber bald, mit Marie, Geschäfte halber, wieder zurück. Während Clärchen sie eine Strecke weit begleitete, war ich mit dem Kind (man hatte unterdeß den Platz zweimal gewechselt) auf einem halbbeschatteten Grasweg allein. Sie fuhr den großen Korbwagen auf und ab, an der Ecke, wo sich der Weg in die vertiefte Wildnis wendet, stand sie plötzlich still, sah dort hinein und fragte mich: »Ist da tei (keine) böse Slanne (Schlange) drin?« O nein. »Wo sind die Slanne?« – Ganz hinten im Wald sind vielleicht so ein paar ganz kleine, die beißen aber nicht. »Net? So? I will doß (doch) lieber wieder zu meim Papa hinfahrn« [sic].

Ich komme Morgens in die Gartenstube, wo Clara sie eben wascht [sic] und anzieht, erzähle von Deinem letzten Brief und geb ihr Deine beiden Papierzuckerlein, ein blaues und ein grünes. »Jetzt hab ich da zwei Briefle von der Mama!« rief sie seelenvergnügt. »Soll i dem Fannyle eins däba?« war ihr zweites Wort. Sie wurden natürlich sogleich zerknirscht. Nachher hört ich sie sagen: »Du liebe liebe Mama! Mei Mama ist bav.« Als sie angezogen war: »Komm jetzt Papa, mir tun jetzt melde (melken).« Also ging man in des Schulmeisters Stall, wo sie immer von 3–4 Personen Alten und Jungen mit großer Freude empfangen wird. »Man sollts net meine, sagte die Schulmeisterin neulich mit herzlichem Lachen: was das Kind für Ausdrück und Gedanken hat! da fragt es mich gestern, ob die Kuhmockele singe könne!« – Nun steht das Kind in seinem ordinären Morgenkittel mit kaum gekämmten Haaren allemal sechs Schritte hinter dem Vieh und sieht zu und wartet bis die älteste Tochter ein hohes Trinkglas voll gemolken, die Clara trinkt den Schaum hinweg, giebt ihm alsdann das Glas in seine beiden Hände, und [nun] wird die Portion pflichtlich mit wahrer Lust bis auf den Grund geschlürft. Den malerisch rührenden Anblick möchte ich Dir gönnen!!

Als wir gestern Abend um halb 9 Uhr von dem Besuch bei des Barons [sic] nach Hause kamen und den untern Grasgarten heraufstiegen, sah sie mit einem Lilienstengel neben ihrer Hüterin (M. H. [Marie Hartlaub]) aus dem Fenster parterre, ging dann fröhlich mit der Gesellschaft die Treppe hinauf und trieb sich noch eine Zeitlang in dem schwach erleuchteten Oehrn (bei verschlossenem Stiegentürchen) mit sich selber plaudernd und singend, herum. Unter Anderm hörte ich sie, zwei hohe Lilien in der Hand haltend, folgendes singen (und zwar nicht schwäbisch, sondern hochdeutsch):

> Wer die schöne schöne Blumen
> Viwopfen tut
> der ist bös!

Ich muß nun wider Willen eilends schließen – die Gelegenheit geht – Noch tausend Küsse Dir und der Alten!«

»Mörikes späte Vaterfreuden sind rührend« liest man in einem Brief von Strauß an Kauffmann. Am 12. April 1855 war Fanny geboren worden – Josefine Constanze Klara Franziska (nach Namen aus den Familien Speeth, Hartlaub, Mörike). Am 28. Januar 1857 kam Marie (Marie Charlotte Margarethe Valentine).

Lange Zeit sind die Kinder seine liebste Gesellschaft gewesen. Sie hatten in ihrem Vater einen Märchenerzähler und Puppenspieler, wie Kinder es sich nur wünschen können. Beide Mädchen haben erstaunlich früh sprechen gelernt und waren zeitig geübt im Laufen. In einem Brief an Hartlaubs und Klara, die wieder einmal in Wimsheim war, erzählt Mörike von einem Spaziergang mit der kaum zweieinhalbjährigen Fanny.

»Ich gehe mit der »Alten« täglich zwei Stunden den Weg an dem Brünnlein vorüber spazieren, wobei aber immer viel ausgeruht wird. Zuweilen findet man eine gefallene Birne im Weg, die sie mit großer Lust verspeist, manchmal auch nehm ich etwas Obst im Sacke mit und lasse es auf ihren Anruf heimlich vom Wind über die Hecke werfen, worauf sie ihm dann im vollkommenen Glauben mit unzähligen Handgrüßen dankt. Gewöhnlich aber ist mein Vorrat klein und ich selbst bin großer Liebhaber. Neulich sahn wir so schöne schwarze Trauben über die Mauer hängen, bei jeder fragte sie: Zeiti? – Nein, noch nicht ganz. – Aber bißle zeiti? Noch windsauer. – Wenn ghöt das Weinbäg? – Dem Kaufmann Sartorius. – Wo ist er? – In der Stadt. – Und dä? – Dem Herrn Kanzleirat Götz. (Willkürliche Namen). – Wo is er? – In der Stadt. – Alles in der Stadt? Au dä? – (etwas unwillig:) Dem Metzger Pfuderer und jetzt ists gnug!! – Ich gab ihr alsdann eine schöne goldgelbe Birne, die ich unbemerkt vom Boden aufgerafft und für mich bestimmt hatte und setzte sie (die Batte) auf einen Ruhplatz unter einen Baum neben den Stäffelchen des nächsten Weinbergs. Während ich mit Vergnügen zusehe, wie ihr der süße Saft am Mund rechts und links herabläuft, so daß sie nur zu schnaufen und zu schlucken hat, kommt ein gemeiner Mann, Eigentümer des Guts, grüßt und betrachtet das Kind, welches in seinem blaugestreiften Sommerkleid, mit dem Strohhut und kleinen Rosen darauf auch wirklich zum Malen angenehm dasaß. »Will das Töchterle net vielleicht au a Träuble?« Er ging und schnitt gleich eins mit etwa zwanzig großen weißen Beeren. Die Birne wurde augenblicklich weggelegt, ich verspeiste den Rest, das sie doch nicht gern sah. Bald hatte sie reine Arbeit gemacht, warf den Kamm auf die Seite und sagte befriedigt: »Sehr duter Mann!« – Schad, daß ers nicht mehr hörte, es ging ihr vom Herzen.

Wie wir letzthin auf dem Kirchhof waren, eilte sie mir voraus und auf das Gittertor bei der Kapelle zu, wo außen auf der Straße eine Magd mit Kindern spazierte. Das eine kam herbei und Batte schien ihm eine Hand durch das Gitter zu geben, allein der Bube schrie mit einmal laut auf, sie hatte ihm eine angebissene Birn [sic] gewaltsam aus der Faust gerissen. Natürlich gab ich sie sogleich zurück . . .«

Am nächsten Tag ein Postskriptum (»im Bette«): »Die regelmäßigen Ausgänge mit der Fanny sind gegenwärtig mein bestes und einziges Vergnügen.« Und es folgt der schon einmal zitierte Satz: »So einsam und gesellschaftsflüchtig habe ich hier kaum je gelebt.«

Aus der Schulzeit der Töchter hat sich ein merkwürdiges Zettelchen erhalten, von der zehnjährigen Fanny an den Vater geschrieben:

»Ach Liebster Vatter ich habe etwas sehr schwares auf den

Herzen nemlich heite um zwöl uhr hat mir der Herr Rektor Wolf ein Briflein gegeben jetzt wie ich in die Thasche lange so Vinte ich halt das Briflein nicht nun Papa verzeie es doch noch dismal das sol ja gewis nicht mer vokommen. Vileich kascht du mir ja moken noch ein kleines Briflein mitgeben und den Herrn Rektor es sagen nichtwar Lieber Papa du gibst mir dißmal kein schleg deine ergebene Fanny Moerike.«

Merkwürdig, einmal durch die mangelhafte Rechtschreibung nach vier Jahren Lese- und Schreibunterricht, zum andern als Hinweis auf Mörikes unsentimentale, in der Art seiner Zeit gehandhabte Erziehungsmethode. Übrigens wäre das kleine Dokument nicht der Nachwelt erhalten geblieben, hätte der Vater es nicht aufbewahrt.

Diese fünfziger, sechziger, in Stuttgart verlebten Jahre waren nicht die schlechtesten des Mannes, dessen Leben wir beschreiben. Die nach und nach dunkler und kälter werdenden Schatten über der Ehe, das Erlahmen der dichterischen Produktion sind unverkennbar. Man ist geneigt, das bittere Wort Hebbels nach seinem zweiten Besuch bei Mörike von den elendsten, mitleidwürdigsten Verhältnissen für absolut gültig zu halten. Aber ganz so schlecht war diese Periode nicht. Wirklich gesund ist Mörike seit seinen Jugendjahren nie gewesen; aber die ersten Jahre in Stuttgart waren durch Krankheit selten getrübt, es ging ihm weit besser als etwa in Cleversulzbach. Geldsorgen haben ihn auch in Stuttgart bedrängt, zumal der Unglücksbruder Adolf und der nun auch ins Rutschen gekommene Louis ihn wiederholt in Anspruch nahmen. Aber seine Einkünfte, von einflußreichen Freunden überwacht, besserten sich; und nach schlimmen Auseinandersetzungen in der Familie Speeth war auch Gretchen Geld aus einer Erbschaft zugeflossen. Die Wohnungen waren keineswegs ärmlich. Wachsende Wertschätzung seines Werks wurde sichtbar; auch äußere Ehrungen, die der Dichter nicht überschätzt, aber auch nicht verachtet hat.

»Sie wohnen drei Treppen hoch, sind einfach, aber behaglich eingerichtet. Die Möbel, wie überall im Süden, von Nußbaum, was mir sehr gefiel. An den Wänden einige gute Bilder und

Raritäten. Aus den Fenstern sieht man zwischen den gegenüber-
liegenden Häusern hindurch auf Weinberge ... Bald kam Frau
Gretchen – eine schlanke Gestalt von 35 Jahren, mit edlen Ge-
sichtszügen und besonders schönen, sanften und dabei doch schelmischen Augen, aber einem sehr wetterbraunen Teint ... Frau
Gretchen hieß mich im allerschwäbischsten Akzent willkommen
und setzte mir zum Frühstück gesottene Kringel, ungesalzene
Butter und Käse vor, nebst selbstgezogenem Wein, der natürlich
wie Wasser aus Biergläsern getrunken wurde. Dann kam Eduard
Mörike.« So schreibt Storm an einen Freund im Norden von
seinem ersten Besuch im Jahr 1855. Als Impression anschaulich
trotz allen Ungereimtheiten – Nußbaummöbel waren die feine
Ausnahme von der tannenen Regel, Gretchens Akzent war fränkisch, was der eben aus Husum angekommene Gast nicht merken
konnte, und der »selbstgezogene« Wein war eben Stuttgarter
Gewächs.

Nach einem Spaziergang mit Mörike: »Nach Hause zurückgekehrt, zogen wir uns in das hintere Zimmer zurück. Mörike
machte, obwohl es noch hell war, die Jalusien dicht, ließ eine
Lampe bringen und fragte seine Frau, ›ob sie was Warms zu
schlürfe hab‹. Dann Tee mit schwäbischem Gebäck. Mörike
schleppte mir aus seiner kleinen Arbeitsstube seinen großen Kor-
duanlehnstuhl herbei. Ich begann zu trinken und er las ...«

Lob der Mörikeschen Häuslichkeit – der Gast rühmt auch die
»schönste, purpurseidene Steppdecke«, unter der er geschlafen.
Gretchen war eine tüchtige Hausfrau, daran ist nicht zu zweifeln.
Hausfrauliches auch in ihren Briefen – »gewaschen, alles gebü-
gelt«, bisweilen mit einem Anflug von Behagen: »Die Zimmer
sind in Ordnung und schön kühl, und ich sitze in der besten Ruhe
da um Euch für Euren Brief zu danken.«

Die Kinderjahre der Töchter sind nicht allein nach den idyllischen Spazierschilderungen des Vaters zu beurteilen. Auch Fami-
lienspaziergänge verliefen nicht immer harmonisch. »Nur nicht
wie die Unken ... sondern wie die Vögel ...« heißt es in einem
Gelegenheitsgedicht. Daß der Vater nicht ohne Schläge erzogen
hat, wissen wir bereits. In seinem Zorn konnte sogar Glas zu

Bruch gehen. »Im Unwillen über eines der Kinder (die Fanny war verdrießlich, ihre Übungen am Klavier zu machen) hatte ich meinen kleinen Spiegel durch einen heftigen Stoß beschädigt.« Er hat Zorn und Beschämung in Versen gebändigt, läßt den Spiegel sprechen:

> Mein ganz unschuldig Glas, das du im Zorn zerschellt,
> Weist dir nun dein Gesicht zum Lasterbild entstellt.
> Darum bedenk, o Mensch, so oft du dich rasierst,
> Wie du mit Sanftmut dich im Lauf des Tages zierst!

Über die achtjährige Fanny läßt sich die Mutter in einem Brief vom Spätsommer 1863 aus (Marie war bei Vater und Tante in Bebenhausen). Sie klagt über Fannys gegenwärtige geistige Trägheit und fährt, nicht ganz logisch, fort: »Das Zuhausebleiben nach der Schule ist das gesündeste für sie.« Auf die Straße dürfe sie nicht, »lieber laß ich michs sonst ein Opfer kosten ihr die freie Zeit herum zu bringen, oft aber ist es kaum auszuhalten mit ihrer Lahmheit in Reden, Denken und Thun«. Bei Abwesenheit des Vaters wurde Fanny von der Mutter in den katholischen Gottesdienst mitgenommen. Gretchen hat ihre Pflichten als Katholikin sehr gewissenhaft erfüllt, auch ein wenig provoziert, was Mörike gelassen hingenommen hat. Er seinerseits hat den Kirchgang nicht übertrieben.

An ihrem 50. Geburtstag war Gretchen in der Stuttgarter Wohnung, Mörike in Lorch. Zwei Tage zuvor hat sie, erwartete Glückwünsche im vorhinein beantwortend, an das Ende eines an Eduard und Klara gerichteten Briefs ein merkwürdiges Bekenntnis gesetzt: »Und nun zum Schluß *im Voraus* allen Herzensdank für die Liebe welche mir Euer nächster Brief beweisen wird. 50 sind zurückgelegt, wovon Ihr auch (vom Jahr 1844 an gerechnet) fast die Hälfte mich mit auf dem Herzen und Schultern getragen und *oft* schwer getragen habt! Verzeiht mir was Euch Leids geschehen ist durch mich – und habt Geduld auch ferner, je weiter es mit mir herunter geht und ich Euere Geduld prüfe. Wie wenig hat mein guter Wille Frucht getragen!«

Mörike schenkt ihr die Abbildung eines »ewigen Kalenders«
mit Versen, die enden:

> Wie ein Pfeil entfleucht die Zeit,
> Immer wechselt Lust und Leid,
> Liebe währt in Ewigkeit.

In Ewigkeit – diese Liebe, längst brüchig geworden, ist wenig
später gänzlich in Scherben gefallen.

Das Katharinenstift

»Das Katharinen-Stift, Nr. 34 und 36 der Friedrichsstraße, mit
einem hübschen theilweise durch den König 1853 erkauften Garten, ist eine Anstalt für die Erziehung und den Unterricht der
weiblichen Jugend aus den gebildeten Ständen, welche hier nach
einem festgesetzten Lehr- und Erziehungs-Plan (Reg.Bl. 1818
S. 381) eine der weiblichen Bestimmung angemessene Bildung
erhält. Sie wurde durch die höchstselige Königin Catharina, unter
Beirath des Rectors v. Zoller, aus den S. 377 erwähnten Privatan-
stalten, welche dem Bedürfnisse nicht mehr entsprachen, gegründet, 17. August 1818 mit 7 Classen und 203 Schülerinnen eröffnet,
und unter die unmittelbare Leitung der Königin gestellt. Nach
Catharina's Tod übernahm der König die Sorge für die Anstalt,
und es trat auf Seinen Wunsch 15. October 1821 die Königin
Pauline als Beschützerin an die Spitze derselben. – Die Anstalt
steht unter dem besonderen Schutze Ihrer Königlichen Majestä-
ten. Die Oberaufsicht ist einem königlichen Commissär übertragen, und ein aus der Mitte der Eltern der Schülerinnen gewählter
Ausschuß bewacht das Gedeihen der Anstalt. Ein Staatsbeitrag
von 2000 fl. wurde 1. Januar 1849 zurückgezogen; den Ausfall in
den Kosten deckt die K. Ober-Hofkasse. Die Unterrichts-Anstalt
zählt 8 Classen, und für Kinder von 6–7 Jahren eine Vorclasse,
und hat einen Rector, 4 Hauptlehrer, mehrere Hilfslehrer und 8
Lehrerinnen und Classen-Aufseherinnen. Die Zahl der Schülerinnen ist seit 1845 nie unter 300, dermalen (1853) 345. Das Unter-
richtsgeld beträgt jährlich 20 bis 50 fl., bei Geschwistern 16 bis 40 fl.

Es ist ein physikalisches Cabinet, eine geognostische, eine oryc-tognostische und eine Conchylien-Sammlung und eine Bibliothek von etwa 2000 Bänden vorhanden.«

So die Beschreibung des Stadtdirektions-Bezirks, 1856. Rektor war seit 1843 (bis kurz vor seinem Tod, 1869) Karl Wolff. Mörike und Wolff, fast gleichaltrig, waren sich erstmals begegnet nach dem Tode Ludwig Bauers, der mit beiden befreundet gewesen war. Das war im Jahr 1846. Bei der Sichtung des literarischen und brieflichen Nachlasses, bei der Planung eines Gedenkbuchs lernten Mörike und Wolff einander kennen. Wolff hat Mörike seither nicht aus den Augen verloren. Er hat auch zu denen gehört, die von Anfang an Mörikes Gedichte in ihrem Rang erkannt haben. Und als Mörike die Absicht bekundete, sich in Stuttgart niederzulassen, war Wolff unter den hilfsbereiten Freunden der tätigste. Er hat ihm sofort angeboten, Literaturstunden an seiner Schule zu geben. Mörike lehnte zunächst ab, sagte dann zu. Am 1. Oktober 1851 (also noch vor seinem endgültigen Umzug nach Stuttgart) wurde er provisorisch angestellt, gegen ein Jahresgehalt von 50 Gulden eine Stunde in der Woche als »Lehrer der teutschen Literatur« zu erteilen, mittags von 11 bis 12, in der 8. Klasse.

Freundschaft ist zu jeder Zeit ein starkes, stärkendes Element in Mörikes Leben gewesen. Wenige konnten ihm so wirksam helfen wie dieser fein gebildete und praktisch tüchtige Schulmann. Er war ein umsichtiger Helfer bei den Damen-Vorlesungen. Vor allem hat er mit bemerkenswerter Zähigkeit für Gehaltsaufbesse-rungen gesorgt. Nach drei Jahren wurde Mörikes Anfangsgehalt verdoppelt. Eineinhalb Jahre darauf stellte Wolff den Antrag, diese Summe zu vervielfachen, mit der Begründung, die literarische Bedeutung dieses Lehrers sei gewachsen. Am 18. Januar 1856 hat Wolff diese Eingabe verfaßt. Am 22. Januar wurde dem Antrag stattgegeben – eine bürokratische Glanzleistung, die beweist, wie hoch die Schulbehörde den Dichter geachtet hat. Sein Gehalt wurde von 100 auf 350 Gulden jährlich erhöht (das siebenfache des Anfangsgehalts!), verbunden mit der Empfehlung, die Zahl der Stunden – es war nach wie vor eine in der Woche – tunlichst zu erhöhen . . .

Wolff dachte auch an Nebensachen. So hat er einmal Mörike empfohlen, Pensionsgäste aufzunehmen und sich so eine Nebeneinnahme zu verschaffen; verwunderlich, daß Mörike bei seinen komplizierten häuslichen Verhältnissen dieser Anregung gefolgt ist. Eine Zürcher Pfarrerstochter kommt und bleibt längere Zeit. In ihr kaum geräumtes Zimmer zieht ein junger Herr aus der französischen Schweiz, ein gewisser Mathey, ein wohlgelittener Hausgenosse – als im Herbst 1857, pünktlich zum Cannstatter Volksfest, der französische und der russische Kaiser Stuttgart mit ihrem Besuch beehren, schreit Mathey »Vive la république!« und wird eingesperrt, bis Mörike ihn nach ein paar Tagen freibittet.

Wolff, der Mörike ja regelmäßig sah, hat ihm auch Anregungen für seine Lektüre gegeben. So ist es wahrscheinlich ihm zu danken, daß Mörike Fontane gelesen hat (dessen Meisterwerke freilich erst nach Mörikes Zeit entstanden sind). Das Erkennen war gegenseitig. Fontane hat ihm seine Balladen geschickt »als ein Zeichen meiner aufrichtigen und lebhaftesten Verehrung«. Im Namen des häufig durch Schreibfaulheit gelähmten Dichters hat Wolff Fontane gedankt und ihm eine Abschrift des Gedichts »Hermippus« geschickt. Mit diesem Gedicht, im zehnten Jahr seiner Tätigkeit im Katharinenstift geschrieben, hat Mörike dem Freund, dem Lehrer und Erzieher junger Mädchen, ein Denkmal gesetzt.

Seltsames wird von Hermippus, dem römischen Weisen,
                [dem Pfleger
Weiblicher Jugend, erzählt, Glaubliches doch, wie mir
                    [deucht.
Hundertundfünfzehn Jahre, so liest man, vom stärkenden
                  [Anhauch
Kindlicher Lippen genährt, lebte der treffliche Greis.
Dort in geschlossener Halle, die er zur Schule den Mädchen
   Selber gegründet, auch wohl öfter im Gärtchen am Haus
Sah man ihn Tag für Tag, vom Morgen zum Abende tätig,
   Bei dem bescheidenen Brot seiner Minerva vergnügt.
Rundum zu Füßen ihm saß, in pergamentenen Rollen

Lesend ein Teil, ein Teil still mit dem Griffel bemüht.
Aber der kleineren eins hielt er in holder Umarmung
    Allzeit selbst auf dem Schoß (immer das ärmste zuerst).
Goldene Sprüche der Alten und liebliche Rhythmen der
                                [Dichter,
    Die es gelernt, hört' er, leis ihm der Reihe nach ab.
Und vom Munde des Mädchens den Hauch, wie
                                [Frühlingsatem
    Herzerfrischend, empfing er in die welkende Brust.
Also fristet' Asklepios ihm die gesegneten Tage.
    Aber der Parze zuletzt weicht auch der Himmlischen Rat.
– Als er nun tot im Portikus saß in dem steinernen Sessel,
    Noch vom Mantel, den er gestern getragen, umhüllt,
Kamen aus jedem Quartiere der Stadt unmündige Kinder,
    Jungfraun, Mütter, in Eil, edle Matronen, herbei,
Ihren Hermippus noch einmal zu sehn, den Geweihten der
                                [Götter
    Kamen und standen von fern, sonder Entsetzen, um ihn,
Ehrend so heiligen Schlaf mit Schweigen. Und einige
                                [kränzten
    Mit Hyazinthen sein Haupt, Veilchen auch deckten den
                                [Schoß.
Lieblicher war nicht Homerus geschmückt von den Fingern
                                [der Musen,
    Milderes Have war keinem hinunter gefolgt.

Aber wozu *dir* dies, mein Lykos? – Bester, versteh mich:
    Lang ist die Kunst, und lang messe dein Leben der Gott!
Zwar noch ist es nicht eben an dem gar, daß du der Künste
    Unseres Römers bedarfst, aber sie kommt dir, die Zeit,
Laß michs hoffen! – gewiß. Dann, wenn die Locke dir
                                [schneeweiß
    Hängt und der Bart, wer ist besser geborgen als du?
Doch ich seh es im Geist, du wirst an Würden und Ehren
    Reich, vor den Neunzigen schon heiterer Ruhe dich
                                [freun.

Still im eigenen Haus hast du, im eigenen Gärtlein
Sitzend, ein blühendes, lernlustiges Häufchen zur Hand.
Zwar längst nimmer den Enkel, doch Söhne und Töchter
                                                    [des Enkels
Auf den Knien, trinkst du Fülle des Lebens in dich.

Ein Vierteljahrhundert hat Hermippus/Wolff diese Schule geleitet.

Es sei daran erinnert, daß die Stifterin Katharina, Cousine und Gemahlin des jungen Königs Wilhelm, in St. Petersburg aufgewachsen war; ihre Mutter war die früh verwitwete Kaiserin Maria Federowna, eine Nichte Carl Eugens, aufgewachsen im damals württembergischen Mömpelgard (Montbéliard). Maria Federowna hatte in Rußland mehrere Internatsschulen für die Töchter des Adels eingerichtet, womit sie der großen Katharina nacheiferte, die in Smolno ein großzügiges Muster dieser Art begründet hatte. Aus kaiserlich-russischer Tradition heraus ist dieses Stuttgarter Mädcheninstitut entstanden – freilich in den bescheidenen Grenzen, in welche die junge Fürstin sich hier zu schicken hatte. Als die Schule eben gegründet war, kam Maria Federowna auf Besuch, lobte die Initiative ihrer Tochter, schüttelte aber über die bescheidenen Verhältnisse den Kopf – »trop serré«, viel zu eng. Eng war es wirklich anfangs, auch lag das Anwesen in der Nähe einer Kaserne mit ihrem kriegerischen Lärm. Das wurde mit der Verlegung der Schule in die Friedrichstraße alsbald erheblich besser.

Die Verbindung mit dem Königshaus war von Anfang an gegeben. Doch wurde das Institut hauptsächlich von Bürgerfamilien in Anspruch genommen. Ihre Töchter wurden gemeinsam mit denen des Adels erzogen, und es ist bemerkenswert, daß von Anbeginn an auch die wenigen wohlhabenden jüdischen Familien vertreten waren. Abgesehen davon, daß infolge des hohen Schulgeldes Minderbemittelte benachteiligt waren (es gab allerdings Freistellen), hat die Schule im Sinne gesellschaftlicher Egalité gewirkt, was übrigens die erklärte Absicht der Zarentochter Katharina gewesen ist. – Die bürgerliche Stuttgarter Atmosphäre war aufgelockert durch die Töchter der Hofbeamten und der Gesandten, und im Pensionat war der Landadel stark vertreten, dazu junge Damen aus England, Amerika und selbstverständlich aus Rußland. Die Stuttgarter haben das neue Institut nicht mit ungeteilter Zustimmung aufgenommen. Obwohl der Schulunterricht für »Döchterlin« in Württemberg eine lange Tradition hatte, fehlte es nicht an heimlichem Mißvergnügen, und mancher erinnerte sich an Schubarts Scherzgedicht »Ich Mädchen bin aus Schwaben« mit dem Schlußvers:

> Das Schreiben und das Lesen
> Macht Mädchen widerlich,
> Der Mann, für mich erlesen,
> Der liest einmal für mich.

Eineinhalb Jahrzehnte lang, krankheitshalber öfters, aber selten lange unterbrochen, hat Mörike in den obersten Klassen seine wöchentliche Literaturstunde gegeben. Er wolle die Schülerinnen zu ästhetischer Urteilsfähigkeit erziehen, hat er von Anfang an Wolff erklärt. Ein milder, aber in hohem Maße anregender Lehrer. Einer der ersten Gegenstände, die er behandelt hat, war Goethes *Werther*. Hiergegen erhob sich der Protest seitens der Elternschaft, dem Mörike jedoch nicht nachgegeben hat; allerdings hatte er gefährliche Stellen von vornherein gestrichen. Wie vielfältig und abwechslungsreich die Themenwahl gewesen ist, zeigt das Programm seines letzten Lehrjahres. Tiersagen, Reformationszeit und Barock, *Nathan der Weise*, Das griechische Theater, Wieland, *Macbeth*, Sophokles, Die Tragödie überhaupt, *Faust, Die Edda, Das Nibelungenlied*, Versformen. Ein geistvolles Kunterbunt!

> Eben dem Stift Katharinas entwandelnd, regenbeträufelt
> Und von didaktischem Schweiß bedeckt, in Eile vertausch ich
> Stiefel und Hosen und Hemd, Dich noch vor Tische zu grüßen –

so beginnt ein Brief an die Schwester Klara vom Herbst 1852.

Aus den Erinnerungen einer Schülerin (Elisa Melitta von Schweizerbarth-Roth):

»Aus der wohlgefüllten Bibliothek meines Vaters stibitzte ich mir Mörikes Gedichte und versenkte mich mit Wonne in seine

Welt. Ich verschlang alle seine Gedichte, sein Buch lag unter meinem Kopfkissen. Bei Beginn der Schule hatte ich daher den Vorzug, daß mich diese Kenntnis turmhoch über meine Mitschülerinnen stellte, die kaum ahnten, welcher Ehre wir gewürdigt wurden.

An einem Montag fing die Schule wieder an, aber bis zum Donnerstag mußte ich noch warten, bis ich ›meinen‹ Dichter von Angesicht kennen lernen durfte.

Ein Tag der Seelenerschütterung. Denn als er eintrat, fühlte ich nur eine große Enttäuschung. Viel Phantastisches meiner Erwartung war ja längst abgefallen, aber immerhin blieb ich ein Frauenzimmer und empfand die schlichte Kleidung, das wenig Gepflegte seines Äußeren und sein faltiges ältliches Gesicht als etwas Störendes. Er grüßte ruhig, gemessen, nahm seinen Platz ein, ließ so obenhin seine Augen über uns laufen, gleichgültig, kaum musternd. Dann begann er über die verschiedenen Arten der Dichtung mit ruhiger, etwas leiser Stimme vorzutragen, ganz wie wenn das immer so gewesen wäre.

Ich war verblüfft. Was ich eigentlich erwartet hatte, hätte ich sicher nicht aussprechen können, aber nach etwas Außergewöhnlichem verlangte meine Seele und – es kam auch. Gott, wie viel Formen gab es, in die der Mensch das goß, was ihm Seele und Geist beschäftigte! Lehrgedicht – Sinngedicht – komische Dichtung ... Namen dazu von Dichtern und deren Leistungen als Muster. Noch heute steht in meiner Erinnerung der Augenblick, als Mörike, sein Auge fest auf uns gerichtet, uns eine Probe komischer Dichtung verhieß und nun rezitierte: ›Ich bin verdrießlich, und weil ich verdrießlich bin, bin ich verdrießlich –.‹ Dabei nahm sein bewegliches Gesicht einen so packenden Ausdruck von weinerlicher Nörgelei an, hingen seine Mundwinkel so bezwingend zu einem ›Pfändle‹, wie man auf gut schwäbisch einen greinenden Kindermund nennt, daß wir unsern Augen kaum trauten, es fiel uns von der Seele wie ein Alpdruck, die Spannung löste sich, und die ganze Klasse brach in ein herzliches Lachen aus, da wir in seinen Augen die Erlaubnis dazu lasen.

Damit war uns der Dichter menschlich näher gerückt und so

blieb er uns immerdar. Mörike war uns der angeschwärmte liebenswürdige Lehrer. Aber eigenartig auch darin, ganz verschieden von all den andern seiner Kollegen. ›Denn eine Würde, eine Höhe, entfernte die Vertraulichkeit.‹ Zu seiner großen Beliebtheit trug in erster Linie seine bestrickende Liebenswürdigkeit im Vortrag bei, dann der Umstand, daß er nie Aufgaben verlangte, nie examinierte. Kurz, er war kein Schulmeister, sondern ein Vortragender, der es seinen Hörern überließ, ob sie hiervon Nutzen zogen oder nicht. Wir folgten mit immer gleichem Interesse seinen Vorträgen, um so mehr, als er oft und viel aus dem Gedächtnis rezitierte, was uns riesig imponierte. Dabei war sein ungemein bewegliches Mienenspiel und sein leuchtendes Auge von großer Eindruckskraft. Ich war beruhigt und zufrieden: das waren Dichteraugen, das war eine Dichterstirn, mächtig gewölbt, hinter der man der Gedanken Wohnsitz ahnte.«

Es ist der etwa sechzigjährige Mörike, den seine Schülerin so liebevoll schildert. Sie schreibt dann weiter, wie sie ihn um einen Eintrag in ihr Poesie-Album bittet (ein sinniger Brauch, der verblüffenderweise bis heute nicht verschwunden ist), was ihr denn auch gewährt wird, »und ein paar ehrliche Backfischtränen flossen«. Diese häufig erbetenen Albumverse Mörikes sind nicht besser, als andere es auch gekonnt haben. Interessanter sind die Zitate, die Mörike an die Stelle eigener Gelegenheitsreimerei gesetzt hat. Einmal ein merkwürdiges Goethe-Wort:

»Nichts wird leicht ganz unparteiisch wieder dargestellt. – Man könnte sagen: hierin mache der Spiegel eine Ausnahme, und doch sehen wir unser Angesicht niemals ganz richtig darin; ja der Spiegel kehrt unsere Gestalt um, und macht unsere linke Hand zur rechten. Dieses mag ein Bild sein für alle Betrachtungen über uns selbst.«

Ein anderes Mal zitiert Mörike aus Wilhelm von Humboldts *Briefen an eine Freundin*:

»Frauen sind darin glücklicher und unglücklicher als Männer, daß ihre meisten Arbeiten von der Art sind, daß sie während derselben meist an etwas ganz Anderes denken können. Ich würde es Glück nennen; denn man kann ein ganz inneres Leben fast den ganzen Tag fortführen, ohne in seinen Arbeiten oder in seinem Berufe dabei zu verlieren oder gestört zu werden . . .«

Königin Olga, gleichfalls eine Zarentochter, Enkelin der Maria Federowna, setzte auf ihre Art die Tradition der Stifterin fort. Melitta von Schweizerbarth erinnert sich:

»Die Königin hielt sich für verpflichtet, dem Katharinenstift das gleiche Interesse entgegen zu bringen, wie ihre Vorgängerin. Zu allen Festen war sie sicher da; zwischendurch kam sie, um den Stunden beizuwohnen. Ich habe nie wieder eine Frau gesehen, die in Haltung und Wirkung so absolut die Erziehung, den Ursprung aus einem mächtigen Herrscherhaus verriet, wie diese Romanow, damals sicher die unbestritten schönste Frau, soweit die deutsche Zunge klang, leider ihre eigene nur ungern, denn sie teilte gerne die höfische Mode, französisch zu sprechen.

Die Fürstin war stets begleitet von einem isabellfarbenen Windspiel von der ganz filigranartigen Sorte, das mich als leidenschaftliche Hundenärrin natürlich lebhaft anzog. Da es frei in der Stube herumlief, machte ich, allerdings vergeblich, den Versuch, des Tierchens Aufmerksamkeit auf mich zu lenken. Daß ein solcher Fürstenliebling nur mit auserlesenen Leckerbissen gewonnen werden könnte, übersah mein bescheidener Untertanenverstand.«

Nüchterner berichtet Mörike von einem Besuch der Königin: ». . . muß ich bei dieser Gelegenheit doch auch erwähnen, daß die Frau Königin neulich einer Lektion von mir im Katharinenstift anwohnte. Sie kam mit der Massenbach und Fräulein Theiß, das kleine Hündchen dabei, das zuerst eine Tour durch den ganzen Saal machte, sie tat am Anfang einige Fragen an mich, nahm dann mit einer Häkelarbeit Platz und bezeugte schließlich ihr Interesse an dem Gegenstand (Nibelungenlied, Siegfrieds Tod) und war recht freundlich.« (Brief an den Vetter Karl M. vom 2. Dezember 1865) Mörike war nach und nach im Königshaus beachtet worden, zuerst durch die Prinzessin Marie, eine Schwester Katharinas. Er wurde auch bei Hofe empfangen. Er hat die Würdigung mit Anstand, wohl nicht ohne einen Anflug von Befriedigung entgegengenommen, sich aber dessen nie gerühmt. Seine Loyalität war mit einem Tropfen Republikanismus verdünnt.

Das herzliche Einvernehmen mit Wolff, die Freiheit, seine Unterrichtsstunden zu gestalten, die oft bis ins Schwärmerische gesteigerte Sympathie der wohlerzogenen jungen Mädchen für den berühmten und milden Lehrer – alles wirkte zusammen, um dem hypochondrischen Sonderling diese Berufstätigkeit, wenn man sie denn so nennen will, angenehm zu machen. Wie sehr ihm seine Schülerinnen zugetan waren, zeigt ein burlesker Vorfall: Er habe einmal, am Fenster stehend, beim Bedürfnis die Nase zu schneuzen, rückwärts suchend statt seines Taschentuchs einen Zipfel vom Vorhang erwischt und diesen Fehlgriff erst bemerkt, als er versuchte, das Tuch einzustecken – diese Szene haben drei Dutzend Backfische gesehen, ohne in Gelächter loszuplatzen; eine Feuerprobe der Wohlanständigkeit, ein Liebesbeweis für diesen Lehrer.

So hat es der Dichter viele Jahre als Literaturlehrer am Katharinenstift ausgehalten. Im November 1866 hat er um seine Pensionierung gebeten – immerhin zweiundsechzig Jahre alt –, und sie wurde vom König genehmigt mit der ganz ungewöhnlichen Maßgabe, daß ihm das volle Gehalt weitergezahlt werden solle. Wolff bei der Jahresfeier 1867: »Ein eigener Glücksstern war es doch, daß unsere Anstalt fünfzehn Jahre lang als Lehrer deutscher Literatur einen Mann besessen hat, dessen dichterischer Name jetzt schon tausende von begeisterten Verehrern zählt, und der auch in der Zukunft an Ruhm und Liebe nur gewinnen kann.«

Mörikes Werk ist schmal, birgt aber unvergängliche Kostbarkeiten. Schmal – das gilt besonders von der Produktion in den langen Stuttgarter Jahren. Wenig, und von dem Wenigen ist das meiste im Anfang dieses Lebensabschnitts, in den frühen fünfziger Jahren, geschaffen worden: Der »Alte Turmhahn« als Vollendung eines Cleversulzbacher Fragments; die märchenhafte Erzählung vom Stuttgarter Hutzelmännlein; die Novelle *Mozart auf der Reise nach Prag* – um das Wichtigste zu nennen. Das Jahr 1863 ist das letzte produktive seines Lebens gewesen, damals sind »Erinna an Sappho« vollendet, die »Bilder aus Bebenhausen« geschrieben worden; der Dichter war Ende der fünfzig.

> Die Märchen sind halt Nürnberger War,
> Wenn der Mond nachts in die Boutiken scheint ...

Nürnberger War ist Spielzeug. Zum Spiel voll Scherz, Ironie und tieferer Bedeutung war Mörike zu jeder guten Stunde aufgelegt. *Das Stuttgarter Hutzelmännlein* ist die augenfälligste Frucht dieser Neigung; in der Sprache wie in den Schauplätzen im Schwäbischen wurzelnd. Zwei Märchenmotive sind in die Erzählung verschlungen: die Glücksschuhe, ein altes Motiv, das schon in Cleversulzbach Gesprächsthema zwischen Mörike und Kurz war, und die Historie von der schönen Lau. So beginnt die in den gemächlichen Gang der Erzählung eingeschlossene Geschichte von der Wasserfrau:

»Der Blautopf ist der große runde Kessel eines wundersamen Quells bei einer jähen Felsenwand gleich hinter dem Kloster. Gen Morgen sendet er ein Flüßchen aus, die Blau, welche der Donau zufällt. Dieser Teich ist einwärts wie ein tiefer Trichter, sein Wasser von Farbe ganz blau, sehr herrlich, mit Worten nicht wohl zu beschreiben; wenn man es aber schöpft, sieht es ganz hell in dem Gefäß.

Zu unterst auf dem Grund saß ehmals eine Wasserfrau mit langen fließenden Haaren. Ihr Leib war allenthalben wie eines schönen, natürlichen Weibs, dies eine ausgenommen, daß sie zwischen den Fingern und Zehen eine Schwimmhaut hatte, blühweiß und zärter als ein Blatt vom Mohn. Im Städtlein ist noch heutzutag ein alter Bau, vormals ein Frauenkloster, hernach zu einer großen Wirtschaft eingerichtet, und hieß darum der Nonnenhof. Dort hing vor sechszig Jahren noch ein Bildnis von dem Wasserweib, trotz Rauch und Alter noch wohl kenntlich in den Farben. Da hatte sie die Hände kreuzweis auf die Brust gelegt, ihr Angesicht sah weißlich, das Haupthaar schwarz, die Augen aber, welche sehr groß waren, blau. Beim Volk hieß sie die arge *Lau* im Topf, auch wohl die schöne Lau. Gegen die Menschen erzeigte sie sich bald böse, bald gut. Zuzeiten, wenn sie im Unmut den Gumpen übergehen ließ, kam Stadt und Kloster in Gefahr, dann brachten ihr die Bürger in einem feierlichen Aufzug oft Geschenke, sie zu begütigen, als: Gold- und Silbergeschirr, Becher, Schalen, kleine Messer und andre Dinge; dawider zwar, als einen heidnischen Gebrauch und Götzendienst, die Mönche redlich eiferten, bis derselbe auch endlich ganz abgestellt worden. So feind darum die Wasserfrau dem Kloster war, geschah es doch nicht selten, wenn Pater Emeran die Orgel drüben schlug und kein Mensch in der Nähe war, daß sie am lichten Tag mit halbem Leib heraufkam und zuhorchte; dabei trug sie zuweilen einen Kranz von breiten Blättern auf dem Kopf und auch dergleichen um den Hals.

Ein frecher Hirtenjung belauschte sie einmal in dem Gebüsch und rief: ›Hei, Laubfrosch! git's gu't Wetter?‹ Geschwinder als ein Blitz und giftiger als eine Otter fuhr sie heraus, ergriff den Knaben beim Schopf und riß ihn mit hinunter in eine ihrer nassen Kammern, wo sie den ohnmächtig gewordenen jämmerlich verschmachten und verfaulen lassen wollte. Bald aber kam er wieder zu sich, fand eine Tür und kam, über Stufen und Gänge, durch viele Gemächer in einen schönen Saal. Hier war es lieblich, glusam mitten im Winter. In einer Ecke brannte, indem die Lau und ihre Dienerschaft schon schlief, auf einem hohen Leuchter mit goldenen Vogelfüßen als Nachtlicht eine Ampel. Es stand viel köstlicher Hausrat herum an den Wänden, und diese waren samt dem Estrich ganz mit Teppichen staffiert, Bildweberei in allen Farben. Der Knabe hurtig nahm das Licht herunter von dem Stock, sah sich in Eile um, was er noch sonst erwischen möchte, und griff aus einem Schrank etwas heraus, das stak in einem Beutel und war mächtig schwer, deswegen er vermeinte, es sei Gold; lief dann und kam vor ein erzenes Pförtlein, das mochte in der Dicke gut zwo Fäuste sein, schob die Riegel zurück und stieg eine steinerne Treppe hinauf in unterschiedlichen Absätzen, bald links, bald wieder rechts, gewiß vierhundert Stufen, bis sie zuletzt ausgingen und er auf ungeräumte Klüfte stieß; da mußte er das Licht dahinten lassen und kletterte so mit Gefahr seines Lebens noch eine Stunde lang im Finstern hin und her, dann aber brachte er den Kopf auf einmal aus der Erde. Es war tief Nacht, und dicker Wald um ihn. Als er nach vielem Irregehen endlich mit der ersten Morgenhelle auf gänge Pfade kam und von dem Felsen aus das Städtlein unten erblickte, verlangte ihn am Tag zu sehen, was in dem Beutel wäre; da war es weiter nichts als ein Stück Blei, ein schwerer Kegel, spannenlang, mit einem Öhr an seinem obern Ende, weiß vor Alter. Im Zorn warf er den Plunder weg, ins Tal hinab, und sagte nachher weiter niemand von dem Raub, weil er sich dessen schämte. Doch kam von ihm die erste Kunde von der Wohnung der Wasserfrau unter die Leute...«

Das Stuttgarter Hutzelmännlein ist ein Kunstmärchen, aber dem Volksmärchen nahe, ohne Absichtlichkeit und deshalb so gelungen. Nichts darin ist Überlieferung als der alte zungenbrecherische Kindervers

> Glei bei Blaubeura
> Leit a Klötzle Blei.

Ludwig Uhland hat Mörike nach seinen Quellen befragt. »Ich sagte ihm mit einigem Erstaunen, daß ich diesen Umstand sowie das ganze Abenteuer bis zu diesem Augenblick für meine Erfindung gehalten habe, welche Versicherung er stillschweigend hinnahm; wahrscheinlich hielt er es für Selbsttäuschung, und am Ende muß ich dies selbst glauben, wiewohl ich mir schlechterdings nicht denken kann, wo ich dergleichen etwas vom Blautopf gehört oder gelesen habe...« (brieflich zu Hartlaub). Die Märchenerzählung, mit großer Genauigkeit zwischen Stuttgart und Ulm angesiedelt, wurde gut aufgenommen. Vischer in einer sonst nicht unkritischen Würdigung: »Dein Märchen ist ein Vollbeweis, daß Deine Dichterkraft noch in reiner Fülle und Lebendigkeit quillt.«

Auch ein Märchen, aber aus ganz anderem Stoff: *Die Hand der Jezerte*. Eine Fabel aus dem Morgenland – sie beginnt:

»In des Königs Garten, eh das Frühlicht schien, rührte der Myrtenbaum die Blätter, sagend:
Ich spüre Morgenwind in meinen Zweigen; ich trinke schon den süßen Tau; wann wird Jezerte kommen?
Und ihm antwortete die Pinie mit Säuseln:
Am niedern Fenster seh ich sie, des Gärtners Jüngste, schon durchs zarte Gitter. Bald tritt sie aus dem Haus, steigt nieder die Stufen zum Quell und klärt ihr Angesicht, die Schöne.
Darauf antwortete der Quell:
Nicht Salböl hat mein Kind, nicht Öl der Rose; es tunkt sein Haar in meine lichte Schwärze, mit seinen Händen schöpft es mich. Stille! Ich höre das Liebchen...«

Einsam steht diese Arabeske in Mörikes Werk. Nur in *Erzengel Michaels Feder* klingt derlei leise an: Schön Rahel, die in die Neckarlandschaft verpflanzte Blume aus dem Morgenland. Ob es der Zeitströmungen bedurfte, wie sie sich in Hauffs Märchen zeigten oder in den maurischen Bauplänen des Königs, der in den fünfziger Jahren die »Wilhelma« entstehen ließ, mag dahingestellt bleiben; als sicher darf gelten, daß Goethes *West-Östlicher Diwan* Mörike vertraut war. Ein erster Entwurf zu *Jezerte* wurde im Cleversulzbacher Pfarrhaus aufs Papier geworfen. War der Stiftler, Vikar, Pfarrer Mörike nicht mit dem Alten Testament aufgewachsen, mit aller Poesie, die darin ausgegossen ist, am herrlichsten im Hohen Lied?

Die Liebe zu Mozarts Musik hat Mörike durch sein Leben begleitet. Zu einem nie vergessenen Ereignis wurde jene *Don-Juan*-Aufführung durch den Tod des jungen Bruders »nach diesem seinem höchsten Fest« – »Dein Lachen endet vor der Morgenröte«. Nicht nur im Theater, im Konzertsaal, beim Klavierspiel des Freundes Hartlaub ist ihm Mozarts Musik gegenwärtig. Er hört aus dem Gewitterdonner die Ouvertüre zu *Titus*, er vernimmt im melodischen Knarren einer Gartenpforte eine Mozartmelodie. Diese tief gegründete Liebe, dieses unterschwellige Hinhorchen haben in seinem Meisterprosastück den Ausdruck gefunden: *Mozart auf der Reise nach Prag.*

Die Novelle ist bald nach der Vollendung des *Hutzelmännleins* entstanden. Hatte er sich »frei geschrieben«, um sich nun einem Gegenstand zuzuwenden, dessen Größe ihm bewußt sein mußte? Er hatte schon seit Jahren erwogen, eine Mozartbiographie oder doch einen Teil davon zu schreiben. Hartlaub ist in einem Brief vom 8. Juni 1847 darauf eingegangen: »Ich glaube auch gar nicht, daß man eine wahrhaft genußreiche Biographie von Mozart machen kann. Ja, ein Fragment Dichtung aus seinem Leben, wie Du einmal im Sinn hattest, würde tausendmal befriedigender sein.«

Mörike begleitet das Manuskript seiner Novelle mit einem Brief an Cotta: »Meine Aufgabe bei dieser Erzählung war, ein kleines Charaktergemälde Mozarts (das erste seiner Art, soviel ich weiß) aufzustellen, wobei, mit Zugrundelegung frei erfundener Situationen, vorzüglich die heitere Seite zu lebendiger, konzentrierter Anschauung gebracht werden sollte.« Und er fügt hinzu: »Vielleicht daß ich später in einem Pendant auch die andern, hier nur angedeuteten Elemente seines Wesens und seiner letzten Lebenstage darzustellen versuche.« Ein solches Pendant wurde nie in Angriff genommen, und man vermag sich nur schwer vorzustellen, daß es neben diesem vollkommen gelungenen Wurf hätte bestehen können.

Von den wenigen damals vorliegenden biographischen Arbeiten über Mozart hat Mörike zum mindesten das Werk des Russen Oubilicheff gelesen – »ordentlich geschrieben und besser als ich dachte« hat der kritische Hartlaub bemerkt. Erst nach Ablieferung des Manuskripts hat Mörike sich mit einer anderen Biographie befaßt. »Zu meinem Vergnügen lese ich gegenwärtig Mozarts Biographie von Nissen . . . halb aus Indolenz, halb aus instinktmäßiger Sorge, mir mein innerliches Konzept nicht zu verrücken, hatte ich mir das Werk nicht kommen lassen und habe wahrscheinlich wohl daran getan.« So schreibt er an Hartlaub.

Über das Leben in Wien war Mörike durch die regelmäßige Lektüre des *Morgenblatts* gut unterrichtet; Cotta hatte dort einen ständigen Korrespondenten, der allein für den Jahrgang 1855 zehn ausführliche Reportagen geliefert hat. Bedeutsamer als alles aufmerksam Angelesene ist Mörikes Lebensvertrautheit mit der Hauptperson und mit der Zeit; diese Vertrautheit verleiht der Novelle einen so staunenswerten Grad von Wahrheit. Es sei daran erinnert, wie Mörike als Kind in der eingeschlafenen Residenz Ludwigsburg Gestalt und Duft des unlängst vergangenen Rokoko in sich aufgenommen hat. Sein Leben lang hat er ein feines Empfinden für die Spuren jener Epoche gehabt, ihre Literatur, ihre Musik, ihre Gärten, ihre Bauten, ihr Interieur; ein Gartenhaus, eine Kommode genügten, um ihn in die Zeit zu versetzen.

Und wie er auf die Zeit eingestimmt war in ihrer von Todesnähe angewehten Lebenslust, so war er auf eine nicht gewöhnliche Weise mit Mozart verbunden. »Er war ihm längst nahe, ja gegenwärtig, gleichsam als Teil seiner eigenen Existenz« – so weit geht ein so nüchterner Kenner wie Gerhard Storz. Die Beispiele aus Mozarts Briefen, die Oubilicheff zitiert, genügen dem Dichter, um den Mozart seiner Novelle mozartisch reden zu lassen. Es gibt überraschende Züge von Seelenverwandtschaft. Ein Beispiel: Als Mozart sein gefiederter Hausgenosse, ein Star, verendet war, hat er seinem Kummer in Knittelversen Ausdruck gegeben – »Hier ruht ein lieber Narr, ein Vogel Star . . .« und so fort. Mörike hat lange Zeit Vögel in seinen Wohnungen gehalten, und über den »tierischen Humor« eines gezähmten Stars hat er sich brieflich ausgelassen.

»Im Herbst des Jahres 1787 unternahm Mozart in Begleitung seiner Frau eine Reise nach Prag, um ›Don Juan‹ daselbst zur Aufführung zu bringen.

Am dritten Reisetag, den vierzehnten September, gegen elf Uhr morgens fuhr das wohlgelaunte Ehepaar, noch nicht viel über dreißig Stunden von Wien entfernt, in nordwestlicher Richtung jenseits vom Mannhardsberg und der deutschen Taya bei Schrems, wo man das schöne Mährische Gebirg bald vollends überstiegen hat.« So beginnt die Erzählung, Zeit und Ort fast präzis; die Lokalität ziemlich in der Mitte zwischen Wien und Prag; Mörike hatte die Landkarte studiert und Reiseliteratur gelesen; in der Zeitangabe setzt er um siebzehn Tage zu früh an.

In einem wahrscheinlich erdachten, aber ganz und gar stimmigen Schloß und Park, und in einem Zeitraum von nicht ganz vierundzwanzig Stunden ist die Erzählung umschlossen. Indem Mozart, im Schloßpark spazierend, gedankenlos-spielerisch eine Pomeranze von einem sorgsam aufgeputzten Baum pflückt, macht er seine Anwesenheit bemerkbar, und das Spiel beginnt; ein Gesellschaftsspiel, kunstvoll ausgeführt, mit einer meisterhaften Rollenverteilung. Dabei ist es Madame Mozart zugewiesen, ihren Mann zu charakterisieren, das Genie, in Dingen des Alltags kindlich, bisweilen kindisch. Aber in das gutartig-spöttisch gezeichnete Charakterbild fließt Ernsthaftes ein, und unmerklich vermischt sich Mozartisches mit Mörikes eigenem Wesen. Die Sehnsucht nach dem »einfachen Leben«, wie sie Mozart auf der Kegelbahn und beim Einkauf von Gartengerät empfindet:

»Wer auch so glücklich wäre, so unabhängig von den Menschen! ganz nur auf die Natur gestellt und ihren Segen, wie sauer auch dieser erworben sein will!

Ist aber mir mit meiner Kunst ein anderes Tagwerk anbefohlen, das ich am Ende doch mit keinem in der Welt vertauschen würde: warum muß ich dabei in Verhältnissen leben, die das gerade Widerspiel von solch unschuldiger, einfacher Existenz ausmachen? Ein Gütchen wenn du hättest, ein kleines Haus bei einem Dorf in schöner Gegend, du solltest wahrlich neu aufleben! Den Morgen über fleißig bei deinen Partituren, die ganze übrige Zeit bei der Familie; Bäume pflanzen, deinen Acker besuchen, im Herbst mit den Buben die Äpfel und die Birn' heruntertun; bisweilen eine Reise in die Stadt zu einer Aufführung und sonst, von Zeit zu Zeit ein Freund und mehrere bei dir – welch eine Seligkeit! Nun ja, wer weiß, was noch geschieht.«

Ob das Mozart ist, steht dahin. Mörike ist es ganz und gar. Es sei an das Gedicht »Waldidyll« erinnert: »Wär ich ein Jäger, ein Hirt, wär ich ein Bauer geboren.«

Wie in immer engeren Spiralen kreist das Gesellschaftsspiel um das eigentliche Motiv der Novelle, die Musik, und endlich um den Kern, die Musik der neuen Oper *Don Juan*. Denn um diese Oper erstmals aufzuführen, war Mozart unterwegs nach Prag. Im Jahr zuvor hatten die Wiener *Figaros Hochzeit* lau aufgenommen, die Prager jedoch mit Begeisterung. Zum Dank sollte ihnen nun die Uraufführung des *Don Juan* beschert werden.

Wie der Dichter sich in Mozarts Musik eingelebt hat, dafür bringt die Novelle ein anschauliches Beispiel. Eugenie, eine der gräflichen Damen, hat eine Sonate des Meisters eingeübt: »Es war eines jener glänzenden Stücke, worin die reine Schönheit sich einmal, wie aus Laune, freiwillig in den Dienst der Eleganz begibt, so aber, daß sie, gleichsam nur verhüllt in diese mehr willkürlich spielenden Formen und hinter eine Menge blendender Lichter versteckt, doch in jeder Bewegung ihren eigenen Adel verrät und ein herrliches Pathos verschwenderisch ausgießt.« Diese Komposition steht nicht im Köchelverzeichnis. Es ist ein helles Destillat aller Mozart-Sonaten, wie sie Mörike aus dem Klavierspiel des Freundes Hartlaub hundertmal gehört hat. Die Novelle gipfelt in der Szene, in der Mozart der Gesellschaft ein Stück aus seiner neuen Oper vorspielt, und befragt, wie ihm nach der Vollendung zumute gewesen sei, von seiner Todesahnung spricht.

»Er löschte ohne weiteres die Kerzen der beiden neben ihm stehenden Armleuchter aus, und jener furchtbare Choral ›Dein Lachen endet vor der Morgenröte!‹ erklang durch die Totenstille des Zimmers. Wie von entlegenen Sternenkreisen fallen die Töne aus silbernen Posaunen, eiskalt, Mark und Seele durchschneidend, herunter durch die blaue Nacht.

›Wer ist hier? Antwort!‹ hört man Don Juan fragen. Da hebt es wieder an, eintönig wie zuvor, und gebietet dem ruchlosen Jüngling, die Toten in Ruhe zu lassen.

Nachdem diese dröhnenden Klänge bis auf die letzte Schwingung in der Luft verhallt waren, fuhr Mozart fort: ›Jetzt gab es für mich begreiflicherweise kein Aufhören mehr. Wenn erst das Eis einmal an *einer* Uferstelle bricht, gleich kracht der ganze See und klingt bis an den entferntesten Winkel hinunter. Ich ergriff unwillkürlich denselben Faden weiter unten bei Don Juans Nachtmahl wieder, wo Donna Elvira sich eben entfernt hat und das Gespenst, der Einladung gemäß, erscheint. – Hören Sie an.‹

Es folgte nun der ganze lange, entsetzenvolle Dialog, durch welchen auch der Nüchternste bis an die Grenze menschlichen Vorstellens, ja über sie hinaus gerissen wird, wo wir das Übersinnliche schauen und hören und ... von einem Äußersten zum andern willenlos uns hin und her geschleudert fühlen.

Menschlichen Sprachen schon entfremdet, bequemt sich das unsterbliche Organ des Abgeschiedenen, noch einmal zu reden. Bald nach der ersten fürchterlichen Begrüßung, als der Halbverklärte die ihm gebotene irdische Nahrung verschmäht, wie seltsam schauerlich wandelt seine Stimme auf den Sprossen einer luftgewebten Leiter unregelmäßig auf und nieder! Er fordert schleunigen Entschluß zur Buße: kurz ist dem Geist die Zeit gemessen; weit, weit, weit ist der Weg! Und wenn nun Don Juan, im ungeheuren Eigenwillen den ewigen Ordnungen trotzend, unter dem wachsenden Andrang der höllischen Mächte ratlos ringt, sich sträubt und windet, und endlich untergeht, noch mit dem vollen Ausdruck der Erhabenheit in jeder Gebärde – wem zitterten nicht Herz und Nieren vor Lust und Angst zugleich? Es ist ein Gefühl, ähnlich dem, womit man das prächtige Schauspiel einer unbändigen Naturkraft, den Brand eines herrlichen Schiffes anschaut. Wir nehmen wider Willen gleichsam Partei für diese blinde Größe und teilen knirschend ihren Schmerz im reißenden Verlauf ihrer Selbstvernichtung.

Der Komponist war am Ziele. Eine Zeitlang wagte niemand, das allgemeine Schweigen zuerst zu brechen.

›Geben Sie uns‹, fing endlich, mit noch beklemmtem Atem, die Gräfin an, ›geben Sie uns, ich bitte Sie, einen Begriff, wie Ihnen war, da Sie in jener Nacht die Feder weglegten!‹

Er blickte, wie aus einer stillen Träumerei ermuntert, helle zu ihr auf, besann sich schnell und sagte, halb zu der Dame, halb zu seiner Frau: ›Nun ja, mir schwankte wohl zuletzt der Kopf. Ich hatte dies verzweifelte Dibattimento bis zu dem Chor der Geister, in *einer* Hitze fort, beim offenen Fenster, zu Ende geschrieben und stand nach einer kurzen Rast vom Stuhl auf, im Begriff, nach deinem Kabinett zu gehen, damit wir noch ein bißchen plaudern und sich mein Blut ausgleiche. Da machte ein überquerer Gedanke mich mitten im Zimmer still stehen.‹ (Hier sah er zwei Sekunden lang zu Boden, und sein Ton verriet beim Folgenden eine kaum merkbare Bewegung.) ›Ich sagte zu mir selbst: wenn du noch diese Nacht wegstürbest und müßtest deine Partitur an diesem Punkt verlassen: ob dirs auch Ruh im Grabe ließ’ – Mein Auge hing am Docht des Lichts in meiner Hand und auf den Bergen von abgetropftem Wachs. Ein Schmerz bei dieser Vorstellung durchzückte mich einen Moment; dann dacht’ ich weiter: wenn denn hernach über kurz oder lang ein anderer, vielleicht gar so ein Welscher, die Oper zu vollenden bekäme und fände von der Introduktion bis Numero siebzehn, mit Ausnahme *einer* Piece, alles sauber beisammen, lauter gesunde, reife Früchte ins hohe Gras geschüttelt, daß er sie nur auflesen dürfte; ihm graute aber doch ein wenig hier vor der Mitte des Finale, und er fände alsdann unverhofft den tüchtigen Felsbrocken da insoweit schon beiseite gebracht: er möchte drum nicht übel in das Fäustchen lachen! Vielleicht wär er versucht, mich um die Ehre zu betrügen. Er sollte aber wohl die Finger dran verbrennen; da wär noch immerhin ein Häuflein guter Freunde, die meinen Stempel kennen und mir, was mein ist, redlich sichern würden . . .«

Am anderen Tag, nachdem am Morgen das Ehepaar Mozart reich beschenkt und in heiterer Laune abgefahren war, klingt das Todesmotiv, vom Tageslicht gemildert, bei den Zurückgebliebenen nach – die Erzählung endet volksliedhaft mit dem Gedicht »Denk es, o Seele«.

»Wenn gute, vortreffliche Menschen durch ihre Gegenwart vorübergehend unser Haus belebten, durch ihren frischen Geistesodem auch unser Wesen in neuen raschen Schwung versetzten und uns des Segens der Gastfreundschaft in vollem Maße zu empfinden gaben, so läßt ihr Abschied immer eine unbehagliche Stockung, zum mindesten für den Rest des Tags, bei uns zurück, wofern wir wieder ganz nur auf uns selbst angewiesen sind.

Bei unsern Schloßbewohnern traf wenigstens das letztere nicht zu. Franziskas Eltern nebst der alten Tante fuhren zwar alsbald auch weg; die Freundin selbst indes, der Bräutigam, Max ohnehin, verblieben noch. Eugenien, von welcher vorzugsweise hier die Rede ist, weil sie das unschätzbare Erlebnis tiefer als alle ergriff, ihr, sollte man denken, konnte nichts fehlen, nichts genommen oder getrübt sein; ihr reines Glück in dem wahrhaft geliebten Mann, das erst soeben seine förmliche Bestätigung erhielt, mußte alles andre verschlingen, vielmehr, das Edelste und Schönste, wovon ihr Herz bewegt sein konnte, mußte sich notwendig mit jener seligen Fülle in *eines* verschmelzen. So wäre es auch wohl gekommen, hätte sie gestern und heute der bloßen Gegenwart, jetzt nur dem reinen Nachgenuß derselben leben können. Allein am Abend schon, bei den Erzählungen der Frau, war sie von leiser Furcht für ihn, an dessen liebenswertem Bild sie sich ergötzte, geheim beschlichen worden; diese Ahnung wirkte nachher, die ganze Zeit als Mozart spielte, hinter allem unsäglichen Reiz, durch alle das geheimnisvolle Grauen der Musik hindurch, im Grunde ihres Bewußtseins fort, und endlich überraschte, erschütterte sie das, was er selbst in der nämlichen Richtung gelegentlich von sich erzählte. Es ward ihr so gewiß, so ganz gewiß, daß dieser Mann sich schnell und unaufhaltsam in seiner eigenen Glut verzehrte, daß er nur eine flüchtige Erscheinung auf der Erde sein könne, weil sie den Überfluß, den er verströmen würde, in Wahrheit nicht ertrüge.

Dies, neben vielem andern, ging, nachdem sie sich gestern niedergelegt, in ihrem Busen auf und ab, während der Nachhall ›Don Juans‹ verworren noch lange fort ihr inneres Gehör einnahm. Erst gegen Tag schlief sie ermüdet ein.

Die drei Damen hatten sich nunmehr mit ihren Arbeiten in den Garten gesetzt, die Männer leisteten ihnen Gesellschaft, und da das Gespräch natürlich zunächst nur Mozart betraf, so verschwieg auch Eugenie ihre Befürchtungen nicht. Keins wollte dieselben im mindesten teilen, wiewohl der Baron sie vollkommen begriff. Zur guten Stunde, in recht menschlich reiner, dankbarer Stimmung pflegt man sich jeder Unglücksidee, die einen gerade nicht unmittelbar angeht, aus allen Kräften zu erwehren. Die sprechendsten, lachendsten Gegenbeweise wurden, besonders vom Oheim, vorgebracht, und wie gerne hörte nicht Eugenie alles an! Es fehlte nicht viel, so glaubte sie wirklich, zu schwarz gesehen zu haben.

Einige Augenblicke später, als sie durchs große Zimmer oben ging, das eben gereinigt und wieder in Ordnung gebracht worden war, und dessen vorgezogene, gründamastene Fenstergardinen nur ein sanftes Dämmerlicht zuließen, stand sie wehmütig vor dem Klaviere still. Durchaus war es ihr wie ein Traum, zu denken, wer noch vor wenigen Stunden davor gesessen habe. Lang blickte sie gedankenvoll die Tasten an, die *er* zuletzt berührt, dann drückte sie leise den Deckel zu und zog den Schlüssel ab, in eifersüchtiger Sorge, daß so bald keine andere Hand wieder öffne. Im Weggehn stellte sie beiläufig einige Liederhefte an ihren Ort zurück; es fiel ein älteres Blatt heraus, die Abschrift eines böhmischen Volksliedchens, das Franziska früher, auch wohl sie selbst, manchmal gesungen. Sie nahm es auf, nicht ohne darüber betreten zu sein. In einer Stimmung wie die ihrige wird der natürlichste Zufall leicht zum Orakel. Wie sie es aber auch verstehen wollte, der Inhalt war derart, daß ihr, indem sie die einfachen Verse wieder durchlas, heiße Tränen entfielen.

> Ein Tännlein grünet wo,
> Wer weiß, im Walde;
> Ein Rosenstrauch, wer sagt,
> In welchem Garten?
> Sie sind erlesen schon,
> Denk es, o Seele,
> Auf deinem Grab zu wurzeln
> Und zu wachsen.
>
> Zwei schwarze Rößlein weiden
> Auf der Wiese,

Sie kehren heim zur Stadt
In muntern Sprüngen
Sie werden schrittweis gehn
Mit deiner Leiche;
Vielleicht, vielleicht noch eh
An ihren Hufen
Das Eisen los wird,
Das ich blitzen sehe!«

Mozart auf der Reise nach Prag ist Mörikes unvergänglicher Beitrag
zur deutschen Prosa. Gedichte hat er in seinen späteren Jahren nur
noch wenige geschrieben; die Gelegenheitsgedichte, die Albumverse wiegen nicht schwer. Die große Ausnahme ist das Gedicht
»Erinna an Sappho«. Auch hier liegt freilich der erste Entwurf
(»der Hauptsache nach« urteilt er selbst) im Anfang seiner Stuttgarter Jahre, sieben oder acht Tage vor seiner Hochzeit. Er war
also nicht älter als siebenundvierzig, als er dieses Gedicht schuf;
zwölf Jahre später hat er ihm die endgültige Form gegeben. Im
September 1851 ist das Gedicht »Denk es, o Seele« entstanden,
das er später an den Schluß seiner Mozart-Novelle gesetzt hat; im
November folgte »Erinna an Sappho«. Todesahnung, dort im
Ton des Volkslieds, hier höchst kunstreich aus der Vertrautheit
mit der Poesie der Griechen. Sein jahrzehntelanger Umgang mit
der antiken Dichtung hat hier die schönste Frucht gezeigt.

Mörike hat dem Gedicht eine philologische Anmerkung über
Erinna vorausgestellt. Sie hat um 600 v. Chr. gelebt, war eine
Schülerin und Freundin der großen Dichterin Sappho.

»Vielfach sind zum Hades die Pfade«, heißt ein
Altes Liedchen – »und einen gehst du selber,
Zweifle nicht!« Wer, süßeste Sappho, zweifelt?
Sagt es nicht jeglicher Tag?
Doch den Lebenden haftet nur leicht im Busen
Solch ein Wort, und dem Meer anwohnend ein Fischer von
                                          [Kind auf
Hört im stumpferen Ohr der Wogen Geräusch nicht mehr.
– Wundersam aber erschrak mir heute das Herz. Vernimm!

Sonniger Morgenglanz im Garten,
Ergossen um der Bäume Wipfel,
Lockte die Langschläferin (denn so schaltest du jüngst
                                             [Erinna!)
Früh vom schwüligen Lager hinweg.
Stille war mein Gemüt; in den Adern aber
Unstet klopfte das Blut bei der Wangen Blässe.

Als ich am Putztisch jetzo die Flechten löste,
Dann mit nardeduftendem Kamm vor der Stirn den Haar-
Schleier teilte, – seltsam betraf mich im Spiegel Blick in
                                             [Blick.
Augen, sagt ich, ihr Augen, was wollt ihr?
Du, mein Geist, heute noch sicher behaust da drinne,
Lebendigen Sinnen traulich vermählt,
Wie mit fremdendem Ernst, lächelnd halb, ein Dämon,
Nickst du mich an, Tod weissagend!
– Ha, da mit eins durchzuckt' es mich
Wie Wetterschein! wie wenn schwarzgefiedert ein tödlicher
                                             [Pfeil
Streifte die Schläfe hart vorbei,
Daß ich, die Hände gedeckt aufs Antlitz, lange
Staunend blieb, in die nachtschaurige Kluft schwindelnd
                                             [hinab

Und das eigene Todesgeschick erwog ich;
Trockenen Augs noch erst,
Bis da ich dein, o Sappho, dachte,
Und der Freundinnen all,
Und anmutiger Musenkunst,
Gleich da quollen die Tränen mir.

Und dort blinkte vom Tisch das schöne Kopfnetz, dein
                                             [Geschenk,
Köstliches Byssosgeweb, von goldnen Bienlein
                                             [schwärmend.

Dieses, wenn wir demnächst das blumige Fest
Feiern der herrlichen Tochter Demeters,
Möcht ich *ihr* weihn, für meinen Teil und deinen;
Daß sie hold uns bleibe (denn viel vermag sie),
Daß du zu früh dir nicht die braune Locke mögest
Für Erinna vom lieben Haupte trennen.

Betriebsamkeit war Eduard Mörike fremd, ja zuwider. Aber ein gewisses Maß von Teilnahme an dem lebhaften literarischen Betrieb dieser an Verlagen und Druckereien so reichen Stadt konnte nicht ausbleiben. Zu der unumgänglichen »Vermarktung« seiner eigenen Werke kamen seine Bemühungen für Freunde, etwa um nachgelassene Schriften Bauers oder zu Gunsten des von ihm so hoch geschätzten Karl Mayer. – Im Lauf der Zeit hatte Mörikes Name einen Klang bekommen, im engeren Vaterland und im ganzen deutschen Kulturbereich. Kein Mensch, und sei er noch so bescheiden, ist ganz unempfänglich für Ehrungen. Und die blieben nicht aus. Die Universität Tübingen verlieh ihm den Doktorgrad; das war 1852. Vier Jahre später hat ihm der König den Professortitel verliehen. Er hat von beiden Gebrauch gemacht, ohne viel Aufhebens.

Gefreut hat ihn eine Ehrung aus München. Er hatte Bewunderer dort, nicht nur unter den literaturbeflissenen »Nordlichtln« wie Geibel und Heyse, sondern auch bei den Malern wie Kaulbach, dessen Illustrationen zu *Reinecke Fuchs* Mörike liebte, und Schwind, mit dem sich später eine Freundschaft entwickelt hat. Im Dezember 1862 hat ihm der bayrische Gesandte, Graf Reigersberg, den Maximilians-Orden für Kunst und Wissenschaft in die Wohnung gebracht. Mörike an Hartlaubs:

»Bei seinem Eintritt in mein Zimmer war hinter ihm die Tür nur angelehnt geblieben, so schlichen die zwei Kinder neugierig herein und näherten sich nach und nach dem Tisch, auf dem die Sachen ausgebreitet lagen. Als sie sich auf einen Wink von mir entfernen wollten, hielt ihnen der Mann freundlich das offene Etuis unter die Augen. Es ist die schönste Dekoration, die wir haben, sagte er, und in der Tat ist sie sehr schön. Es hatten, bemerkte er ferner, verschiedene Leute in München begierig drauf gewartet. Dann nahm er bequem in meinem großen Lehnstuhl Platz und sprach von dem und jenem ... Inzwischen kamen manche Gratulationen, schriftlich und mündlich; unter diesen auch Eure guten Leute hier, Grüneisen und am ersten Wolff; sehr bald auch ein freundliches Briefchen von Klara aus Maulbronn. Bei all dem hatte ich wahrhaftig und habe noch jetzt die Empfindung, als liege ein seltsamer Irrtum zu grund. Wenn ich das Wenige, was von mir ausgegangen ist, ansehe, so weiß ich wirklich nicht, wie ich zu dieser Auszeichnung komme.

Charakteristisch ist die verschiedene Art, wie die beiden Kinder die Sache aufnahmen. Während Fanny bei der ersten Ankündigung gleich lauter Feuer war – ›Sind wir jetzt mehr? sind wir jetzt reicher?‹ etc., hielt sich die Kleine schweigsam, ganz nach Art Eurer Ada, zurück, wie ärgerlich über das große Aufheben, das ihre Schwester davon machte. Einmal nahm ich sie beiseite und frug: Ja, ist Dir denn ein Orden nicht auch was Wichtiges? Nach kurzem Bedenken sagte sie trocken: ›Wenn er da ist, so ist er vielleicht nett.‹ «

Dem bayrischen Orden folgte dann in einigem zeitlichen Abstand ein württembergischer.

Auszeichnungen anderer Art waren manche Rezensionen. So wurde im *Salon* (Unterhaltungsblatt der Frauenzeitung), 4/1856, die Mozart-Novelle in einem kurzen Auszug vorgestellt. Einleitend heißt es: »Während der eine Schriftsteller eine wenig erfreuliche Fruchtbarkeit zeigt, beobachtet der andere ein für die Literatur bedauerliches Schweigen. Zu jenen Berufenen und Trefflichen, die uns nur sparsam und nach langen Zwischenräumen mit einer literarischen Gabe bedenken, gehört Eduard Mörike.« – Die bedeutendste Zeitung Süddeutschlands, noch vor dem *Schwäbischen Merkur*, war Cottas *Allgemeine Zeitung*, Augsburg, für die auch Heine geschrieben hat. In diesem Blatt erschien am 3. Dezember 1855 über mehrere Seiten ein Artikel »Eduard Mörike und die schwäbische Poesie«; weit mehr als eine Rezension der Mozart-Novelle, die den Anlaß gab. Man liest darin:

»Es ist gleich anfangs gesagt worden daß es nicht leicht einen modernen Dichter oder überhaupt einen Litteraten von bedeutender Renommé gebe, der so ganz von allem litterarischen Getriebe und Coteriewesen entfernt wäre als Mörike. Seine ganze Lebensweise hat mit der der meisten gegenwärtigen Dichter nicht das geringste gemein. Während jene in der Regel alle Länder durchreist, alle Städte gesehen, überall ›deutschen Rock und Schuh zerrissen‹ haben, ist unser Landsmann kaum über die Gränzen seines engern Vaterlands hinausgekommen. Weit entfernt von allen pikanten Verhältnissen und geistreichen Liaisons, lebt er in einfach gediegenen ehelichen Verhältnissen, nur in diesem schönen Kreis und im Umgang mit vertrautesten Freunden sich behaglich fühlend, der eifrigste Proselyte des alten Satzes: *bene vixit qui bene latuit.* Namentlich für litterarische Colporteurs und Silhouettenschneider ist er gerne unsichtbar. Das Dichten ist nun aber bei ihm aufs engste mit dem Leben verwachsen, der unwillkürliche, sich von selbst ergebende Ausdruck, der poetische Reflex seiner praktischen Lebensweisheit. Er sucht nicht nach pikanten Stoffen, er schweift nicht in die Ferne nach neuen Scenerien und Bildern, sondern die Poesie ergreift und treibt ihn mit ihrem Schimmer seine eigenen engen Verhältnisse zu verklären, und sich aus ihnen heraus eine poetisch unendliche Perspective zu eröffnen. Daß er nicht nach der Poesie sucht, sondern von ihr gesucht wird, das beweisen vor allem die Gelegenheitsgedichte, die wir bei ihm zahlreicher finden als bei irgendeinem andern, und die meistens nicht an bekannte Größen, sondern an ganz unbekannte Namen, an die ihm im unmittelbar täglichen Leben nahe stehenden gerichtet sind. Dem Stillleben sind seine Sinne und Gedanken zugewendet; er hat den Trieb alles in klare, bestimmte Umrisse einzugränzen, auf feste Rahmen zu ziehen; nicht als ob ihm der Blick in die Ferne fehlte, sondern ein *horror vacui* hält ihn von allem Unbestimmten, von allem Nebelnden und Schwebelnden zurück. Es gibt nach Jean Paul einen doppelten Idealismus: einen der sich mit der Lerche hoch und immer höher hinaufschwingt, bis ihm alle Unebenheiten verschwinden, bis ihm die höchsten Cedern wie die Farrenkräuter im Mond erscheinen; einen andern der sich in der tiefen Furche, in dem warmen Lerchennest versteckt und mit neugierig-schüchternem Auge heraufsieht, daß ihm die Halmen wie Webebäume vorkommen. Von der letzteren Gattung ist der Idealismus Mörike's, den wir am vollkommensten und schönsten in seinem neuesten Gedicht: ›Der Thurmhahn, ein Stillleben‹, ausgeprägt finden. Philosophische Probleme und politische Fragen haben in seiner Poesie durchaus keinen Platz; sie würden ihm den ruhigen Fluß seines Lebens stören und – da die Theorie sich immer nach der Praxis bildet – sein ganzes ästhetisches Credo über den Haufen werfen, den praktischen und den poetischen Boden ihm unter den Füßen wegziehen.«

Das konnte nur jemand schreiben, der den Dichter kannte. Es war Wilhelm Hemsen, ein Neffe Vischers, damals 26 Jahre alt; ein Beispiel, wie Mörike auf die ihm nachfolgende Generation zu wirken vermocht hat.

Selten, daß ein Literaturbeflissener ihn gänzlich verkannt hat. Das war der Fall in dem literaturwissenschaftlichen Werk *Neuhochdeutscher Parnaß* eines gewissen Minckwitz. Mörike hat das mit Gelassenheit aufgenommen. In einem Brief an Wilhelm Hartlaub, März 1862:

»Das dicke Buch des Leipziger Windbeutels hab ich auch im Hause gehabt. Es gab zu einigen ganz schönen Kinderreden Anlaß. ›Sieh, Fanny, dieser Mann da in dem Buch hat gesagt, ich sei ein schlechter Versmacher.‹ – Ein Dichter!, – korrigierte mich Mariele augenblicklich; ich hatte diesen Ausdruck nicht gebraucht, um eher verstanden zu werden, sie müssen ihn aber sonsther schon richtig aufgefaßt haben. ›Was sagst Du dazu, Alte?‹ Sie mit aufrichtiger Entrüstung: ›Wie heißt denn der?‹ ›Johannes Minckwitz.‹ ›So, der soll nur einmal kommen! Dem will ichs aber unter seine Nas’ zwängen!‹ (*ipsissima verba*, selbsteigene Redensart). – ›Ja, was sagst Du ihm aber?‹ Sie (sich im Anlauf übernehmend, so daß es ziemlich matt herauskommt): ›Sie sind ein *unartiger*, dummer G’sell! Wer darf denn so von einem *Lehrer* sprechen!?!?! Der Polizei zeig ichs an!‹ – Später schien ihr die Sache doch im Kopf herum zu gehn und sie fing wieder an: ›Ja, Vater, kannst Du aber das Wort nicht mehr von Dir wegmachen?‹ – ›Ich wüßt’ nicht wie.‹ – ›Ich mein’, mit dem Alestikum!‹ (Sie meinte Gummi elastikum, im Wahn, es seien nur die zwei Worte, die auch blos in diesem Einen Exemplar vorkämen.) Ich: ›Das ist zweitausendmal gedruckt und wird wie die Zeitung in alle Häuser getragen.‹ Sieht mich groß an, gewissermaßen mitleidig, frißt aber dann doch ruhig am Fenster ihren Apfel fort. – Den andern Tag, beim Aufstehn, ich mit tiefem Seufzer: ›Der Minckwitz, der Minckwitz!‹ (im Ton von Adas: die Ölmachen, die Ölmachen!). – ›O, Vater‹, sagte sie, ›das tut uns nichts! unser Herrgott weiß, daß Du ein braver bist!‹«

Übrigens gab es bald eine scharfe Erwiderung in der *Allgemeinen Zeitung.* »Niemandem kam eine so schnelle Justifikation zu größerem Trost als Gretchen, die durch jenen Angriff wirklich alteriert worden war« (am Ende des zitierten Briefs).

Stuttgart war eine Stadt der Drucker, Verleger, Buchhändler. »Unter Zuziehung der Buchbinder, Kupfer-, Stein-, Stahl- und Holz-Stecher und Drucker kann die Zahl der mit den literarischen Gewerben unmittelbar beschäftigten Personen zu 1100 bis 1200 angenommen werden« (Beschreibung des Stadtdirektionsbezirks von 1856). Die bedeutendsten Verleger waren Cotta, Metzler, Franckh, Steinkopf, Schweizerbart. Die größte Druckerei gehörte Cotta, sie beschäftigte 190 Menschen; dort war bereits eine Dampfmaschine in Gebrauch. Nicht weniger als 55 Zeitungen und Zeitschriften erschienen hier (1853), vom *Schwäbischen Merkur* und dem *Morgenblatt für gebildete Leser* (beide bei Cotta) bis zur *Eisenbahnzeitung.*

Mörike hätte möglicherweise in Mergentheim oder Konstanz sein Leben beschließen können. Aber seine Entscheidung, sich in Stuttgart niederzulassen, war sicherlich richtig. Hier hatte er die kompetenten Partner, hier waren Freunde, hilfsbereite. Und man kannte einander im schwäbischen Literaturbetrieb. Die Cotta und Schweizerbart waren sich der Bedeutung Mörikes bewußt. Sie wußten freilich auch, daß mit diesem Autor nur in begrenztem Umfang Geschäfte zu machen waren.

Als Cotta eine Miniaturausgabe der Gedichte erwog, erkundigte sich Mörike nach dem Vorrat unverkaufter Exemplare der letzten (zweiten) Auflage. »Derselbe zeigt sich allerdings noch immer etwas größer als ich annahm« (Brief an Cotta vom 2. März 1856); hofft jedoch auf neu belebten Absatz: »Im Fall jedoch die verehrlich Buchhandlung [damit ist der Verlag gemeint] diese

Hoffnung nicht im gleichen Grade teilte, so wollte ich mich einem mäßigen Opfer am Honorar nicht entziehen.« Cotta macht postwendend ein Angebot, das Mörike ebenso prompt annimmt: »Euer Hochwohlgeboren säume ich nicht, auf das geneigte Schreiben vom Gestrigen zu erwidern, das ich die als Honorar für die Miniatur-Ausgabe meiner Gedichte proponierte Summe von 500 Gulden unter den vorliegenden Umständen der Billigkeit gemäß finde.« Fünfhundert Gulden entsprechen zwischen 10 000 und 15 000 DM heutiger Kaufkraft; kein fürstliches Honorar, aber auch nicht schäbig zu nennen. – »Der Stand des Vorrats mag sich nun inzwischen wenig oder nicht verändert haben« (Brief an Schweizerbart vom Sommer 1851): Das bezieht sich auf den *Maler Nolten*. Mörikes Rang war nicht aus den Absatzzahlen seiner Bücher abzulesen.

Er hatte altbewährte Freunde, die sein Wohl sorgsam im Auge hatten, ihm die Wege ebneten. Der literarische Betrieb hat Mörike, bei all seiner Zurückhaltung, mit Leuten zusammengeführt, die rührig in der Flut des Gedruckten schwammen. Da ist Berthold Auerbach zu nennen, Dorfjude aus Nordstetten am Rand des Schwarzwalds, der mit seinen *Schwarzwälder Dorfgeschichten* einen Riesenerfolg in ganz Deutschland und darüber hinaus gehabt hat. Auerbach, dessen reiches Talent doch an Heine und Börne nicht heranreicht, ist das Musterbild eines assimilierten Juden jener Zeit, obwohl er dem Glauben seiner Väter treu blieb. Vielleicht sind ihm seine Dorfgeschichten so merkwürdig gut gelungen, weil er beides besaß: Zugehörigkeit und Distanz. Ihm fehlte die weltbürgerliche Weite des von ihm als Vorbild verehrten Hebel. Dafür entwickelte er ein nationaldeutsches Bewußtsein, das 1870 den Höhepunkt erreichte (er war für die *Allgemeine Zeitung* Kriegsberichterstatter). – Auerbach, im Literaturbetrieb überaus geschäftig, aber mit feinem Empfinden und sicherem Urteil, hat frühzeitig Mörikes Bedeutung erkannt. Er hat schon 1838 seine Gedichte gewürdigt. Er trat in Mörikes Bekanntenkreis, als er zusammen mit Hermann Kurz in Karlsruhe Redakteur wurde. Auerbach hat immer wieder Mörike zu fördern gesucht, Verbindungen geknüpft, oft mit Erfolg. Er hat wesentlich dabei mitgewirkt, daß

Mörike der Tiedge-Preis verliehen wurde. Er hat ihm mitgeteilt, was er Rühmendes über ihn gehört hatte – so das beachtliche Urteil Simrocks, Mörike sei der größte deutsche Lyriker nach Goethe. Seit dem Jahr 1852 hat Auerbach Mörike immer wieder besucht.

Mörike war ihm freundschaftlich zugetan, wenn er auch nicht auf jeden »Geschäfts-Trick« einging, den ihm Auerbach und andere rieten. Aus einem Brief vom Jahr 1852 an Karl Künzel (Agent einer Papierfabrik und Autographensammler): »Wenn Sie Herrn Berthold Auerbach dies bei Gelegenheit gefälligst schreiben, so danken Sie ihm ja recht innig in meinem Namen für sein freundliches Andenken! Ich habe bei verschiedenen Anlässen – besonders überraschend an einer Stelle seiner Werke – mich von seiner wohlwollenden Gesinnung überzeugt und längst im Stillen gewünscht ihm irgend ein Zeichen meiner hochachtungsvollen Zuneigung zu geben, wozu die schickliche Gelegenheit sich wohl auch finden wird.«

Geibel und Heyse waren Hauptfiguren am Musenhof des Bayernkönigs Maximilian II.; beide beteiligt an der Auszeichnung, die Mörike von dort zuteil wurde. Da sie des öftern nach dem Verlagsort Stuttgart zu reisen hatten, wurde auch persönliche Bekanntschaft mit Mörike geschlossen. Heyse hat es sogar verstanden, mit Eduard das »Du« zu vereinbaren. Jahre gelegentlichen Austauschs waren vorangegangen, wobei Mörike wie gewohnt die Korrespondenz saumselig oder so gut wie gar nicht führte: »Erlassen Sie mir, lieber Herr und Freund, in Gottes Namen eine ausführliche Erklärung und Entschuldigung.« Aber in einem Dankbrief für ein Widmungsexemplar der Novelle *Die Braut von Zypern* schreibt er: »Wenn ich so Etwas je verdiene, so ist es ganz gewiß darum, weil ich mit reiner Freude zusehen kann, wie Andre, Jüngere, mit vollen Segeln fahren und das gewünschte Ziel erreichen, während ich, früh auf den Sand gelegt, dahinten bleiben muß.« Mörike war zweiundfünfzig Jahre alt, als er das schrieb.

Geibel, der ein deutschnationaler Barde wurde (Hebbel: »Die Staatsnachtigall«), dem aber auch ungemein volkstümliche Verse glückten (Der Mai ist gekommen), gehörte, 1815 geboren, noch beinahe zu Mörikes Generation. Das Verhältnis zu ihm war distanzierter. Doch findet sich in einem Brief Mörikes zum Tod von Geibels Frau ein merkwürdiges Bekenntnis seines Glaubens an ein Fortleben in einer neuen Wirklichkeit: »Für mich ist dieses eine ausgemachte natürliche Sache und ist bei mir ebensowenig bloßer Glaube, als bloßes Resultat des Räsonnements.« Daß Mörike überhaupt einen solchen Brief an Geibel hat schreiben können, beweist seine Wertschätzung.

Heyse war fast gleichaltrig mit Wilhelm Hemsen. Die Hochachtung der Jungen hat Mörike wohl getan. Besonders lieb war ihm der Umgang mit Hemsen, »der mir immer willkommen ist« – schreibt er noch in seinem letzten Lebensjahr. Einmal, auf die Zusendung eines Buches über Schwind: »So ists nun schon einmal, mein Teuerster, daß ich das Beste immer zuerst durch Ihre Hand erhalten soll!«

Es gab im Literaturbetrieb des biedermeierlichen und nachbiedermeierlichen Stuttgart eine Figur, die beinahe den Literaturpapst spielte (oder jedenfalls spielen wollte), das war der von Heine attackierte Wolfgang Menzel, der von der Historie zur Literatur gekommen war. Mörike hat mit ihm nicht oft zu tun gehabt, obgleich er bereits in seiner Vikarzeit mit ihm Fühlung genommen und eine Mitwirkung an Menzels geplantem *Taschenbuch der neueren Geschichte* erwogen hatte. Zu Beginn seiner Stuttgarter Jahre hat Mörike einmal Menzel aufgesucht, wahrscheinlich um ihm Rezensionen für sein Literaturblatt anzubieten. Ein persönlicher Verkehr hat sich nicht entwickelt, doch haben sie einander im Auge behalten. In seinem Literaturblatt hat Menzel die Gedichte besprochen:

»Unter den schwäbischen Lyrikern nimmt Mörike einen ehrenvollen Rang ein und welchen Anklang er gefunden, beweisen die wiederholten Auflagen seiner schönen Gedichte. Diese Gedichte sind von großer Mannigfaltigkeit, tief ernst und wieder vom heitersten Humor, rein lyrische Ergüsse, Stimmungen, Musik in Worten, dann wieder Romanzen, Naturgemälde, kleine Idyllen . . .«

Menzel bringt drei Beispiele. »An einem Wintermorgen« wird nur zur Hälfte zitiert; »Mein Fluß«; dazu Menzel: »das sommerliche Badegefühl meisterhaft ausgedrückt«. Das dritte Beispiel nimmt er aus den humoristischen Dichtungen. Er erwähnt den »Sicheren Mann« (ein Druckfehler hat daraus den siechen Mann gemacht), »ausgezeichnet durch die ernsthafte Würde, mit der die tollsten und komischesten Dinge vorgetragen werden. Es folgt dann die »Häusliche Scene« (Schläfst du schon, Rike?), verstümmelt zitiert. »Wir begnügen uns mit diesen wenigen Proben, um die Gedichte eines Mannes zu empfehlen, der wohl nur wenigen unsrer Leser nicht schon bekannt seyn wird.«

Übrigens war das Literaturblatt nicht aufs Literarische beschränkt. Es brachte auch Historisches (Menzels anfängliches Fach), Geographisches, Naturwissenschaftliches; auch Beiträge wie »Wohin soll der Deutsche auswandern?«

Unter den fünfundfünfzig Periodika, die damals in Stuttgart erschienen, waren zwei, die für Mörike besondere Bedeutung hatten: das Unterhaltungsblatt *Salon*, eine Beilage der bei Metzler verlegten *Frauenzeitung für Hauswesen, weibliche Arbeiten und Moden*; und Cottas *Morgenblatt für gebildete Leser*. In diesen beiden Zeitschriften hat Mörike häufig Poesie und Prosa veröffentlicht; die Mozart-Novelle war ja zuerst in vier Fortsetzungen im *Morgenblatt* erschienen.

Diese wöchentlich erscheinende Zeitung, ein umfangreiches Blatt in großem Format, hat Mörike regelmäßig gelesen. Cotta hielt sich dafür Korrespondenten an den wichtigsten Plätzen, in Wien, Prag, Berlin, Hamburg, London, Paris; sie berichteten vom kulturellen und sozialen Leben in den großen Städten. Beiträge aber auch »vom Harz«, »vom Mittelrhein«, »aus dem (Schweizer) Jura«. Berichte vom Eisenbahnwesen in der französischen Provinz, von Armenschulen im Kanton Bern, von Schlittschuhfreuden auf der Spree, von der Sturmflut in Hamburg, von Ausstellungen in Paris, von neuen Erkenntnissen über den Aufenthalt der Madame de Staël in Weimar; Reisebriefe aus aller Welt; ein ausführlicher Bericht von einer Liebhaberaufführung von Schillers *Räubern* in Washington unter dem angepaßten Titel *Die*

Räuber von Patomac. Es fehlte auch nicht an Berichten aus dem Stuttgarter Theaterleben. Auch der *Schwäbische Merkur* gehörte zu Mörikes Lektüre; denn sein politisches Interesse ist nie erlahmt; so hat ihn Österreichs Krieg in Italien, anno 1859, derart beschäftigt, daß er zu keiner anderen Arbeit Ruhe fand.

BEGEGNUNGEN

Storm

Bei der Schilderung von Mörikes Stuttgarter Häuslichkeit wurde Storm bereits zitiert. Er war im August 1855 bei Mörike zu Gast. Dem Besuch war eine Korrespondenz über Jahre vorausgegangen. Im November 1850 hatte Storm, dreiunddreißig Jahre alt, aus »Husum im Herzogtum Schleswig«, im Namen einer »kleinen aber ausgesuchten« Lesergemeinde an Mörike geschrieben; Storm bewunderte seine Gedichte seit langem. Mörike hat sich zweieinhalb Jahre Zeit gelassen mit der Antwort. Der Brief, zu dem er sich endlich aufraffte, wurde dann allerdings so liebenswürdig wie ausführlich.

Inzwischen hatte die politische Entwicklung einen schmerzlichen Bruch in Storms Leben verursacht. Als die Regierung in Kopenhagen die durch Personalunion mit der dänischen Krone verbundenen Elbherzogtümer enger in den dänischen Staatsverband einbeziehen wollte (eine Konfliktsituation, die den Hintergrund von Fontanes Roman *Unwiederbringlich* bildet), erhoben sich die Deutschen, und die Dänen verstärkten den Druck. Storm verlor sein Amt und emigrierte nach Preußen. Mörike in seinem Brief: »Mit Ihrem Husum aber ist auch uns etwas genommen. Mir insbesondere waren diese Gegenden durch Sie und die ›Sommergeschichten‹ zu einer wahrhaften Erfahrung geworden; seitdem Sie weg sind, ists, als wäre die gewohnte Szenerie auch in meinem Gesichtskreis ferner gerückt. Gern denke ich dabei, daß doch die Eltern noch die alte Heimat hüten.« Erst nach dem österreichisch-preußischen Sieg von 1864 konnte Storm in sein Husum zurückkehren.

Storm war ein berufener Bewunderer Mörikes, und wenn sein Besuch in Stuttgart von Neugierde bestimmt war, dann war es eine Neugier von der besseren Art. Als er per Bahn eintraf, an einem Mittwoch ein Viertel auf zwölf, hatte Mörike gerade seine Literaturstunde am Katharinenstift. An seiner Stelle holte Hartlaub, mit einem lateinischen Beglaubigungsschreiben ausgewiesen, den Gast aus dem Norden im Bahnhof ab – »eine hagere, fadenscheinige Pfarrerfigur, aber mit einem innerlich sehr ernsten Wesen und unter den Verehrern seines Freundes der erste«. So charakterisiert ihn Storm. Hartlaub war auch bei der abendlichen Lesung der Mozart-Novelle anwesend. »I bitt Sie«, sagte er in einer Pause begeistert zu Storm, »ist das zum Aushalte?«

Am Tag darauf trafen auch Storms Eltern ein. Storm in einem Brief an seinen Freund Brinckmann in Rendsburg: »Wir machten nun mit Mörike und seiner Schwester einen Spaziergang. Da hättest Du Mörike und meinen Alten Arm in Arm die Stadt beschauen sehen sollen, beide den Hut im Nacken und in der besten Laune. Mitunter ließ Mörike los und faßte mich unter den Arm: ›Aber, en passant, Sie haben recht liebe Eltern‹. Dann wandte er sich, als wir vor der Schillerstatue standen, vom Alten zu mir und erklärte: ›Der Alte sieht aus wie ein Schweizer‹. Dieser nahm das Kompliment nicht an und erklärte: ›Ach wat, ik bün man en Westermöhlener Buerjung‹. Halberwege verstanden sie sich nicht wegen des gegenseitigen Dialekts, doch kamen sie fürtrefflich miteinander aus.« Mörike über die alte Frau: »Ihre Frau Mutter hat so was Klares, Leuchtendes, Liebe erweckendes.« Man könnte vermuten, daß Storms Eltern Mörike noch mehr zugesagt haben als der Dichter aus dem Norden, der ihm vielleicht um einen Grad näher auf den Leib rückte, als dem Schwaben lieb war.

Ein seltsamer Nachklang auf diesen Besuch ist ein Traum, den Storm in einem Brief seinen Eltern mitgeteilt hat. »Mir träumte, ich sei bei Mörike, seine Frau kam herein und brachte einen kleinen in zwei Hälften geschlagenen Marmorblock, den sie mit der Bitte auf den Tisch legte, er möge ihr das Gedicht doch zu Ende machen. Der Stein flimmerte recht im Bruch; Mörike setzte sich ans Klavier und suchte das Ende der Melodie.«

Es gab keine zweite Begegnung. Anders als Justinus Kerner hat Mörike den Weg nach Norden nicht gefunden. Der Briefwechsel setzte sich fort; Briefe von Storm zumeist, versteht sich. Nach Mörikes Tod hat Storm einen Briefwechsel mit Gretchen unterhalten bis in sein Todesjahr. Der sympathische Eifer, mit dem

Storm seinen Freunden Mörikes Werk nahe brachte, hat den Brief verursacht, den ein preußischer Landrat an Mörike geschrieben hat.

»Heiligenstadt, 3. Februar 1859 Hochverehrter Herr! Es ist so meine Gewohnheit, Nachmittags mich auf mein Sofa zu legen, um, ein Buch in der Hand, lesend und endlich einschlummernd von meinem schweren und trockenen Beruf auszuruhen. Heute war's auch so; ich griff nach ›Mozart auf der Reise nach Prag‹, einem Buch, das mein Freund Storm mir heute Vormittag gebracht hatte. Aber – ich legte es nicht wieder hin; Poesie und Musik fesselten mich, wie magisch gebannt mußte ich Ihnen folgen und die Seele flog mit Ihren Gedanken hinaus über die Wolken. Wenn etwas beweisen kann, daß die Poesie gottgeboren, daß wirklich ein Tropfen Nektar zur Erde gefallen, daß ein Funken unendlichen Lichtes von der ewigen Leuchte einst geraubt worden, so ist es die in ihr wohnende Kraft, die irdische Seele der Erde zu entreißen. Das ist die Befriedigung jenes Dranges! ›Ach, könnt ich doch auf Bergeshöhn usw. in deinem Tau gesund mich baden‹. Nur mit Mühe kann ich mich wieder greifen und zurückführen in die körperliche Gegenwart; noch klopft mein Herz, noch tränen die Augen und nicht um Ihnen zu danken, sitze ich und schreibe an Sie, – nein, um der Fülle der Gefühle, die mich bewegen, Ausdruck, Abfluß zu geben. Was könnte Ihnen auch an dem Dank eines Unbekannten, Ungenannten liegen; und doch, wüßte ich so recht zu sagen, was ich denke, was ich fühle, Sie freuten sich doch! Sie müßten dem ewigen Gotte danken, der Ihnen die Seele eingehaucht, der diese Seele geküßt und Ihnen in dem Kuß die Fülle der Poesie, der Kunst zu eigen gegeben. Ich sage der Kunst: denn wenn das letzte Ziel aller Künste das Schöne, das ewig Schöne ist, so ist auch eine Kunst der andern gleich. Nur verschiedene Seiten desselben Lichtstrahls, wie ja auch in dem irdischen Sonnenstrahl alle Funken enthalten sind. Eine solche Vereinigung der Musik und der Poesie wie in Ihrem Mozart traf ich noch nie, oder richtiger: traf mich noch nie . . . Aber auch einen wirklichen herzlichen, heißen Dank bringe ich Ihnen dar, für den heutigen Tag, den der Seligkeit anticipierten!

Halten Sie mich für keinen Schwärmer: bin Landrat, 39 Jahr, glücklicher Familienvater, gesund am Körper und Geist, liebe das Vergnügen des Geistes, wie das des Körpers und habe bis heute nie an mir unbekannte Dichter geschrieben. Sie aber mögen mit den lieben Augen Ihres Porträts bei meinem Storm auf diese Zeilen blicken und – sie zerreißen. Ihr – ich finde kein Beiwort – v. Wussow.«

Man wird weit herum suchen müssen, bis man einen ähnlichen Leserbrief findet.

Hebbel

Es war Hartlaub, der Mörike zum erstenmal auf den genialen Dramatiker Hebbel aufmerksam gemacht hat; das war in der Mergentheimer Zeit. Im Frühjahr 1857 hat dann Hebbel, ohne umständliche Präliminarien, bei Mörike einen Besuch gemacht, »ein Stündchen Aug in Auge«, wie Mörike später in einem Brief schreibt. Es war ein Besuch in Eile, der Eisenbahnfahrplan verhinderte eine Fortsetzung, aber die beiden grundverschiedenen Männer haben einander verstanden. Mörike: »Dieser Hebbel ist ein Glutmensch durch und durch, zugleich von einem schneidenden Verstand, und wo er Liebe, Anerkennung spürt, wie bei mir, nichts weniger als herb und verletzend, wofür er insgemein gilt . . .« Und Hebbel bestätigt das gute Einvernehmen, »sobald wir uns auf Ihrem Sopha niedergelassen und drei Worte gewechselt hatten«. So kurz der Besuch war, sie hatten sich nicht nur über Poesie unterhalten. Hebbel: »Haben Sie meinen Rat befolgt und Sich dem Wasser in die Arme geworfen?« Nun war Mörike dem kalten Wasser gar nicht so abgeneigt, es sei an das Gedicht »Mein Fluß« erinnert. Und ein Vierteljahr nach Hebbels Besuch reiste Mörike mit seiner Frau in den Bregenzerwald, unterzog sich dort einer Kur mit kalten Waschungen, die gut anschlug.

Der Besuch hat die gegenseitige hohe Achtung vermehrt. Mörike ging ausführlich, sehr freundlich, aber nicht unkritisch auf Hebbels Gedichte ein. Das Genie dieses Dithmarschers von proletarischer Herkunft glüht in den Dramen, seltener in den Gedichten; so in dem unheimlichen »Der Haideknabe«. Dieses Gedicht findet sich nicht unter denen, die Mörike rühmend hervorgehoben hat. Es fehlt nicht an kritischen Anmerkungen. Das Gedicht »Der Maler« (auch eine Mordgeschichte) beginnt:

> Ein Maler trat herein zu mir:
> »Ich male dir ihr Bild!«
> Ich führt ihn alsobald zu ihr,
> Sie litt es freundlich-mild.

Dazu Mörike: »freundlich-mild ist Ihnen schwerlich ganz gern aus der Feder gegangen«.

Inzwischen hatte Hebbel die Mozart-Novelle gelesen. Er rühmt sie in einem Brief an Mörike: ». . . indem sie aus einem Senfkorn eine Welt hervorgehen und sich lieblich entfalten lässt.« Und gleich danach schilt er unhöflich (ohne Kenntnis von Mörikes Kaltwasserkur): »Dagegen muß ich Sie schelten, das Sie nicht in's Wasser gegangen sind; wenn ich nicht die wunderbarsten Wirkungen gesehen, zum Theil an mir und den Meinen selbst erlebt hätte, würde ich nicht darauf zurückkommen, aber jetzt mögte ich einem Ihrer dortigen Freunde – eine Peitsche schicken, zu beliebigem Gebrauch im nächsten Sommer!« Gröber geht's nicht. Grimmig ist dieser Brief vom 20. Februar 1858 überhaupt. Er schimpft auf die »königl. Bairische Clique«, besonders auf Geibel.

Hebbel hat im Herbst 1860 einen zweiten Besuch bei Mörike gemacht. Er berichtet davon in einem Brief an seine Frau: »Dieser ist auch eingeschlafen, theils, weil in seinem Talent der Keim zu einer fruchtbaren Fort-Entwicklung ohnehin nicht liegt, theils weil er sich in den elendsten, mitleidwürdigsten Verhältnissen herum quält, er kann aber noch wieder geweckt werden und ist dann, wie sich's auch dieß-Mal zeigte, frisch und lebendig. Nach dem innigen ›Gott lohn's‹ das er mir zurief, hat mein Besuch ihm wohl gethan, obgleich er mir erklärte, daß meine Unterhaltung ihn, wie ein Bergsturz überkäme und daß er sich einem so ›ganzen Menschen‹, wie ich, eben so wenig gewachsen fühle, wie einer Darstellung des Leare, die ihn immer krank mache. Das bleibe dahin gestellt; für die Tasse Kaffé, die ich bei ihm trank, wurde er mir aber, ohne es zu wissen, wirklich Dank schuldig, denn sie war dünn zum Erbrechen, ich hätte sie aber nicht um die Welt stehen lassen mögen, sondern schlürfte sie bis zum letzten Tropfen hinein.«

Das ist ein anderer Ton als bei seinem Landsmann Storm.

In Hebbels Tagebuch ist aus jenem zweiten Besuch eine Äußerung Mörikes festgehalten:

»Eduard Möricke, dem ich die Nibelungen zugeschickt hatte, sagte mir buchstäblich: ›Mir war bei Ihren Nibelungen, als ob plötzlich ein Felsblock durch's Dach gefallen sey. Dort ist der Sopha, dort lag ich, dort empfand ich die Schauer, die allein das Große hervorruft, das zugleich schön ist, dort fühlte ich die über's Gesicht kriechenden Spinnwebsfäden und rief ein Mal über's andere aus: und solch ein Mann hält Dich würdig, Dir ein solches Werk zu schicken? Hier ist meine Frau, sie mag's bezeugen, war's so? Du lügst nicht!«

Ein durchs Dach gefallener Felsblock, ein Bergsturz – das sind die Bilder, mit denen Mörike die Wirkung beschreibt, die solche Lektüre auf ihn machen konnte.

Ein Jahr später war Hebbel tot. Mörike an Hartlaub: »Weißt Du auch, daß Hebbel in Wien vor wenigen Wochen gestorben ist? Das hat mich sehr ergriffen. Bei seinem letzten Besuch hier sah er gar nicht leidend aus, doch hat er mir versichert, daß er seit lang jede frisch geschriebene Seite von sich mit dem Gedanken ansehe, es werde sein Letztes sein. Geistige Aufregung und angestrengtes Arbeiten war sicherlich die Hauptursache seiner Krankheit und dann gewaltsame Kaltwasserbehandlung ...«

Jahre später hat Hebbels erster Biograph, Emil Kuh, Mörike gebeten, sich über Hebbel zu äußern. In einem ausführlichen Brief gesteht Mörike, daß ihm der größte Teil von Hebbels Werken unbekannt geblieben sei; und »wenn Sie wüßten, wie schlecht ich mir als Kritiker gefalle, wie fremd und ungeschickt ich mich auf diesem Feld fühle.« Er schildert dann aber in wenigen Worten den Eindruck, den Hebbel auf ihn gemacht hat. »Er selber war mir als ein Mann von schroffstem Charakter und einem unmäßigen Ehrgeiz bezeichnet. Wie anders fand ich ihn jetzt aber in der Tat!

Natürlich, liebenswürdig, menschlich gut. Das Jähe und Heißatmige, das offenbar in seinem Wesen lag, trat im Gespräch nach keiner Seite hin verletzend, agressiv, vielmehr als allgemeines schönes Pathos mit manchem Zug des zärtesten Gefühls hervor. Daß ihn das Eingeständnis meiner Unbekanntschaft mit seinen namhaften Werken nicht einen Augenblick verstimmte, entschied gleich anfangs mein Vertrauen und gab mir einen frohen, ganz unbefangenen Ton, der ebenso erwidert wurde.«

Turgenjew

Iwan Turgenjew hat von 1818 bis 1883 gelebt. Er ist unter den großen russischen Erzählern derjenige, der am längsten in Deutschland gelebt hat. Er hat in Berlin studiert und seit 1855 meistens im Westen gelebt, eine Reihe von Jahren in Baden-Baden. Dabei ist er in seinem Schaffen der Heimat treu geblieben, jener Welt von adligen Gutsbesitzern und leibeigenen Bauern; seine Schilderungen haben eine deutliche soziale Tendenz.

Eine Ausnahme macht der Roman *Rauch.* »Vor dem bekannten Conversationshause in Baden-Baden hatte sich am 10. August des Jahres 1862, um die vierte Nachmittagsstunde, eine ziemlich zahlreiche Menschenmenge versammelt. Es war herrliches Wetter; Alles ringsumher – die grünen Bäume, die freundlichen Häuser der einladenden Stadt, die wellenförmigen Berge...« So beginnt die Geschichte.

Im Jahr 1863 ist er nach Baden-Baden gezogen, um in der Nähe der spanischen Sängerin Garcia Viardot zu leben, die dort mit ihrem Ehemann wohnte. Turgenjew, der das Deutsche vollkommen beherrschte, muß das innigste Verhältnis zu Mörikes Werk gehabt haben. Den »Alten Turmhahn« konnte er auswendig rezitieren. Die Sängerin – er war ihr verfallen, fühlte sich allen Ernstes behext – hat ihm Mörike-Lieder komponiert und im Originaltext und in seinen russischen Übersetzungen vorgesungen. »Ist Mörike in Stuttgart? Ich bin nämlich sein großer Verehrer.« Turgenjew wendet sich an Moritz Hartmann. Tatsächlich gelingt es ihm am 31. Januar 1865, Mörike aufzusuchen. Das wissen wir und mehr nicht, höchstens noch den Umstand, daß Mörike die Sache besonders peinlich war, weil er vom Werk seines Verehrers keine Zeile gelesen hatte. Turgenjew hat dieser Besuch nicht genügt. Nun verbündet er sich mit seiner großen Zauberin oder Hexe. Wieder an Hartmann: »Madame Viardot hat 6 Gedichte von Mörike ganz reizend komponiert und es würde ihr eine große Freude sein, sie ihm vorsingen zu können. Glauben Sie, daß es sich arrangieren läßt?«

Nun muß man wissen, daß Pauline Garcia Viardot Weltruhm genoß. Ein russischer Dichter, eine spanische Sängerin wollen Eduard Mörike ihre Huldigung darbringen... Und es ist wirklich dazu gekommen. Am 6. April 1865 sang die Viardot als Gast im Königlichen Hoftheater die Rosina im »Barbier von Sevilla«. Bei diesem Anlaß kam die »Entrevue« wirklich zustande; nicht in Mörikes Wohnung in der Kanzleistraße, auch nicht im Hotel Marquardt, wo die Fremden wohnten, sondern im Haus Moritz Hartmanns. Mörike hatte anfänglich kuriose Bedingungen gestellt: er wolle nur hinter einer spanischen Wand verborgen dem Gesang zuhören. Die mußte Hartmann wohl seufzend aufstellen, aber: ».. . dem Mörike hat sie in meiner Gegenwart seine von ihr komponierten Lieder vorgesungen – und der alte Sonderling war ganz außer sich, lief auf und ab wie ein Besessener«. So Turgenjew. Und Mörike selbst, am 9. April 1865 an Fedor Löwe: »Frau Viardot hat mir neulich verschiedene meiner Lieder in eigener Komposition gesungen und mich damit, sowie durch den Vortrag einiger spanischer Sachen, vorzüglich aber auch durch ihre Persönlichkeit wahrhaft bezaubert«.

Diese Huldigung mußte dem alten Dichter mit List und Tücke dargeboten werden – am Ende hat er's genossen.

Nicht-Begegnungen

Begierig auf neue Gesichter ist er nie gewesen, auch als junger Mensch nicht. In Cleversulzbach hat er von der Nähe des weltoffenen Kernerhauses selten Gebrauch gemacht. Als Tieck in Weinsberg zu Besuch war, wollte Kerner die beiden zusammenbringen;

Mörike hat zugesagt, um sich am Tag darauf wegen Unpäßlichkeit zu entschuldigen.

In den langen Stuttgarter Jahren hat er sich um Fremde von Distinktion nicht im mindesten bemüht. Als Napoleon III. Stuttgart mit seinem Besuch beehrte, meinte Mörike, seinetwegen hätte er keine drei Schritte getan – nur seinen Eisenbahnzug hätte er gern gesehen. Auch Hans Christian Andersen hat er nicht getroffen, als der im Herbst 1860 seinen Verleger Hoffmann aufsuchte. Der Märchendichter wäre ihm auf der Straße aufgefallen, denn Mörike hatte einen Blick für seltsame Physiognomien, diese »lange, schlotterige, lemurenhaft-geknickte Gestalt mit einem ausnehmend hässlichen Gesicht« (so Hebbel, der unbarmherzig charakterisieren konnte).

Die auffälligste Nicht-Begegnung: Wilhelm Raabe, der von 1862 bis 1870 in Stuttgart gewohnt hat. Sie hatten gemeinsame Bekannte wie Notter und Klaiber. Gesehen, gesprochen haben sie sich nie. »Mörike ist wohl der einzige von den vielen interessanten, bedeutenden Männern jener Jahre in Stuttgart, mit dem ich nicht persönlich in Berührung gekommen bin. Er führte ein so hypochondrisch-zurückgezogenes Leben, daß wahrscheinlich nur älteste schwäbische Freunde in vertrautem Verkehr mit ihm waren. Aus der Fremdenkolonie weiß ich keinen...« So Raabes Vermutungen in einem Brief an den Mörike-Biographen Harry Maync. Die gegenseitige Nichtbeachtung war durchaus kein Zeichen von Nichtachtung. Raabe hat gewußt, wer Mörike war. Eine Arabeske: der Sängerin Garcia Viardot hat er ins Album geschrieben:

> Zierlich ist des Vogels Tritt im Schnee,
> Singt Professor Eduard Mörike,
> Schwarz auf weiß bezeugt dies Albumblatt,
> Daß ein Vogel es beschritten hat,
> Der mit zierlich aufgesetztem Fuß
> Scharrt der hohen Dame seinen Gruß.

Zu Beginn des Jahres 1875, Mörikes Todesjahr, haben sich zwei Franzosen in Stuttgart aufgehalten. Der eine, fast noch ein Jüngling, wohnte in der Marienstraße. Der andere, sein um zehn Jahre älterer Freund, eben aus dem Gefängnis entlassen, kam zu Besuch. In einer Vorfrühlingsnacht zogen sie miteinander betrunken durch die Anlagen hinunter zum Neckar, streitend und schreiend. Bei der Wilhelma haben sie sich die Köpfe blutig geschlagen – sie haben sich danach nie wieder gesehen. Mörike wohnte damals in der Moserstraße. Wenn er, von Schmerzen geplagt, wach gelegen hat, konnte er den Lärm von den nahen Anlagen herauf hören. Vielleicht hat er sogar gemerkt, daß die Streithähne französisch krähten. Nicht ahnen konnte er, daß es zwei Dichter waren, verflucht und begnadet: Paul Verlaine und Arthur Rimbaud.

AUSFLÜCHTE AUFS LAND

Die Unrast hat ihn in Stuttgart durch zehn Wohnungen getrieben. Man kann die Behauptung wagen: Seit dem Verlust des Ludwigsburger Elternhauses hat er keine »bleibende Statt« mehr gefunden. (Freilich: die ist nach dem Bibelwort keinem hienieden gegönnt, aber es gibt sie sehr wohl.)

Während seiner langen Stuttgarter Jahre hat er am ehesten Tage heiterer Ruhe gefunden, wenn er aufs Land geflohen war. Da ist die kurze Sommerreise in das winzige Schwarzwaldbad Röthenbach bei Nagold, die er mit seinem alten Freund Mährlen machte. Es gab damals Bäder, die während der ganzen Saison von einem oder zwei Dutzend Heilbedürftiger aufgesucht wurden. Ruhe, Waldluft, heilsamer Umgang mit Wasser und die Gesellschaft eines Freundes – da war ihm wohl. Er hat in der Zeit von knapp zwei Wochen die heitersten Briefe an seine Frau geschrieben. »Das ganze Bad besteht nur aus zwei Häusern und ist auf den allerbescheidensten Fuß eingerichtet, ganz bäurisch ... Wir zogen vor, nur Ein größeres Zimmer – auf dem Gang der Badstübchen – zusammen zu nehmen. Alles passabel bis auf die schweren Bettdecken. Unglaubliche Stille in diesem kurzen, verborgenen Talausläufer zwischen lauter Tannenwald. Kein Glockenschlag bei Nacht, kein Wächterruf. Badgäste außer uns bis dato zwei Personen.« Und das waren Bekannte. »Neustadter Andenkens«. Er nimmt Bäder »ohne Fichtennadeln, da diese erhitzen«. Mörike rühmt ausführlich die gute Verpflegung. Damit ihm nicht gänzlich wohl wird, ist der Schlaf nicht der beste in der »Muckenstube«; vergebens hatten die beiden älteren Herren eine Art Moskitonetz gebastelt.

Im Jahr danach, Spätsommer und Herbst 1863, hat sich Mörike in Bebenhausen aufgehalten. Die bedeutende, weitläufige Klosteranlage, unweit Tübingen in einem stillen Tal inmitten von Wäldern gelegen, ein Juwel noch heute, war als Refugium gut gewählt. Wieder einmal war es der immer hilfsbereite Karl Wolff, dem

Mörike das verdankte. Wolff besaß eines der Häuser vor der Klostermauer, Erbgut seines Schwiegervaters, des Naturwissenschaftlers Kielmeyer. Nebenbei gesagt, mußte derselbe Wolff seinen Freund von den Schulpflichten entbinden. Bei ihm waren die Schwester und die sechsjährige Marie.

In einem Brief an seine Frau die ersten Eindrücke: »Während ausgepackt wurde, ging ich dem leisen Rauschen eines Brünnleins nach. Einladender Steinsitz am Waschhaus. – An Ludwig Richter gedacht. – Erste Augen- und Seelenweide am Kloster, der Epheu bewachsenen Ringmauer . . . Endlich die Stiege hinauf. Wohltätiger Eindruck der Einfachheit in allen Zimmern, das natürliche Braun des Holzwerks an Türen und Gesimsen, Erinnerung daher an die Pfarrhäuser von Bernhausen und Cleversulzbach bis auf den Geruch hinaus.« Und vom Abend dieses ersten Tages: »Als wir nachher von der Wohnstube aus den vollen Mond so in aller Stille prächtig hinter dem Wald des Kirnbergs heraufsteigen sahen und von der anderen Seite wieder die Nachtgestalt des Klosterturms betrachteten – das Gilfen eines hungrigen Raubvogels, im Gegensatz zu dieser Ruhe, vermehrte das Gefühl erwünschter Einsamkeit – summierten wir das ganze Glück so eines Bebenhauser Tageslaufs.«

Aber einige Wochen später liest man in einem Brief an Hartlaubs: ». . . die wunderbar gemischte Stimmung . . . in welcher ich, zumal die erste Zeit, als wie in einer halb durchsichtigen Wolke eingewickelt stand. Mein stündlich lebhaft angeregtes Interesse an Allem, was mich hier umgibt, war überall und immer mit heimlichen Gesundheitssorgen und Grillen versetzt.« Die Freude an Natur und Kunst immer wieder verdüstert – »so daß Klara sagte, sie habe mich noch nie so verpelzt und verduselt gesehen . . .«

»Was bleibet aber« aus jenen Herbstwochen, ist der Zyklus: Bilder aus Bebenhausen:

1. KUNST UND NATUR

Heute dein einsames Tal durchstreifend, o trautestes
[Kloster,

Fand ich im Walde zunächst jenen verödeten Grund,
Dem du die mächtigen Quader verdankst und was dir zum
[Schmucke
Deines gegliederten Turms alles der Meister verliehn.
Ganz ein Gebild des fühlenden Geistes verleugnest du
[dennoch
Nimmer den Mutterschoß drüben am felsigen Hang.
Spielend ahmst du den schlanken Kristall und die rankende
[Pflanze
Nach und so manches Getier, das in den Klüften sich
[birgt.

2. BRUNNEN-KAPELLE AM KREUZGANG

Hier einst sah man die Scheiben gemalt, und Fenster an
[Fenster
Strahlte der dämmernde Raum, welcher ein Brünnlein
[umschloß,
Daß auf der tauenden Fläche die farbigen Lichter sich
[wiegten,
Zauberisch, wenn du wie heut, herbstliche Sonne,
[geglänzt.
Jetzo schattest du nur gleichgültig das steinerne
[Schmuckwerk
Ab am Boden, und längst füllt sich die Schale nicht mehr.
Aber du zeigst mir tröstlich im Garten ein blühendes Leben,
Das dein wonniger Strahl locket aus Moder und Schutt.

3. EBENDASELBST

Eulenspiegel am Kreuzgang, was? der verrufne Geselle
Als Gurtträger? Und wem hält er sein Spiegelchen vor?
Einem entrüsteten Mönch, der ganz umsonst sich ereifert;
Immer nur lachet der Schalk, weis't ihm die Eule und
[lacht.

4. Kapitelsaal

Wieder und wieder bestaun ich die Pracht der romanischen
                        [Halle,
Herrliche Bogen, auf kurzstämmige Säulen gestellt.
Rauh von Korn ist der Stein, doch nahm er willig die Zierde
Auch zu der Großheit auf, welche die Massen beseelt.
Nur ein düsteres Halblicht sendet der Tag durch die
                        [schmalen
Fenster herein und streift dort ein vergessenes Grab.
Rudolf dem Stifter, und ihr, Mechtildis, der frommen,
                        [vergönnte
Dankbar das Kloster, im Port seiner Geweihten zu ruhn.

5. Sommer-Refektorium

Sommerlich hell empfängt dich ein Saal; man glaubt sich in
                        [einem
Dom; doch ein heiterer Geist spricht im Erhabnen dich
                        [an.
Ha, wie entzückt aufsteiget das Aug im Flug mit den
                        [schlanken
Pfeilern! Der Palme vergleicht fast sich ihr luftiger Bau.
Denn vielstrahlig umher aus dem Büschel verlaufen die
                        [Rippen
Oben und knüpfen, geschweift, jenes unendliche Netz,
Dessen Felder phantastisch mit grünenden Ranken der
                        [Maler
Leicht ausfüllte; da lebt was nur im Walde sich nährt:
Frei in der Luft ein springender Eber, der Hirsch und das
                        [Eichhorn;
Habicht und Kauz und Fasan schaukeln sich auf dem
                        [Gezweig.
– Wenn, von der Jagd herkommend als Gast hier speiste der
                        [Pfalzgraf,
Sah er beim Becher mit Lust über sich sein Paradies.

6. Gang zwischen den Schlafzellen

Hundertfach wechseln die Formen des zierlich gemodelten
[Estrichs
    Auf dem Flur des Dorments, rötlich in Würfeln
[gebrannt:
Rebengewinde mit grüner Glasur und bläulichen Trauben,
    Täubchen dabei, paarweis, rings in die Ecken verteilt;
Auch dein gotisches Blatt, Chelidonium, dessen lebendig
    Wucherndes Muster noch heut draußen die Pfeiler
[begrünt;
Auch, in heraldischer Zeichnung, erscheint vielfältig die
[Lilie,
    Blume der Jungfrau, weiß schimmernd auf rötlichem
[Grund.
Alles mit Sinn und Geschmack, zur Bewunderung! aber
[auch alles
Fast in Trümmern, und nur seufzend verließ ich den Ort.

7. Stimme aus dem Glockenturm

Ich von den Schwestern allein bin gut katholisch geblieben;
    Dies bezeugt euch mein Ton, hoff ich, mein goldener,
[noch.
Zwar ich klinge so mit, weil ich muß, sooft man uns läutet,
    Aber ich denke mein Teil, wißt es, im stillen dabei.

8. Am Kirnberg

Hinter dem Bandhaus lang hin dehnt sich die Wiese nach
[Mittag,
    Längs dem hügligen Saum dieser bewaldeten Höhn,
Bis querüber ein mächtiger Damm sich wirft wie mit
[grünem
Sammet gedeckt: ehdem faßte das Becken den See,
    Welcher die Schwelle noch netzte des Pförtleins dort in der
[Mauer.

Wo am eisernen Ring spielte der wartende Kahn.
Sah ich doch jüngst in der Kirche das Heiligenbild mit dem
[Kloster
Hinten im Grund: tiefblau spiegelt der Weiher es ab.
Und auf dem Schifflein fahren in Ruh zwei Zisterzienser,
Weiß die Gewänder und schwarz, Angel und Reuse zur
[Hand.
Als wie ein Schattenspiel, so hell von Farben, so kindlich,
Lachte die Landschaft mich gleich und die Gruppe mich
[an.

9. AUS DEM LEBEN

Mädchen am Waschtrog, du blondhaariges, zeige die Arme
Nicht und die Schultern so bloß unter dem Fenster des
[Abts!
Der zwar sieht dich zum Glück nicht mehr, doch dem
[artigen Forstmann
Dort bei den Akten bereits störst du sein stilles Konzept.

10. NACHMITTAGS

Drei Uhr schlägt es im Kloster. Wie klar durch die
[schwülige Stille
Gleitet herüber zum Waldrande mit Beben der Schall,
Wo er lieblich zerfließt, in der Biene Gesumm sich
[mischend,
Das mich Ruhenden hier unter den Tannen umgibt.

11. VERZICHT

Bleistift nahmen wir mit und Zeichenpapier und das
[Reißbrett;
Aber wie schön ist der Tag! und wir verdürben ihn so?
Beinah dächt ich, wir ließen es gar, wir schaun und
[genießen!

Wenig verliert ihr, und nichts wahrlich verlieret die Kunst.
Hätt ich auch endlich mein Blatt vom Gasthaus an und der
                                                    [Kirche
  Bis zur Mühle herab fertig gekritzelt – was ists?
Hinter den licht durchbrochenen Turm, wer malt mir dies
                                                    [süße,
  Schimmernde Blau, und wer rundum das warme
                                                    [Gebirg? –
– Nein! wo ich künftig auch sei, fürwahr mit geschlossenen
                                                    [Augen
  Seh ich dies Ganze vor mir, wie es kein Bildchen uns gibt.

Diese Folge von Distichen ist größtenteils an Ort und Stelle
entstanden, angesichts der Gegenstände, was sich keineswegs von
selbst versteht. Die Bilder aus Bebenhausen sind das letzte, was der
Dichter, der noch zwölf Jahre zu leben hatte, an Bleibendem
geschaffen hat.

In seinem letzten Lebensjahr ist Mörike noch einmal nach
Bebenhausen zurückgekehrt. Noch einmal wirkte der alte Zauber. »Es ist halt einzig hier!« heißt es in einem Brief an Hemsen,
den er mitsamt dem Onkel (F. Th. Vischer) einlud. Er beherbergte
Gäste, darunter so liebenswürdige Gestalten wie Luise Walther
und Isolde Kurz. Die Erkrankung der Tochter Marie, das Mißvergnügen an der mitgebrachten Arbeit – Versuch einer Neugestal-
tung des *Maler Nolten, zweiter Teil* – dämpften die Stimmung. Es
war immer und überall dafür gesorgt, daß ihm nicht zu wohl
wurde.

Lorch war mehr als ein Sommeraufenthalt. Der freundliche Ort
im oberen Remstal, damals zur Stadt erhoben – ein Bauern-
Städtchen nennt Mörike es einmal treffend –, ist von 1867 bis 1869
sein zweiter Wohnsitz gewesen. Die Stuttgarter Wohnung wurde
beibehalten, Mörike blieb aber meistens in Lorch, während Gretchen und Klara ihn abwechselnd versorgten. Mörike hat sich in
Lorch »auf dem Land« gefühlt, hat es genossen, daß er in wenigen
Minuten in der freien Landschaft war. »Das Lorcher Klima tut uns

beiden sehr gut. Die ersten Wochen fühlte ich mich auffallend angegriffen und herunter, bis meine Frau auf den Gedanken kam, die hiesige Luft verlange mehr Nahrung, als ich von daheim gewohnt war. Drauf ging es gleich besser. Den größten Teil des Tags ist man im Freien, besonders auf den Höhen, auch im Garten« (im August 1867 an Wolff). Und weiterhin:

»Inzwischen wurde auch das Lorcher Kloster mehrmals besucht: der dicke (Römer?) Turm mit seiner Wendeltreppe, deren massive Spindel ein Mann bei Weitem nicht umklaftern könnte, bestiegen, die öden Mönchszellen durchgangen, die Kirche ohnehin. An der niedern Ringmauer gegen das Tal sind schmale liebliche Blumengärten. Da war ich wieder halb in Bebenhausen! Gewiß haben wir beide, Du dort und ich hier, während der letzten Tage ein und das andere Mal zur gleichen Stunde dasselbe milde Herbstgefühl in klösterlicher Umgebung genossen. Eins hättest Du mit ansehen sollen. Wir standen vor dem Klostertor, vierzig Schritt von der uralten Linde, und schauten in die Weite und ins Tal hinab, wo links nach Gmünd die Eisenbahn, mit einer schönen Krümmung um den Berg herum, verschwindet. Hinter unserem Rücken tanzten die Kinder auf dem Grasboden im Schatten der Linde. Als wir uns endlich nach ihnen umsahen, standen sie alle drei, mit der Magd, einem jungen singlustigen Ding aus Weinsberg, in dem hohlen Innern des riesigen Stamms, so daß man kaum etwas von ihnen sah, und sangen selbviert mit heller Stimme:

> O Lindenbaum, o Lindenbaum,
> Wie grün sind deine Blätter!«

Das milde Herbstgefühl ... Nach Stuttgart hat er sich in jener Zeit nur ungern bemüht. Das erwies sich im August 1868 als unumgänglich, zur Feier des 50jährigen Bestehens des Katharinenstifts. Da gab es eine ganze Reihe höfisch-bürgerlicher Festveranstaltungen, eine davon in dem unlängst errichteten Königsbau. Mörike war von dem Wirbel wenig begeistert, teilte keineswegs seines Freundes Wolff »große Geschäftigkeit und glückliche Aufregung«, vermerkte aber verdrießlich die geöffneten Fenster; der Durchzug verursacht ihm prompt geschwollene Mandeln und Kopfweh. In einem Brief an die Schwester berichtet er von den Festivitäten und seufzt über die Luftveränderung »von unserem guten Lorch und dieser ungesunden, stinkhaften, unprästirlichen Stadt«.

Eine Begegnung, von der noch nicht die Rede war, ist die mit Moritz von Schwind. Dieses Einanderfinden des Dichters und des kraftvollen, lebensfrohen Münchner Malers, einem Meister der Spätromantik, war freilich mehr als eine Begegnung; es ist in Mörikes Leben die zuletzt geschlossene Freundschaft gewesen. Von Lorch aus hat Mörike, ein mit zunehmendem Alter immer mehr gehemmter Briefschreiber, mit niemandem so lebhaft korrespondiert wie mit Schwind.

Den zufälligen Anstoß gab der in Tübingen wirkende Musikdirektor Scherzer, mit dem Mörike sich einmal über die Vertonung seines Gedichts »Erinna an Sappho« unterhalten hat. Scherzer meinte, Schwind sei der Mann, das Gedicht zur Veröffentlichung in der »Freya« mit einem Bild zu versehen. (So sehr der Gedanke an eine Vertonung dieses Gedichts einleuchtet, so wenig der an eine Illustration.) Mörike, dem Schwind ein Begriff war, hat gegen seine Natur die Initiative ergriffen und an Schwind geschrieben.

Der Maler antwortet so freundlich wie klug. »So gut es Gedichte gibt, denen man schaden würde, wenn man sie in Musik setzt, so gibt es Gedichte, die so fein sind, daß sich ein Maler sicherlich blamiert, wenn er meint, dergleichen Hauche von Empfindungen ließen sich sichtbar machen.« Und er deutet an, daß »Der sichere Mann« und »Erzengel Michaels Feder« eher geeignet seien. Schwind lädt ihn nach München ein, erinnert sich allerdings an einen anderen, bei dem er sich »halb tot gebettelt und ihn nicht vom Fleck rühren können und man sagt Ihnen auch nach, Sie seien über die Maßen ansässig«.

Seinerseits hat Schwind Mörike besucht, zweimal in Stuttgart, Herbst 1864 und Spätsommer 1866, und dann in Lorch, an einem frühwinterlichen Tag im November 1868. Mörike nach diesem Besuch an Hartlaub: »Mit Schwind war ich die kurze Zeit vergnügt zusammen, und Gretchen tat ihr Mögliches, ihn zu befriedigen. Er ist allerdings ein unruhiger Gast, der einen auch ziemlich in Atem erhält. In seinem Wesen liegt eine gewisse Gewalttätigkeit, vor welcher die meisten wohl scheu zurückweichen. Das Genialische an einem Menschen aber hab ich nicht leicht so wie bei ihm empfunden.« Mörike hat diesen Besuch in einer sorgfältig gestrichelten Zeichnung festgehalten. Schwind macht auf dem geräumigen Sofa in der sonst sehr einfachen Stube ein Schläfchen, das bald beendet sein wird, denn die Katze ist im Begriff, dem Schläfer auf den Bauch zu springen.

Mörike hat sich in den Briefen an Schwind mitgeteilt wie einem alten vertrauten Freund. »Es ist der alte schlimme Eigensinn meiner Natur, daß ich, wenn es nach Innen nicht glatt und aufgeräumt bei mir aussieht, gerade den Edelsten und Besten gegenüber, bei denen ich, sobald die Feder einmal in Bewegung ist, am meisten in Versuchung komme, von mir selbst und aus dem Tieferen heraus zu reden, am schwersten mich zu einer Mitteilung entschließen kann. Durch Klagen rührt man nur den Grund der Klage auf, den man sich immer gern verbirgt, um noch erträglich fort zu existieren. Grund dieser Unzufriedenheit ist aber wesentlich die mangelnde Gesundheit, die mich nichts Rechtes tun und treiben läßt, so lebhaft sich mitunter auch der Trieb zur Arbeit regt. Was für ein anderer Mann sind Sie dagegen! Was haben Sie nicht Alles inzwischen glücklich hinter sich gebracht!« Weiterhin kommt ein munterer Ton in diesen Brief. Er erzählt, wie er Bekanntschaft mit einem Hafnermeister geschlossen und einige Gefäße im halbfesten Zustand (lederhärt) erstanden habe, um sie mit Gravierungen zu verzieren:

> So alt ich bin, so bin ich doch
> Der Kunst noch nicht gar abgestorben;
> Was ich als Dichter nicht erworben,
> Verdien ich mir als Hafner noch.

In seinem Antwortbrief geht Schwind auch auf Mörikes Klagen über seine und seiner Frau Kränklichkeit ein. »Daß bei Ihrer guten Frau auch noch eine Nervenwirtschaft sich etabliert hat, ist noch vollends das Ärgste. Davon weiß ich auch ein Lied zu singen.« Und: »Wir arbeiten alle zu viel und haben zu wenig Freude. Da kommt das Ding her.«

Die bleibenden Zeugnisse dieser späten Freundschaft: Kraftvoll, dabei behutsam und einfühlsam, hat Schwind einige Mörike-Texte illustriert; ausführlich die Märchenerzählungen vom Sichern Mann und von der Schönen Lau. – Unerwartet stirbt Schwind am 8. Februar 1871. Im Herbst 1869 war Mörike nach Stuttgart zurückgekehrt.

AUS DEN LETZTEN JAHREN

Über Eduard Mörikes Altersjahren liegen tiefe Schatten, immer seltener von Abendsonnenblicken erhellt. Es ist natürlich, daß im Alter die körperlichen Beschwerden zunehmen, doch von diesem hochgradig neurotischen Menschen werden sie, ungeachtet aller Doktorei und Apothekerei, widerstandslos hingenommen und schmerzhaft ausgekostet; dazu das Bewußtsein der vorzeitig erlahmten Schaffenskraft. Die Unrast, die diesen in tiefster Seele ruhebedürftigen Mann schon früher umgetrieben hat, nimmt im Alter zu. Kaum nach Stuttgart zurückgekehrt, faßt er den Entschluß, sich in Nürtingen niederzulassen. Dort wohnt er erst an dem Neckarsteige, zieht um an den Marktplatz. Zurück dann nach Stuttgart, wo er innerhalb von vier Jahren drei Wohnungen hat: Reinsburgstraße 67; Forststraße 35; Moserstraße 22 (alle damals am Rande der Stadt). Dazwischen ein Versuch, noch einmal auf dem Land, in Fellbach, Ruhe zu finden; auch eine Heimkehr in die Kinderheimat, nach Ludwigsburg, ist einmal erwogen worden.

Wenn es auch selten an den notwendigsten Bequemlichkeiten gefehlt hat – im Grunde hat er in seinen Altersjahren unbehaust dahin gelebt. Diese äußeren Umstände sind das Spiegelbild seiner inneren Heimatlosigkeit. Seine Ehe ist ihm nach und nach versauert und verbittert. Es ist nicht die Aufgabe des Biographen, Schuld abzuwägen und zuzumessen, gewissermaßen den Scheidungsrichter zu spielen; er muß versuchen, der Wahrheit nahe zu kommen.

Wir wissen: Gretchen war eine schwierige Frau, zum Glücklichsein und Glücklichmachen wenig begabt, empfindsam und empfindlich, mit zunehmenden Jahren immer nervöser und leidend – Gesichtsrose, Magenkrämpfe . . .; von kirchlichen und bürgerlichen Konventionen beherrscht und demgemäß überaus pflichtbewußt. Sie paßte schlecht zu Eduard. Was sie mit ihm verband, war das Bewußtsein von seinem Genie (oder jedenfalls eine Ahnung davon) und die Erinnerung an einen poetisch verklärten Liebesfrühling, wie sie ihn mit einem anderen Mann nicht hätte erleben können; später die gemeinsame Sorge für die Kinder.

Konvention und Pflichtbewußtsein beherrschen auch ihre Briefe. Nur selten lassen sie tiefer blicken. Im Kapitel »Familienleben« wurde ein solcher Brief (zu Eduards 50. Geburtstag) zitiert, und hier sollen die Worte wiederholt werden: »und habt Geduld auch ferner, je weiter es mit mir herunter geht und ich Eure Geduld prüfe«. Man halte sich vor Augen, daß Gretchen sechsunddreißig Jahre war, als sie das schrieb, und daß ihre Kinder noch nicht geboren waren.

Fast immer hält sie sich in Zucht in ihren Briefen, findet für Anrede und Schluß muntere Worte: »Liebste Leute...« *Ein* Brief ist merk-würdig. Im Mai 1868 weilte Eduard, von Klara betreut, in Lorch; Gretchen hielt sich in der Stuttgarter Wohnung auf, Kanzleistraße 8. Dort erscheint ein namentlich nicht genannter Besucher und fragt nach Mörike. Gretchen teilt ihm mit, der sei in Lorch, wohnhaft im Haus Bühler. Der Fremde dankt und sagt, er werde mit dem 2 Uhr-Zug nach Lorch fahren und dort einige Tage bleiben. Sie schärft ihm ein, er dürfe weder morgens noch abends, allenfalls nachmittags vorsprechen. Der Brief, den sie sofort danach geschrieben hat, zeugt von einem ganz unsinnigen schlechten Gewissen, so als sei es ihre heilige Pflicht, ihrem ruhebedürftigen Mann jeglichen Besuch vom Leib zu halten. Sie entschuldigt sich im Bewußtsein, daß ihr Brief später ankommt als der Besucher, jedoch »ein schwacher Trost wäre, diese meine Entschuldigung und Erklärung niedergeschrieben zu haben, zu Euerer nachträglichen Versöhnung mit mir... nun ist es ½2 Uhr und Ihr ahnt nicht was Euch naht.« Es folgen weitere Entschuldigungen und Beteuerungen. Und das wegen der Visite eines Menschen, den sie als freundlich und fast schüchtern schildert... zum Bild einer herrschsüchtigen Frau will dieser Brief schlecht passen; und doch konnte sie die Familie tyrannisieren.

Der eigentliche Konflikt wurde nicht zwischen den Gatten, nicht mit dem grämlichen, ruhebedürftigen Mann ausgetragen. Unfrieden hat mehr und mehr das Verhältnis zwischen den Schwägerinnen durchsäuert, wobei Klara sich an Hartlaubs anlehnte.

Selbst wenn sich Eduard seiner selbst sicherer gefühlt hätte in diesem Konflikt, wäre ihm eine Parteinahme so schwer gefallen wie die Friedensstiftung. Ohnmächtig, ungeschützt hat er unter dem Unfrieden gelitten. »Perturbatio domestica« (häuslicher Wirrwarr) schreibt er still für sich ins Tagebuch. Und als Klara einmal einen brieflichen Versöhnungsversuch unternimmt – nicht eben überzeugend, da sie mit Vorwürfen nicht spart und konstatiert »daß jeder Funke von Liebe zu mir in Dir erloschen ist« –, setzt der arme Mann darunter: »Es grüßt Dich von ganzem Herzen Dein treuer Ed., der nur mit Friedensgedanken an Dich denkt!«.

Ein zuverlässiges Zeugnis aus der letzten Phase von Mörikes ehelichem Zusammenleben sind die Erinnerungen von Friedrich Walther, dessen Eltern zum engsten Kreis um den alten Dichter gehört haben. Als Elf-, Zwölfjähriger hat er seine Beobachtungen gemacht:

»Wie viele Nachmittage habe ich in der damaligen Wohnung Mörikes in der Reinsburgstraße zugebracht! Und ich entsinne mich genau des Eindruckes, den Gretchen auf mich machte. Während die Geschwister mit meinen Eltern in ruhigem Gespräch zusammensaßen und Mörike mit dem feinsinnigen Humor, den er, der gegen Fremde oft so Scheue und Verschlossene, in vertrautem Kreise entwickelte, unermüdlich erzählte, ging Gretchen rastlos aus und ein. Die Türen flogen geräuschvoll auf und zu; sie hatte auch in der Freundlichkeit gegenüber uns Kindern immer einen hastigen, leidenschaftlichen Zug, der unwillkürlich Unbehagen weckte. Daß dieses Wesen, das sich mit den Jahren gesteigert haben mochte, für eine so sensible, nach behaglicher Muße verlangende Natur wie die des Dichters eine fortgesetzte Geduldsprobe war, ist leicht zu denken. Um des Friedens willen ließ er sich von seiner Frau geradezu tyrannisieren. Wie oft hat sie ihm Hut und Stock wieder aus der Hand genommen, wenn er sich zu einem Ausgang gerüstet hatte! Und er blieb dann geduldig zu Hause! Es gab damals auch hin und wieder leidenschaftliche Ausbrüche. So hatten meine Eltern einst die ganze Familie auf den Abend eingeladen. Vormittags kam Klärchen und sagte: Gretchen würde wohl nicht kommen, aber Eduard würde sich mit Fanny

287

einfinden. Zur bestimmten Stunde aber kam die 16jährige Fanny allein und bestellte: der Vater habe ›nicht kommen dürfen‹. Man erfuhr später, daß Gretchen sich in plötzlich ausbrechender Leidenschaftlichkeit quer über die Türschwelle gelegt und dadurch den ihr aus irgendwelchen Gründen unliebsamen Besuch verhindert hatte.«

Die Töchter, ungleich in ihrem Äußeren wie in ihrem Wesen, haben im Zerfall der elterlichen Ehe Partei ergriffen. Fanny, ein kräftiges Mädchen, hielt zur Mutter, obwohl sie von ihr durchaus nicht als bevorzugter Liebling erzogen worden war. Marie war zart und kränklich. Ihr feines Gesicht spiegelt sowohl die Züge des Vaters wie die der Mutter. Sie ist jung, ein Jahr nach ihrem Vater, gestorben. Zu ihm hat sie in der Zeit der Trennung gehalten.

Fanny hat sich im Sommer 1873 verlobt. Für einen Moment hatte es den Anschein, als ob dieses Ereignis die zerfallene Familie wieder zusammenführen sollte. Man hatte in Lorch mit einer Familie Durand aus Königsberg Bekanntschaft geschlossen: der Neffe Friedrich und Fanny hatten Gefallen aneinander gefunden – nun kam es zur Verlobung, die, gar nicht im Sinne des Brautvaters, sofort publik gemacht wurde; zahlreiche Gratulanten rückten an. »Wir alle wandeln eigentlich nur so wie im Traume . . . Welch ein munteres Leben ist jetzt im Hause! . . . Wie ist alles so verändert als wie mit einem Zauberschlag –« So Klara, einen Tag nach der Verlobung, an Hartlaubs. Und postwendend antwortet Konstanze: »Wir waren alle in einem ganzen Aufruhr von Freude . . .« Diese mit Jubelrufen begleitete Verlobung ist nach einiger Zeit wegen mangelnden Interesses des stud. chem. Durand auseinandergegangen. Fanny hat später Georg Hildebrand, einen entfernten Vetter, geheiratet.

Nach dem Verlobungswirbel reist Mörike, von Klara und Marie begleitet, zu Hartlaubs. Gretchens momentane Wiederannäherung an Eduard und Klara sollte ein jähes Ende nehmen. Als der Aufenthalt in Stöckenburg (Hartlaubs Amts- und Wohnsitz) nicht die erhoffte Erholung beschert, beschließen die Geschwister, eine Zeit in Fellbach, nahe Stuttgart, aber in ländlicher Ruhe, zu verbringen. Sie teilen ihre Absicht Gretchen mit. Ob das nun mißverstanden wurde – als eine endgültige Trennungsabsicht – oder ob dieser Brief für Gretchen nur der Tropfen war, der ein Faß voll Tränen und Galle zum Überlaufen brachte – die Frau betrachtet es wie eine faktische Scheidung; und als Klara kommt, um das Nötige für den Landaufenthalt zu richten, findet sie einige ihrer Möbel in den Hausgang gestellt und die Glastür versperrt. Auch der zum Parlamentieren herbeigerufenen Luise Walther wird die Tür nur einen Spalt geöffnet und dann zugeschlagen. Unzulänglich eingerichtet und in Geldverlegenheit (die Finanzen waren immer Gretchens Ressort gewesen), verbringt Eduard mit Klara und der sechzehnjährigen Marie ein paar Monate in dem gemieteten Fellbacher Landhaus, bis die Kälte die drei in die nahe Stadt zurücktreibt. Man richtet sich in der Forststraße in einer ärmlichen Wohnung ein, während Gretchen mit Fanny in der Reinsburgstraße bleibt, bis sie fortzieht, zurück nach Mergentheim.

Aus häuslichen Verdrießlichkeiten konnte Mörike, zeitlebens ein engagierter Zeitungsleser, sich jedenfalls hinter sein Zeitungsblatt zurückziehen. An aufregenden Nachrichten hat es nicht gefehlt. Drei deutsche Kriege sind in jenen Jahren geführt worden: 1864 der österreichisch-preußische Krieg gegen Dänemark; 1866 der preußische Krieg gegen Österreich und die meisten deutschen Staaten; 1870/71 der deutsche Krieg unter Preußens Führung gegen Frankreich. – Von 1864 und 1866 sind nur wenige Zeugnisse seiner Anteilnahme erhalten. Während des Dänenkriegs wird er an Storm gedacht und mit ihm gefühlt haben; in der lockeren Korrespondenz zwischen den beiden befindet sich aber kein Brief aus jenem Jahr. Der sogenannte Bruderkrieg von 1866 streifte bekannte Gegenden. Am 24. Juli lieferte die württembergische Felddivision bei Tauberbischofsheim den Preußen ein so unnützes wie blutiges Gefecht. Am Tag darauf wimmelte Mergentheim von preußischen Truppen. Mörike hat die Kriegsereignisse in seinen Kalender notiert. Seine Lektüre in diesen Sommerwochen war ganz auf Politica gerichtet.

Unvergleichlich stärker hat der Krieg 1870 in jedermanns Leben hineingewirkt. In den Tagen, in denen sich der Kriegsausbruch zusammenbraut, liest Mörike eine Napoleon-Biographie und Caesars *De bello Gallico*. Während des Krieges notiert er die Siegesmeldungen in seinen Kalender, auch Schreckensbotschaften, die sich hernach als falsch erweisen; wobei er einmal eine Bemerkung Caesars über die Leichtgläubigkeit der Gallier zitiert. Im Freundeskreis engagiert man sich in patriotischen Aktivitäten – Mährlen, Notter, ganz besonders Vischer; Auerbach ist Kriegsberichterstatter für die *Allgemeine Zeitung*. Mörike hätte sich schwerlich in Dienst gestellt, auch wenn er in Stuttgart gewohnt hätte zu der Zeit und nicht in dem abgelegenen Nürtingen.

Zweifellos haben die Kriegsereignisse auch ihn stark bewegt; widersprüchlich. Eine poetische Epistel an den Ephorus Metzger in Schöntal endet:

Grüße auch den alten Götz!
(Ob diesem nicht bei Weißenburg und Wörth im Geist
Die Eisenfaust vor Lust erzittert haben mag?)

Aber nach dem Sieg bei Sedan und der Gefangennahme des Franzosenkaisers (für den er keine Spur von Sympathie besaß) schreibt er an Hartlaub: »Soeben, kurz vor Mittag, trifft hier die Nachricht von Mac-Mahons und Napoleons Gefangennahme ein. Noch habe ich kaum das Herz, daran zu glauben. O mein Bruder Frankreich, mein Bruder Frankreich . . .!«

Mährlens Sohn ist bei Champigny gefallen. Es war dies die einzige schwere Schlacht, die das württembergische Kontingent anno siebzig zu bestehen hatte – die Abwehr eines Ausbruchsversuchs aus dem Belagerungsring um Paris. In dem Brief, den Mörike danach an den Vater geschrieben hat, steht kein Wort vom Heldentod oder dem Tod fürs Vaterland, wohl aber vom gewaltsamen Ende und vom Gefühl des Grausamen. Der Trost: »Da wir mit gutem Grund an die persönliche Fortdauer glauben, wie haben wir uns den jetzigen Zustand des Abgeschiedenen zu denken? Doch ohne Zweifel weit entfernt von Allem, was Leiden oder Kummer heißt. Er lebt und wirkt in glücklicher, erhöhter Geistestätigkeit, auf dem Schauplatz einer neuen Natur in freier Gemeinschaft mit vielen gleichartigen Geistern. Wie unbedeutend, als ein verschwindend kleiner Punkt, mag jetzt nicht in seiner Erinnerung der Augenblick jenes Übergangs stehen, dessen Bild uns noch stündlich verfolgen will!« Mährlen hat den Tod seines Jungen nur wenige Monate überlebt.

Aus dem Kreis um Mörike hat sich niemand so vom Strom der Zeit treiben lassen wie Vischer, dieser geistvolle, kritische Kopf. Als »Schartenmayer« hat er die Kriegsereignisse in Bänkelsänger-manier besungen, aus der Sicht eines am Stammtisch die Extra-blattnachrichten auskostenden Spießbürgers, in hunderten von Knittelversen wie

> Unter fürchterlichem Schnaufen
> Sieht man die Franzosen laufen
> Teils nach Bitsch, teils nach dem Wald
> Ohne allen Aufenthalt.

An Vischer mag Mörike gedacht haben, als er »In Gedanken an unsere deutschen Krieger« den Vers geschrieben hat:

> Bei euren Taten, euren Siegen
> Wortlos, beschämt hat mein Gesang geschwiegen,
> Und manche, die mich darum schalten,
> Hätten auch besser den Mund gehalten.

Er hat noch knapp zwei Jahre gelebt, nachdem seine Frau die Tür zugeschlagen hatte. Fellbach – Forststraße – Moserstraße sind die letzten Stationen gewesen. In einer Hinsicht hat er nun seine Ruhe gehabt – perturbatio domestica gab es nicht mehr. Aber er war zu siech, um das zu genießen, die äußeren Umstände waren zu unerfreulich, um ein mildes Herbstgefühl (ein Wort aus guten Lorcher Tagen) aufkommen zu lassen.

»Ach, Bester, daß ich Ihnen aus der Verbannung schreiben muß!« – so im Herbst 1873 aus Fellbach an Hemsen. Gleichfalls in jenen Herbstwochen zieht er in einem Brief an Franz Walther, der ihn auch in Rechtsfragen beraten hat, die Summe aus seiner Misere: »Durch dreierlei hat Gretchen das Übel bis dahin ge-bracht, wo wir nun endlich stehen.

Fürs erste, daß sie von Anfang an alle und jede Schuld von sich ablehnte, – nichts, was zum Frieden dienen konnte, von ihrer Seite versprach.

Sodann, daß sie meine Erklärung: ›wir müssen uns auf eine Zeitlang trennen‹, statt sie nach ihrem braven, noch immer liebevollen Sinn zu nehmen, nicht anerkennen wollte, sondern, sich überstürzend, gleich auf das Äußerste ging, das ich ausdrücklich zu vermeiden suchte.

Und endlich, daß sie, dieser falschen Auffassung zufolge, unsre Sache nach allen Seiten hin, ohne Unterschied der Personen, mit Klagen und Verklagen preisgegeben hat.«

Als im Spätherbst der Aufenthalt in Fellbach unerträglich wird, bittet er bei Walthers um Herberge als »der traurigste aller Landfahrer«.

Er hat sich in Stuttgart, in seiner vorletzten und seiner allerletzten Wohnung, nicht mehr eingewöhnt. Der *Maler Nolten* hat den Dichter noch einmal monatelang beschäftigt. Er hat eine Neufassung des Romans, zweiter Teil, versucht; hat auch daraus vorgelesen, bei Walthers, eines Tages im Hause Notter, vor einem vertrauten Kreis; darunter befand sich ein altes Fräulein, das er vor dreißig Jahren gern geheiratet hätte: Friederike Faber. Seltsames Wiedersehen!

Die besten Tage seiner letzten Zeit hat er wiederum auf dem Land verlebt. Im Mai 1874 hält er sich eine Weile im Schloß zu Mönsheim auf, als Gast der Baronin Pfull-Rieppur, einer geborenen Mörike. Zunächst zwingt ihn ein Anfall von Rheumatismus ins Bett. Nach Tagen: »Heut machte ich bei lindem Sonnenschein, wohl eingehüllt, den ersten Gang ins Freie, durch den Garten und in den anstoßenden Buchenwald. Die Amseln sangen und der Guguk rief nach Herzenslust. Ich fühle mich, obgleich ein wenig angegriffen, doch ziemlich wieder wie ein ordentlicher Mensch, in Stiefeln!« (An Luise Walther). – Wenig später noch einmal für einige Wochen nach Bebenhausen: »Es ist halt einzig hier!«

Eine Momentaufnahme aus seinen letzten Lebensmonaten: Ein gewisser Robert Waldmüller, ein Schriftsteller, der sich um den alten Dichter durch Zuwendung einer Ehrengabe verdient gemacht hatte, kam im Winter 1874/75 nach Stuttgart, bemüht, Mörike kennenzulernen; mußte freilich hören, daß er ganz zurückgezogen lebe. Er meldete sich dennoch an, legte sein neuestes Buch dazu.

»Vierzehn Tage verstrichen, ohne daß ich von dem Einsiedler ein Lebenszeichen erhielt . . . Da, es war am 27. Febr. v.J. [1875], klopfte es an meine Thür und herein trat ein ältlicher, bedächtiger, aber noch nicht gebrechlicher Mann im dunklen Ueberrock, in der Hand einen schon bequem gewordenen schwarzen Cylinderhut und ein feines Stöckchen, dessen Griff ein metallenes Thierbild darstellte. Er hatte blondgraues, lockiges Haar und ein rundliches, würdiges Gesicht, dessen Ausdruck gedrückt und sorgenvoll war, aber doch die Neigung zum Heitern und Schelmischen durchschimmern ließ. Seine Augen standen sehr nahe zusammen. Er trug eine altmodische goldene Brille. Aber eigentlich trat er nicht ein, sondern sträubte sich, indem er unter Hinweis auf seine Stiefel nur immer ›Ja, ja, aber Stugart, Stugart!‹ wiederholte, sehr richtig damit den bekannten, unerhörten, breiartigen Zustand, in welchen jedes Regenwetter die Straßen Stuttgarts versetzt, als Hinderniß seines Eintretens bezeichnend.

Endlich stand er aber doch im Zimmer und vermeldete nun, freudlosen Tons, während er Hut und Stock aus den Händen legte, auf höfliches Befragen: er sei ›Professor Mörike‹. Natürlich wurde ihm der herzlichste Willkommen, und nachdem er mit sorgenvoller Miene seinen Shawl etwas gelockert und die günstige freie Aussicht, welche das Zimmer bot, sowie den Hyazinthenflor in den Fenstern belobt hatte, suchte er sich einen gegen Augenblendung möglichst geschützten Sitz aus, zog dann aus seiner Brusttasche mein Büchlein Walpra hervor und begann nach einigen allgemeinen Bemerkungen über die Form und die in dem Gedichte geschilderte Begebenheit selbst ohne Weiteres einige Stellen mit mir durchzugehen. ›Ich pflege‹, sagte er, ›was mir besonders gefällt oder was ich erst noch näher überdenken, auch wohl anfechten möchte, mit dem Fingernagel anzumerken. Hier find’ ich gleich zwei solcher Stellen.‹ Und er las sie mit allerlei feinsinnigen Zwischenbemerkungen in feierlichem Tone vor.«

Das dürfte einer der letzten Ausgänge gewesen sein, die Mörike in den Straßen Stuttgarts gemacht hat.

Mehr Unruhe als brüderliche Erwärmung brachte das Auftauchen des Bruders Adolf. Er erschien in Stuttgart, nachdem die Klavierfabrik Breitkopf & Härtel in Leipzig, in deren Dienst der durch die Welt getriebene Mann zur Ruhe gekommen war, hatte schließen müssen. Er kommt wiederholt, verabschiedet sich dann für immer, um vier Wochen später erneut zu erscheinen. Dann gelingt ihm die Anstellung bei Blüthner, wieder in Leipzig; ein Jahr später ist er in Dresden tätig. Seine Frau verunglückt tödlich; Eduard hört davon im März 1875. Bald darauf sucht Adolf den Tod im Gardasee. Hat Eduard Mörike auf seinem Sterbelager noch davon gehört? Man weiß es nicht.

Kümmerlich, nur in der Gesellschaft der Schwester und der kränklichen Tochter Marie, war Mörikes 70. Geburtstag vorübergegangen. Er war schon im Bett, als plötzlich ein voller Harfenakkord erklang. »Wo ist die Musik?« rief der Alte aus dem Schlafzimmer. Aber Klara (merkwürdigerweise hatte auch sie die Töne vernommen) suchte vergeblich. Da sagte er: »Es bedeutet mich! Das ist mein letzter Geburtstag.«

Einige Wochen zuvor hatte er auf einem Abendspaziergang alte vertraute Stätten in Ruinen liegen sehen. Walthers frühere Wohnung, in der er frohe Stunden erlebt hatte, stand verödet: »Die Haustüre hing klaffend, wie nur halb noch in den Angeln.« Das Haus, in dem er als Gymnasiast gewohnt hatte: »Ganz im Zerfall fand ich am gleichen Abend das Georgiische Haus, die Galerie auf dem Erker, wo mein Stübchen war, schon abgebrochen.«

Sein Leben liegt hinter ihm. Seit Anfang Mai ist er in dem Bett, aus dem erst der Tod ihn erlösen soll. »Wie Reisach zerbrochen, zerkracht lieg ich da – gekrümmt, zerschellt.« Die Schwester umsorgt ihn, empfängt die Besucher, die teilnehmend und neugierig vorsprechen. Dr. Fetzer kommt häufig – Salzbäder, Jodbehandlung, zuletzt nur noch die Morphiumspritzen. Am 21. Mai kommt Gretchen. Sie schreibt am Tag darauf nach Mergentheim: »Das erste Wort bei der Begrüßung war meine Frage nach Eduard; da hieß es: heute sei er ordentlich, aber doch recht schwach.

Fremd, über alle Maßen fremd, kam ich mir vor; ich blieb eben stehen, wo ich stand – Klara ging hinüber, um dem Kranken zu sagen, daß ich nun da sei; dreimal sah sie nach, bis sie sagte: ›so jetzt komm, jetzt wacht er grad wieder, sonst schläft er wieder ein‹ – sie gingen alle mit hinüber – schon vom dritten Zimmer aus alterierte ich mich sehr an seinem kranken Aussehen! Als ich vor ihm stand, schaute er mich so ernst und müd, ja regungslos und gleichgültig an, als wisse er gar nicht, was eigentlich sei, doch gab er mir gleich darauf eine Hand und einen Kuß und sagte matt: ›so, es ist recht, daß du da bist‹. Dann sprach er nichts mehr und schloß seine Augen . . .«

Eine Versöhnung kann man dieses Wiedersehen kaum nennen. Im Lauf der Tage glimmen freundliche Momente auf. »Gute Alte« hat er wohl einmal gesagt. Am Morgen des 24. Mai trifft Hartlaub ein, der nächste Freund und einer der letzten aus alter Zeit. Er sieht durch den Türspalt das eingefallene, farblose Gesicht des Kranken. »Um 3 Uhr bereitete man ihn vor; bald darauf verlangte er es, daß man mich zu ihm führe. Er begrüßte mich aufs herzlichste, sein Gespräch war außerordentlich ruhig, doch mühsam und beschränkte sich auf Äußeres. Lange durfte ich nicht bei ihm bleiben . . .« (Hartlaub an seine Frau).

Tag und Nacht sind dem Sterbenden kaum noch unterschieden. Draußen war Mai:

Primel und Stern und Syringe, von einsamer Kerze beleuchtet,
Hier im Glase wie fremd blickt ihr, wie feenhaft her!

Wurde er einmal an diesen Vers erinnert? Dachte er an seine Gedichte? Einmal läßt er sich den Gedichtband geben; fragt die Schwester: »Es steht doch nichts Frivoles drin?« Diese scheinbar kleinmütige Frage könnte ein Zeichen sein, daß er mit seinen Gedanken bei einer geliebten Toten war, der Schwester Luise. – »Es gibt ein kleines Sinngedicht vom guten alten Logau, das gehörte recht eigentlich hieher. Ich hab es einmal meiner Schwester Luise gesagt, und sie hatte eine innige Freude darüber:

Ob Sterben grausam ist, so bild ich mir doch ein,
Dass Lieblichers nicht ist, als schon gestorben sein.«

Das steht in einem Brief, den er als Vikar aus Ochsenwang an
Luise Rau geschrieben hat; Leichengeläut vom Nachbarort herüber hatte ihm diesen Gedanken aufgeweckt. Mörike hat sein
Leben lang, schon vom Gesangbuch her, ein inniges Verhältnis zu
den Barock-Dichtern gehabt; und die standen mit dem Tod auf
vertrautem Fuß.

Nichts Lieblichers, als gestorben sein – aus Trauerbriefen, die
Mörike geschrieben hat, wissen wir, daß das Fortleben nach dem
Tode für ihn »eine ausgemachte natürliche Sache« gewesen ist,
nicht im Sinne des dogmatisch begründeten und von Pfaffen
schändlich mißbrauchten Bildes von Himmel und Hölle, sondern
von »glücklicher, erhöhter Geistestätigkeit, auf dem Schauplatz
einer neuen Natur«. Das Bewußtsein der Todesnähe hat Mörike
durch sein Leben begleitet. Nun kam Er zu ihm. Immer wieder
narkotisch betäubt, widerstandslos ließ er ihn an sich herankom-
men. Am 4. Juni 1875 schreibt Klara an Hartlaubs: »Diesen Morgen verschied sanft, fast unmerklich aber nach qualvollen Schmerzen, die die ganze Nacht anhielten, unser geliebter Eduard.«

Die Beerdigung war zwei Tage später, nachmittags bei frühsom-
merlicher Hitze, auf dem neu angelegten, noch ziemlich kahlen
Pragfriedhof. Die Trauergemeinde war nicht zahlreich, es wurden
geziemende Worte gesprochen, hauptsächlich von Vischer. Ihm
hat bald darauf Gottfried Keller geschrieben: »Wenn sein Tod nun
seine Werke nicht unter die Leute bringt, so ist ihnen nicht zu
helfen, nämlich den Leuten!« Zwanzig Jahre danach hat sich der
alte Fontane eine Liste angelegt »Was soll ich lesen?« Darin steht:
Mörike, alles.

LEBENSDATEN

8. 9. 1804	In Ludwigsburg geboren
1812–1817	Lateinschule Ludwigsburg
22. 9. 1817	Tod des Vaters
danach	Aufnahme im Haus Georgii in Stuttgart, Besuch des Gymnasiums
Herbst 1818	Eintritt ins Niedere theologische Seminar Urach
Herbst 1822	Ins Stift und an die Universität Tübingen
Osterferien 1823	Erste Bekanntschaft mit Maria Meyer (Peregrina)
19. 8. 1824	Tod des Bruders August
Herbst 1826	Abschlußexamen
Dezember 1826	Vikar in Möhringen
31. 3. 1827	Tod der Schwester Luise
Dezember 1827 bis Februar 1829	Vom Kirchendienst beurlaubt
Februar 1829	Vikar in Pflummern
Mai 1829	Vikar in Plattenhardt
14. 8. 1829	Verlobung mit Luise Rau
Ende 1829 bis April 1831	Vikar in Owen
Januar 1832 bis Herbst 1833	Pfarrverweser in Ochsenwang
November 1833	Verlöbnis gelöst
Mai 1834	Anstellung als Pfarrer in Cleversulzbach
Juli 1834	Dienstantritt dort
26. 4. 1841	Tod der Mutter
Juli 1843	Pensionierung
September 1843	Abzug aus Cleversulzbach
Herbst 1843 bis Frühjahr 1844	bei Hartlaubs in Wermutshausen
Frühjahr bis Herbst 1844	in Hall

November 1844	Übersiedlung nach Mergentheim
Frühjahr 1845	Bekanntschaft mit Gretchen Speeth
Sommer 1851	nach Stuttgart auf der Suche nach einer Anstellung
Oktober 1851	Erste Literaturstunde am Katharinenstift
November 1851	Heirat. Endgültiger Umzug nach Stuttgart
21. 4. 1855	Tochter Fanny geboren
28. 1. 1857	Tochter Marie geboren
November 1866	Beendigung der Tätigkeit am Katharinenstift
Juni 1867	Übersiedlung aufs Land (Lorch)
Herbst 1869	Rückkehr nach Stuttgart
Januar 1870	Umzug nach Nürtingen
Spätsommer 1873	Trennung der Ehegatten
Sommer 1874	Letzte Erholung auf dem Land (Bebenhausen)
4. 6. 1875	Tod.

DANK DES VERFASSERS

Dem Deutschen Literaturarchiv in Marbach bin ich zu großem
Dank verpflichtet, besonders dem Leiter des Mörike-Archivs,
Herrn Dr. Hans-Ulrich Simon, der mir jederzeit aus seinem
umfassenden Wissen Auskunft gab; die von ihm erstellte Mörike-
Chronik bietet unerschöpfliche Information in mustergültiger
Klarheit. Jegliche Unterstützung habe ich auch bei der Württem-
bergischen Landesbibliothek und bei den Stadtgeschichtlichen
Sammlungen, Stuttgart, gefunden, desgleichen bei der Leiterin des
Katharinenstifts, Frau Studiendirektorin Büchel. Ein herzlicher
Dank gebührt Frau Roswitha Klaiber, Esslingen, für ihre Beurteilung der Handschrift von Mörikes Frau. Besonderen Dank schulde
ich Herrn Prof. Dr. Ernst Klett für weise freundschaftliche Ratschläge.

LITERATURNACHWEIS

Mörike, Eduard: Sämtliche Werke. Herausgegeben von Herbert G. Göpfert, mit einem Nachwort von Georg Britting. Hanser, München 1954
Mörike, Eduard: Werke und Briefe. Historisch-kritische Gesamtausgabe in 15 Bänden. Herausgegeben von Hans H. Krummacher/ Herbert Meyer/ Bernhard Zeller. Klett-Cotta, Stuttgart (die bisher erschienenen Bände)
Simon, Hans U., *Mörike-Chronik*, Stuttgart 1981
Zeller, Bernhard, u. a., *Katalog der Gedenkausstellung zum 100. Todestag in Marbach*, Stuttgart 1975
Mörike, Eduard: Briefe (Hg. Seebaß, Friedrich), Tübingen o. J.
Mörike, Eduard: Unveröffentlichte Briefe (Hg. Seebaß, Friedrich), Stuttgart 1945
Eduard Mörike und seine Freunde (Sammlung Dr. F. Kaufmann), Stuttgart 1965

Eduard Mörike (Hg. Doerksen, Victor G.), Darmstadt 1975
Fritz, Walter Helmut, *Mörikes Nähe*, in: Jahrbuch Deutsche Schiller-Gesellschaft, XIX 1975
Goes, Albrecht, *Mörike*, Stuttgart 1938
Goes, Albrecht, *Mörike oder die Zwiesprache,* in: Jahrbuch Deutsche Schiller-Gesellschaft, XIX 1975
Koschlig, Manfred, *Mörike in seiner Welt*, Stuttgart 1954
Lahnstein, Peter, *Eduard Mörike,* in: *Bürger und Poet,* Stuttgart 1966
Lahnstein, Peter, *Mörikes Umwelt,* in: *Schwäbische Silhouetten,* Stuttgart 1962
Lahnstein, Peter, *Eduard Mörike, Jahreszeiten,* Stuttgart 1974
Maync, Harry, *Eduard Mörike,* Stuttgart 1944
Meyer, Herbert, *Eduard Mörike,* Stuttgart 1950
Meyer, Herbert, *Eduard Mörike,* Stuttgart 1961
Prawer, Siegbert Salomon, *Mörike und seine Leser,* Stuttgart 1960
Storz, Gerhard, *Eduard Mörike,* Stuttgart 1967
Wiese, Benno von, *Eduard Mörike,* München 1978

Bauer, L. A., *Briefe an Eduard Mörike* (Hg. Zeller, Bernhard/Simon, Hans U.), Marbach 1976
Camerer, Wilhelm, *Eduard Mörike und Klara Neuffer,* Marbach 1908
Christiansen, A., *Abkehr vom einsamen Gedicht,* StZ 11. 5. 74
Corrodi, Paul, *Das Urbild von Mörikes Peregrina,* Kirchheim/Teck 1976
Daiber, Hans, *Aus dem Haushaltungsbuch eines Poeten,* StZ 18. 4. 70
Goes, Albrecht, *Denk es, o Seele,* StZ 24. 11. 56
Hock, E. T., *Mörikes russische Bewunderer,* StZ 27. 3. 65

Holthusen, Hans Egon, *Mörike und die politischen Köpfe*, NZZ 30. 8. 70
Koschlig, Manfred, *Unbekannte Bildnisse Mörikes und seiner Freunde*, in: Jahrbuch der Deutschen Schillergesellschaft, X 1966
Koschlig, Manfred, *Mörikes barocker Grundton*, ZWL 1975/76
Koschlig, Manfred, *Der andere Mörike*, StZ 18. 2. 67
Koschlig-Wiem, I., *Bilder aus dem alten Katharinenstift*, Sonderdruck o.J.
Lahnstein, Peter, *Gewitterseeligkeit*, StZ 25. 6. 55
Lahnstein, Peter, *Mörike und die Zeitläufte*, StZ 14. 7. 62
Langewiesche, Marianne, *Reise nach Cleversulzbach*, FAZ 18. 2. 69
Menck, Clara, *Geschrieben – für früher oder später*, FAZ 3. 4. 75
Müller, E., *David Friedrich Strauss und Friedrich Theodor Vischer*, Schwäbische Heimat 5/1953
Oswald, F., *Versäumte Begegnung*, StZ 4. 7. 64
Rath, Hans Wolfgang, *Briefwechsel zwischen Theodor Storm und Eduard Mörike*, Stuttgart o.J.
Rath, Hans Wolfgang, *Briefwechsel zwischen Eduard Mörike und Moritz von Schwind*, Stuttgart o.J.
Rath, Hans Wolfgang, *Gretchen*, Ludwigsburg 1922
Scheuffelen, Th., *Mörike in Ochsenwang*, Marbacher Magazin 27/1983
Simon, Hans U., *Wilhelm Waiblinger*, Marbacher Magazin 14/1979
Stadler, Willy, *Anna Maria Meyer und Eduard Mörike*, NZZ 3. 6. 77
Stadler, Willy, *Auf den Spuren von Peregrina*, NZZ 22. 4. 83
Storz, Gerhard, *Mörikes großer Mikrokosmos*, StZ 2. 9. 67
Storz, Gerhard, *Ein Lyriker als Romanheld?*, ZEIT 26. 3. 82
Tecchi, Bonaventura, *Eduard Mörikes Briefe an Luise Rau*, FAZ 6. 8. 66
Vogelsang, Fritz, *Krötenflug*, StZ 31. 5. 75
Walther, F., *Eduard Mörike und seine Gattin*, Beilage zur Allgemeinen Zeitung, München Nr. 79/1904
Weber, Werner, *Mörikes Briefe an Luise Rau*, NZZ 3. 10. 65
Weber, Werner, *Spiel und Gesetz*, NZZ 25. 5. 69
Weitbrecht, Marie, *Eduard Mörike, Bilder aus seinem Cleversulzbacher Pfarrhaus*, Stuttgart 1924
Wunder, G., *Mörikes Abstammung*, StZ 6. 9. 58

Beschreibung des Oberamts Neckarsulm, Stuttgart 1881
Beschreibung des Stadtdirections-Bezirkes Stuttgart, Stuttgart 1856
Diehm, Franz, *Geschichte der Stadt Mergentheim*, Mergentheim 1963
Jens, Walter, *Eine deutsche Universität (Tübingen)*, München 1977
Klüpfel, Karl, *Geschichte und Beschreibung der Stadt und Universität Tübingen*, Tübingen 1849, Reprint Aalen 1977
Krauss, Rudolf, *Das Stuttgarter Hoftheater*, Stuttgart 1908
Lahnstein, Peter, *Stuttgart vor hundert Jahren*, Stuttgart 1967

Lahnstein, Peter, *Ludwigsburg, Aus der Geschichte einer europäischen Residenz,*
    Stuttgart 1968
Müller, E., *Stiftsköpfe,* Heilbronn 1938

Einschlägige Jahrgänge des »Schwäbischen Merkur«

Handschriften
Aus der Handschriftenabteilung des Deutschen Literaturarchivs/Schillermuseum Marbach:
Margarethe (Gretchen) Mörike, *Briefe an Eduard Mörike und Klara Mörike*
Luise Mörike, *Brieftagebuch*
Aus der Handschriftenabteilung der Württembergischen Landesbibliothek Stuttgart:
Eduard Mörike, *Briefe an Joh. Mährlen, Luise Rau u. a.* cod. hist. 4⁰ 328, 332,
    333 u. a.
Handschriftliches aus dem Archiv des Katharinenstifts, Stuttgart.

Die unterschiedliche Schreibweise der Briefzitate erklärt sich daraus, daß die Texte der historisch-kritischen Gesamtausgabe, soweit bisher erschienen, entnommen sind (mit originaler Schreibweise); im übrigen ist nach den Seebaß'schen Briefausgaben (mit angepaßter Orthographie) zitiert.

PERSONENREGISTER